Die Quintessenz des Vertriebs

Stefan Hase · Corinna Busch

Die Quintessenz des Vertriebs

Was Sie wirklich wissen müssen, um im Verkauf erfolgreich zu sein

Stefan Hase
Wirkung Plus GmbH
Hamburg, Deutschland

Corinna Busch
Wirkung Plus GmbH
Hamburg, Deutschland

Dieses Buch ist eine Übersetzung des Originals in Englisch „The Quintessence of Sales" von Hase, Stefan, publiziert durch Springer Nature Switzerland AG im Jahr 2018. Die Übersetzung erfolgte mit Hilfe von künstlicher Intelligenz (maschinelle Übersetzung durch den Dienst DeepL.com). Die anschließende persönliche Überarbeitung erfolgte durch die Autoren.

ISBN 978-3-031-43137-1 ISBN 978-3-031-43138-8 (eBook)
https://doi.org/10.1007/978-3-031-43138-8

Die Deutsche Nationalbibliothek verzeichnet diese Publikation in der Deutschen Nationalbibliografie; detaillierte bibliografische Daten sind im Internet über https://portal.dnb.de abrufbar.

Planung/Lektorat: Maximilian David
Springer Gabler ist ein Imprint der eingetragenen Gesellschaft Springer Nature Switzerland AG und ist ein Teil von Springer Nature.
Die Anschrift der Gesellschaft ist: Gewerbestrasse 11, 6330 Cham, Switzerland

Das Papier dieses Produkts ist recyclebar.

Wir danken Frank Sandtmann für seine konstruktiven Kommentare und wertvollen Anregungen zu diesem Buch.
Frank, du rockst!

Inhaltsverzeichnis

Über die Autoren

Stefan Hase ist Gründer und Inhaber der Wirkung Plus GmbH und der Eins Plus-Deutsche Vertriebsakademie. Er studierte Betriebswirtschaftslehre in Hamburg und begann seine Karriere im Vertrieb 1993 bei Konica Business Machines. 1997 wurde er Personalleiter bei der Triumph-Adler AG, wo er für die Entwicklung der 2500 Mitarbeiter und den Umbau zu einem vertriebsorientierten Konzern verantwortlich war.

Auf der Basis seiner reichen Erfahrungen gründete er 2004 Wirkung Plus, 2008 folgte die Eins Plus-Deutsche Vertriebsakademie. Stefan Hase arbeitet als Unternehmensberater, Coach, Trainer und Keynote-Speaker für viele namhafte Kunden – wie z. B. HP, Samsung und Sennheiser – sowohl auf strategischer wie operativer Ebene.

In den letzten zwanzig Jahren hat er zahlreiche Vertriebsprogramme in Europa, Asien, Nord- und Südamerika durchgeführt und dabei Tausende von Mitarbeitern ausgebildet. Neben seinen geschätzten Präsenzveranstaltungen ist er auch erfolgreich im Bereich des Coachings von Führungskräften. Durch die gezielte Begleitung diverser Leuchtturmprojekte in Märkten wie Australien, Brasilien, China oder den USA verfügt er über einen großen Erfahrungsschatz von östlichen bis hin zu westlichen Verkaufsstilen. Er ist einer der wenigen global erfahrenen Vertriebsspezialisten.

E-Mail: s.hase@wirkungplus.de

Dr. Corinna Busch absolvierte eine Ausbildung zur Schifffahrtskauffrau und erwarb einen Bachelor of Arts in Logistikmanagement an der Hamburg School of Business Administration (HSBA). Nach dreijähriger Tätigkeit im Vertrieb und im Kundenservice studierte sie Organizational Behaviour (M.Sc) an der Aston Business School, UK. Sie untersuchte u. a. das Verhalten von Mitarbeitern, Teams und Organisationen bei der Umsetzung von strategischen Entscheidungen. Im April 2012 kam sie zu Wirkung Plus. Als Vertriebscoach und Beraterin berät, trainiert und coacht sie Mitarbeiter aus verschiedenen Branchen entlang des Vertriebsprozesses. Bei der Eins Plus-Deutsche Vertriebsakademie ist sie zudem für die Vertriebsausbildung der Studierenden des FIBAA-akkreditierten Fernstudiengangs „Sales & Management (B.A.)" verantwortlich. Diese Ausbildung findet in Kooperation mit der Euro-FH in Hamburg (Hochschule für angewandte Wissenschaften) statt. Corinna Busch erhielt ihren PhD in Management mit einer Spezialisierung in Arbeits- und Organisationspsychologie von der Aston Business School im Jahr 2019. Sie ist jetzt freiberuflich als Coach und Trainerin für Kommunikation tätig.

E-Mail: c.busch@wirkungplus.de

Abbildungsverzeichnis

Tabellenverzeichnis

Einführung: Unverzichtbares Vertriebswissen

Vertrieb ist keine Atomphysik. Er ist anders. Als wir vor Jahren mit der Arbeit an diesem Buch begannen, recherchierte ein guter Freund und erfahrener Wirtschaftsanalyst, für uns den Stand der vorhandenen Literatur. Sein Feedback lautete: „Erstaunlich, wie niedrig das schriftliche Niveau im Vertrieb im Vergleich zu anderen Bereichen wie Marketing oder Psychologie ist. Es gibt so viele Selbstverständlichkeiten wie „mehr arbeiten", „mehr Anrufe tätigen" oder „früher aufstehen". Ist das wirklich alles, worum es im Verkauf geht?"

Die Antwort lautet: Ja und Nein. Ja, die bestehenden Ansätze zum Thema Vertrieb sind in der Tat oft ziemlich fragmentiert und oberflächlich. Es gibt zwar einige wirklich gute Bücher, aber sie befassen sich hauptsächlich mit der Mikro-Perspektive. Das heißt: „Wie man … z. B. mehr Kunden gewinnt oder höhere Margen erzielt." Aber wenn man sich nur auf diese (in der Tat sehr wichtigen) Fähigkeitsfaktoren konzentriert, ignoriert man den mindestens ebenso wichtigen Makro-Aspekt des Verkaufs. Also: Nein, das ist nicht die ganze Wahrheit. Es gibt noch viel mehr zu erforschen. Es gibt nämlich auch einen anspruchsvollen organisatorischen Rahmen, den es gegen viele unternehmens-politische Widerstände aufzustellen gilt, um den Vertrieb als akzeptierten Motor des gesamten Unternehmens zu etablieren.

Was ebenfalls bemerkenswert ist: Auch wenn der Verkauf als einer der ältesten Berufe der Welt bezeichnet wird, gibt es kaum einen anerkannten und etablierten Ausbildungsweg dafür. Vielmehr erhalten die meisten Verkäufer eine klassische Ausbildung in der Wirtschaft, z. B. als Kaufleute oder Ingenieure im Handel, Bankwesen oder bei Versicherungen, und wechseln dann in dieses völlig neue Berufsfeld. In ihrer neuen Position erhalten sie in der Regel eine gute technische Ausbildung, durchlaufen aber nur selten ein professionelles Vertriebstraining.

Dies führt zu einem sehr hohen Prozentsatz an autodidaktischen Verkäufern, die ihr Bestes geben – und zwar auf die Art und Weise, wie sie es als Quereinsteiger aus ihrer eigenen Praxis heraus erfahren haben. Sich hauptsächlich auf das zu verlassen, was die Verkäufer des Unternehmens für das individuell Beste halten, erscheint –

© Der/die Autor(en), exklusiv lizenziert an Springer Nature Switzerland AG 2023
S. Hase, C. Busch, *Die Quintessenz des Vertriebs*,
https://doi.org/10.1007/978-3-031-43138-8_1

gerade in der heutigen komplexen Geschäftswelt mit dem harten Wettbewerb – riskant und irgendwie überholt. Nicht wenige derjenigen, die in den Vertrieb gewechselt sind, nennen sich nicht einmal „Vertriebsmitarbeiter". Vielmehr bezeichnen sie sich, aufgrund ihres beruflichen Hintergrunds, gern als „Produktspezialisten", „Supporter" oder „Berater". Diese innere Distanz zur eigenen Profession ist etwas Besonderes im einundzwanzigsten Jahrhundert, in dem viele andere Branchen immer mehr einen wissenschaftlichen Ansatz übernehmen. Denken Sie einmal darüber nach, wenn Ihr Arzt, Ihr Banker, Ihr Anwalt oder Ihr Pilot hauptsächlich Autodidakt wäre und keine fundierte Ausbildung hätte …

Es ist wie immer im Leben: Nur wenn man die Zutaten in einem bestimmten Verhältnis mischt, erreicht man etwas Besonderes. Es geht also darum, für diese noch junge Management-Disziplin ein angemessenes Gleichgewicht zwischen dem Faktor Mensch, effektiver strukturbildender Organisation und moderner anwendungsbezogener Wissenschaft zu definieren. Dabei gilt es, Folgendes zu beachten: Aufgrund des partiellen Fehlens von quantifizierbaren Fakten sind die sogenannten Soft Skills im Vertrieb die wahren Hard Skills. Verhalten ist nicht komplett mathematisch abbildbar. Sie werden in diesem Buch daher keine anspruchsvollen Gleichungen finden. Spoiler: Sie müssen sich für den vollen Genuss dieses Werkes auch nicht zuvor mit höherer Mathematik befasst haben.

Wir haben vier Fragen für Sie, mit denen Sie testen können, ob Sie von diesem Buch wirklich profitieren werden:

1. Was ist das Ziel dieses Buches?
Unser Ziel ist es:

- dass Sie ein Nachschlagewerk für verschiedene klassische Situationen sowie ein Handbuch für Ihre Vertriebspraxis haben
- dass Sie die verschiedenen Schritte eines effizienten Vertriebsprozesses verstehen, um den aktuellen Anforderungen gerecht zu werden
- dass Sie einen Überblick über den organisatorischen Rahmen erhalten, der für den Aufbau einer leistungsfähigen Vertriebsorganisation erforderlich ist
- dass Sie die verschiedenen Akteure definieren können und wissen, wie man ein erfolgreiches Verkaufsteam aufbaut
- dass Sie mit den wichtigsten Aufgaben und Verantwortlichkeiten im Vertriebsmanagement vertraut sind

2. Was ist das Besondere daran?
Wir kombinieren die Mikro-Perspektive, d. h. persönliche Fähigkeiten und Einstellungen, mit der Makro-Perspektive, d. h. Unternehmensstruktur, organisatorischer Rahmen und Führung. Der Vertrieb ist unserer Meinung nach, und um es mit Brian Tracy (2015, S. 3), einem bekannten amerikanischen Sachbuch-Autor, zu sagen, „eine ungenaue Wissenschaft". Aber immerhin ist es eine – und nicht nur ein Teilbereich des Marketings.

3. Was qualifiziert uns, dieses Buch zu schreiben?

In den letzten zwanzig Jahren hatten wir die dankenswerte Gelegenheit, für unsere Kunden rund um den Globus in vielen Ländern und Metropolen zu arbeiten. Dazu gehören die Vereinigten Staaten, Kanada, Südamerika, Australien, Russland, China, der asiatisch-pazifische Raum und viele europäische Länder. Wir haben an zahlreichen wichtigen Kundengesprächen teilgenommen und Hunderten von Vertriebsmitarbeitern bei ihrer täglichen Arbeit über die Schulter geschaut. So erhielten wir aus erster Hand interessante Einblicke in die verschiedenen Märkte. Wir gewannen dadurch auch ein umfassendes interkulturelles Verständnis und profunde Kenntnisse der verschiedenen Verhandlungstechniken der großen Unternehmen.

Der zweite Meilenstein ist, dass die Europäische Fernhochschule Hamburg (Euro-FH) 2012–2013 gemeinsam mit uns den ersten deutschen Bachelor-Studiengang „Sales & Management" konzipiert und umgesetzt hat. Als typisch deutscher, zertifizierter Studiengang erfordert dies eine bewährte Struktur, und ein breites Wissen, wie Vertrieb heute effizient praktiziert wird. In der letzten Dekade haben wir über 400 Workshops zu sechs zentralen Themenschwerpunkten mit gut 2000 ambitionierten Teilnehmern durchgeführt, die sich auf den Weg zu Vertriebsführungskräften der Zukunft machen. Und wir freuen uns, sagen zu können: Mission erfüllt.

4. Wer ist die Zielgruppe?

Dieses Buch ist nicht nur für Vertriebsexperten gedacht.[1] In der Tat lesen die meisten ECHTEN Verkäufer nur ungern irgendwelche Ratgeber! Warum eigentlich? Weil sie – um jemanden von dieser Spezies zu zitieren – „so erfahren sind, dass wir schon alles wissen und gesehen haben".

Neben diesen von uns genannten „Sales Natives" sprechen wir gerne auch alle „normalen" Vertriebskollegen aus allen Hierarchiestufen an: Rookies, Account Manager, Key Account Manager, Teamleiter, Vertriebsleiter. Unser Ziel ist es, Ihnen einen komprimierten Überblick zu verschaffen und eine Orientierungshilfe zu bieten. Außerdem möchten wir Ihnen auch die Möglichkeit eröffnen, Ihre bisherigen Vorgehensweisen zu überprüfen und neue Ideen zu gewinnen. Dies gilt auch für Quereinsteiger, denen wir einen professionellen Hintergrund für ihr neues Geschäftsfeld vermitteln möchten.

Eine weitere Zielgruppe ist das Management auf allen Ebenen, wie z. B. Inhaber, Vorstandsmitglieder und Geschäftsführer, denn sie wollen verstehen, wie der Motor des Unternehmens – der Vertrieb – aufgebaut ist und wie man die erforderlichen Vertriebsstrukturen und mögliche Optimierungen implementiert. Mit diesem Wissen lassen sich die Möglichkeiten und Grenzen einer professionellen Vertriebsorganisation besser einschätzen. Übrigens, aus unserer persönlichen Erfahrung heraus: Für unseren ehemaligen Finanzvorstand war es nicht leicht zu verstehen, warum 30 % mehr Vertriebsmitarbeiter nicht gleich auch direkt 30 % mehr Umsatz bedeuten.

---

[1] Aus Gründen der Lesbarkeit wird in diesem Buch nur die männliche Form verwendet; die weibliche Form ist jedoch immer mitgemeint.

Darüber hinaus ist dieses Buch auch für (bisherige) Nicht-Vertriebler geschrieben. Ob ihr Fachgebiet nun Finanzen, Personal, Technik, IT, Verwaltung, Marketing oder etwas ganz anderes ist: Früher oder später werden sie mit dem Vertrieb in Berührung kommen, und dieses Buch wird ihnen helfen, die „Terra incognita" zu verstehen. Vor allem, was die Verkäufer antreibt und wie man Synergien mit dem eigenen Bereich herstellt.

Und nicht zuletzt ist dieses Buch für alle ehrgeizigen Menschen geschrieben, die ihre Karriere und ihr Geschäft forcieren wollen, denn ohne die Kenntnis der Verkaufsmechanismen wird dies viel schwieriger zu erreichen sein.

Wie man dieses Buch am besten liest

Dieses Buch ist nicht zwingend dazu gedacht, in einem Zug gelesen zu werden. Es dient auch als Nachschlagewerk. Wählen Sie einfach das Thema aus, das Ihnen am meisten bei Ihrer täglichen Arbeit helfen kann.

Zunächst möchten wir Ihnen ein erstes Grundverständnis vermitteln und die „Sales Arena" vorstellen. Was sind die einzelnen Stellschrauben im Vertrieb? Was sind die Muss-Kriterien und was sind „nice-to-haves"? Die oft gehörte Aussage vom „geborenen" Vertriebsexperten hört sich gut an – ist aber nur eine Floskel. Sie werden kein anspruchsvolles System effizient beherrschen, wenn Sie nicht jeden einzelnen Parameter davon kennen.

Zweitens veranschaulichen wir die verschiedenen Phasen des Vertriebsprozesses. Struktur ist wichtig und gibt Ihnen die richtige Reihenfolge und Richtung vor.

Drittens werden das Vertriebsumfeld und die relevanten Akteure skizziert, die daran beteiligt sind. Der letzte Teil des Buches befasst sich mit dem Management und der Entwicklung des Vertriebs.

Alle unsere Ideen konzentrieren sich auf die B2B-Ebene. Dies ist die relevante Champions-League und erfordert im Vergleich zu B2C einen viel anspruchsvolleren Ansatz.

Aufgrund des vorgegebenen Umfangs dieses Buches können wir nicht auf alle Details eingehen. Manchmal werden wir Ihnen, falls vorhanden, Links anbieten, damit Sie Ihre Reise bei Interesse fortsetzen können. Unser Ziel ist es, die große Bandbreite dieses Themas aufzuzeigen.

Und last but not least: Verkauf soll spannend und im besten Fall kurzweilig und emotional sein – sonst verliert man schnell das Interesse und damit den Kontakt zum Ansprechpartner. Deshalb ist dieses Buch mit unserem Verständnis von Humor geschrieben. Für Leser, die es gewohnt sind, sich an rein wissenschaftlichen Themen zu erfreuen, mag das eine Herausforderung sein … Aber über ein zutiefst menschliches Thema zu schreiben und dabei eine der wesentlichen Zutaten für effektive Kommunikation zu ignorieren, wäre wie AC/DC ohne Gitarren …

Literatur

Tracy, B. (2015). *Sales management*. American Management Association.

Der Beginn des Vertriebszeitalters: Ein erstes Grundverständnis

Seit der Lehman-Bankenkrise 2008 spricht fast jeder von dynamischen Märkten und rasanten Entwicklungen. Wie ist denn der tatsächliche Entwicklungsstand im Vertrieb? Hat sich hier in der letzten Zeit auch etwas Relevantes verändert?

Kritiker betonen an dieser Stelle gerne, dass „Verkaufen schon immer so war" und es schwer ist, es zu erlernen, weil es einem entweder im Blut liegt oder eben nicht. Das ist ein eingängiger Satz, aber zum Glück falsch. Gegenfrage: Hat sich die weltweit beliebteste Sportart „Fußball" – gemessen an der FIFA-Fußballweltmeisterschaft – seit 1986 entwickelt? Viele Menschen glauben, dass sich nichts geändert hat: Es gibt immer noch 2 Mannschaften mit 11 Spielern, das Spiel dauert 90 min, und so weiter.

In der Tat hat sich der Fußball seitdem stark verändert. Schauen Sie sich nur die heute vorhandenen, zahlreichen Statistiken und Auswertungen an: So haben sich zum Beispiel die individuellen Laufdistanzen pro Spiel enorm verlängert (bis zu 13 km für 90 min), und die Rolle des Torwarts hat sich massiv verändert. Manuel Neuer hat diese Position mit seiner proaktiven Spielweise revolutioniert. Eine ähnliche Entwicklung gibt es im Vertrieb. Fazit: Details sind wichtig und machen den Unterschied.

Sehen wir uns an, wie sich das „Vertriebs-Spiel" in den letzten Jahren verändert hat:

1. *Das Gleichgewicht*: Als Kunden sind wir (ja, auch Sie) viel anspruchsvoller und mächtiger geworden. Das hat zur Folge, dass die mittel- und langfristige Loyalität gegenüber Marken, Menschen und Unternehmen abnimmt. Die Vertriebsseite hat diesen alarmierenden Trend erkannt und reagiert nervös darauf. Traurige Randbemerkung: Um ihr Geschäft kurzfristig auszubauen, hat die Wirtschaft uns Kunden mittelfristig viel preissensibler gemacht.
2. *Die neue Rolle der Einkaufsabteilung*: Inzwischen werden oft Einkäufer ausgewählt – und müssen über Vertragsabschlüsse entscheiden – obwohl sie sich mit der jeweiligen Thematik nicht fundiert auskennen. Das macht jede Vertriebstä-

S. Hase, C. Busch, *Die Quintessenz des Vertriebs*,
https://doi.org/10.1007/978-3-031-43138-8_2

tigkeit, wie z. B. die fundierte Bedarfsermittlung und spezifische Argumentation, viel anspruchsvoller. Aber genau das ist auch die Daseinsberechtigung des Einkaufs: Das beste Preis-Leistungs-Verhältnis für ihr Unternehmen zu erzielen.

3. *Die Komplexität*: Kaufen und Verkaufen findet nicht mehr nur zwischen zwei Individuen statt. Sowohl auf der Kundenseite (z. B. durch Mitarbeiter aus den Bereichen Einkauf, Finanzen, Recht oder ausgelagerte Berater) als auch auf der Verkaufsseite (z. B. durch Produkt- und IT-spezialisten) sind zunehmend weitere Akteure beteiligt.

4. *Die (fast schon bedrohliche) Transparenz*: Das Internet hat ein globales Dorf geschaffen, in dem mehr Transparenz herrscht und in dem bessere Angebote nur einen Klick entfernt sind. Daher ist der Wettbewerb jetzt allgegenwärtig, und jedes Unternehmen – so technikorientiert es auch sein mag – muss heute aktiv verkaufen. Der Unterschied besteht nun darin, dass Ihr Konkurrent jetzt oft nicht mehr ein regionaler Anbieter ist, sondern immer häufiger ein Global Player, der über das Internet gleich gute Produkte und Dienstleistungen auf Ihrem Heimatmarkt anbietet.

5. *Der Verkaufsdruck*: Vertriebsteams haben durch strikte Budgetvorgaben häufig kaum noch Spielraum. Es gibt fast immer eine Verkaufskrise! So wie im Fußball: Manchester City oder Real Madrid können nicht drei Freundschaftsspiele in Folge verlieren, ohne zu befürchten, dass Jobs auf dem Spiel stehen.

6. *Die Konkurrenz*: Die eigenen Produkte und Dienstleistungen müssen sich deutlich von denen der Wettbewerber unterscheiden. Es gibt viele Nachahmer mit frappierend ähnlichen „Me-Too"-Produkten. Dies erfordert überzeugende Antworten auf die Fragen: Was macht uns besonders? Was ist der entscheidende Unterschied?

7. *Der Umfang*: Technisch geprägte Unternehmen, die über Jahrzehnte vor allem auf die Konstruktion und Produktentwicklung fokussiert waren, bewegen sich. Der ehemals typische Maschinenbauingenieur entwickelt sich langsam zu einem viel stärker kommunikativ geprägten „Vertriebsingenieur". Dadurch erweitert sich das damit einhergehende Aufgabenprofil erheblich.

8. *Die Geschwindigkeit*: Virales Marketing und die enorme Reichweite der sozialen und öffentlichen Medien wirken als Beschleuniger für jede Entwicklung. Ehemals erfolgreiche Unternehmen können innerhalb eines unglaublich kurzen Zeitraums ins Wanken geraten oder gar scheitern. Umgekehrt entstehen neue Wettbewerber fast aus dem buchstäblichen Nichts.

9. *Und nicht zuletzt: Schlechte Erfahrungen*: Das Beispiel des Abgasskandals in der deutschen Autoindustrie macht leider einmal mehr deutlich: Trauen Sie niemandem. Oft sind Verkaufsgespräche nur leere Versprechungen und Werbeangebote, die „zu schön, um wahr zu sein" sind. Traurig, aber wahr. Jedes Mal werden wir als Kunden skeptischer und vorsichtiger.

Das Fazit: Noch nie gab es für die Käuferseite eine so große Menge an Daten, die so leicht zugänglich sind und so präzise Informationen liefern. Um wettbewerbsfähig zu bleiben und ausreichende Gewinnspannen zu erwirtschaften, ist es für jedes Unternehmen dringend nötig, den Verkauf seiner Produkte und Dienstleistungen zu professionalisieren. Nach dem IT-Zeitalter, das nach wie vor die Rahmenbedingungen für unser wirtschaftliches Handeln prägt, bricht nun das Vertriebszeitalter an.

2.1 Die Grundlagen des Vertriebs

Wir sind nicht ganz allein. Es gibt – wie Sie vielleicht bemerkt haben – Tausende von Büchern, Blogs und Ratgebern, die Ihnen ihre Herangehensweisen und ihr spezifisches Wissen über den Verkauf vermitteln. Einige von ihnen verraten sogar ihre „Geheimnisse" und „Formeln", wie man berechenbar erfolgreich sein kann. Der Vertrieb ist zu einem „Schmelztiegel" geworden und bietet eine bunte Vielfalt an Literatur mit unterschiedlichen Ansätzen.

Unser Schwerpunkt liegt auf einem strukturierten und ganzheitlichen Vertriebsansatz. Bei unseren zahlreichen Auslandsprojekten stellen wir immer wieder fest, dass das typisch deutsche „Strukturdenken" nahezu überall auf der Welt als wertvoll angesehen wird. Außerdem können wir nicht nur einzelne Aspekte dieser Profession betrachten, wie z. B. „Was macht einen guten Verkäufer oder Vertriebsleiter aus?" und alle anderen Faktoren ausblenden. Zum Vertrieb gehört ja so viel mehr. Zum Beispiel: Wie baut man ein erfolgreiches Vertriebsteam und eine hochwertige Vertriebsorganisation auf? Und welche Grundsätze des Vertriebsmanagements muss ich anwenden, um sofort und dauerhaft erfolgreich zu sein?

Um ein gemeinsames Verständnis und Vision des Vertriebs zu erreichen, werden wir nun den Rahmen definieren und uns auf einige wichtige Unterscheidungen konzentrieren. Damit wird die Grundlage für die folgenden Kapitel gelegt.

2.1.1 Definition und Kernelemente des Vertriebs

Aber was ist eigentlich Vertrieb? Viele Menschen denken bei Vertrieb an eines der vier P's des Marketings: Produkt, Preis, Ort (Place) und Werbung (Promotion). Unserer Ansicht nach ist der Vertrieb nicht eine Unterfunktion des Marketings, sondern eine eigene Managementdisziplin. Wie Zig Ziglar (2003, S. xiii), ein bekannter amerikanischer Sales-Sachbuchautor, es ausdrückte: „Verkauf ist mehr als ein Beruf; es ist eine Lebensart."

Für uns ist der Vertrieb eine eigenständige, komplexe Kombination aus verschiedenen Wissenschaften, darunter Psychologie, Kommunikation, Organisation, Führung und Controlling. Der Vertrieb ist der wichtigste Umsatz- und Gewinnbringer eines jeden Unternehmens. Er ist die vorderste Linie, an der die wichtigsten Geschäftserfolge vorbereitet und umgesetzt werden. Nicht nur künftige Gewinne, sondern auch Arbeitsplätze und Aktienkurse hängen stark vom Vertrieb ab.

Das Interessante am Vertrieb ist:

- Viele Vertriebler glauben, dass sie verkaufen können – aber sie können es nicht, wenn man sie objektiv an konkreten Leistungskennzahlen (z. B. für Neukunden, Umsatz, Marge) misst.
- Manche Vertriebler können verkaufen, aber sie wissen selbst nicht genau, warum. Wenn man sie fragt: „Wie haben Sie diesen Abschluss zustande gebracht?", antworten sie: „Ich weiß es nicht – es ist einfach so gelaufen, wie ich es immer mache."
- Manche Vertriebler können die verschiedenen Themen gut erklären, scheitern aber bei der praktischen Umsetzung ihres Wissens in die tägliche Arbeit.

Es gibt zwar viele Einzelbilder des Vertriebs (z. B. Akquisition, Preisgespräch, Verhandlung, Kundenservice), aber kaum ein „Big Picture", wie alles zusammenhängt. Die Wahrheit ist: Einige Facetten davon sind teilweise trivial und für verschiedene Typen von Verkäufern leicht zu bewältigen. In einem Zehnkampf ist der 100-m-Lauf für einen Sprinter leicht zu bewältigen – das Diskuswerfen wahrscheinlich weniger.

In der Tat ist Vertrieb komplex. Vertriebsmitarbeiter brauchen viele verschiedene Fähigkeiten. Wie beim Zehnkampf benötigen sie Ausdauer, Beweglichkeit, Schnelligkeit und Kraft. Jeder Vertriebler muss seine persönlichen Einstellungen mit den erforderlichen Aktivitäten (d. h. den Zehnkampfdisziplinen) in Einklang bringen. Aber das ist noch nicht alles. Sie werden im Verkauf nie erfolgreich sein, wenn eine wesentliche Eigenschaft fehlt: Die positive Einstellung zum Kerngeschäft ihres Unternehmens. Der Grund liegt auf der Hand: Ist die Einstellung negativ, sieht der Verkäufer viele Hindernisse, wird gehemmt, unternimmt wenig oder gar nichts und wird passiv. Ist die Einstellung des Verkäufers hingegen positiv, sieht er Chancen und erwartet das Beste von einer Idee, den Menschen und Situationen. Das Gleiche gilt für den Leistungssport: Die Denkweise, das viel zitierte „Mindset", entscheidet oft über Sieg oder Niederlage.

Die Entwicklung einzelner Vertriebsmitarbeiter zu einem erfolgreichen Vertriebsteam ist ein weiteres Kernelement. Es ist eine relevante Aufgabe von Vertriebsmanagern, in wettbewerbsintensiven Zeiten die eigene Organisation so zu gestalten, dass sie sich möglichst ideal am Kunden orientiert. Das bedeutet auch die Neuinterpretation traditionell „vertriebsferner" Bereiche wie Produktion, Forschung und Entwicklung sowie Verwaltung. Gleichzeitig müssen die Führungskräfte die Kontrolle über diese interfunktionalen Schnittstellen und Prozesse übernehmen. Konkret heißt das, ein ganzheitliches Vertriebskonzept zu entwickeln. Dieses bietet viele Vorteile wie die schnelle Reaktion auf Marktveränderungen und das Schaffen eines überlegenen Kundennutzens durch die effiziente Koordination der einzelnen Vertriebsaktivitäten.

Eine Vertriebsorganisation ist immer auch ein Spiegelbild der Führungskraft. Unzulänglichkeiten in der Leistung der Mitarbeiter lassen sich in der Regel auf ein unzureichendes Vertriebsmanagement zurückführen. Daher müssen Vertriebsleiter in der Lage sein, das Verhalten des Teams so zu beeinflussen, dass die Ziele, Vorgaben und Werte des Unternehmens erreicht werden. Außerdem müssen sie sich um die Entwicklung langfristiger, für beide Seiten profitabler Beziehungen zu den Kunden bemühen.

Zusammengefasst ist Vertrieb die Ausrichtung aller persönlichen Aktivitäten *und* aller Unternehmensbereiche auf den erfolgreichen, margenstarken Verkauf der Produkte und Dienstleistungen des Unternehmens. Der Vertrieb steht im Mittelpunkt der Unternehmensführung und bestimmt das Denken und Handeln einer gesamten Organisation.

2.1.2 Unterscheidung zwischen B2B- und B2C-Vertrieb

Verkäufer und Marketer unterscheiden häufig zwischen zwei großen Kategorien von Verkaufsarten: Business-to-Business (B2B) und Business-to-Consumer (B2C). Wie in Abb. 2.1 dargestellt, sprechen wir von B2B-Märkten, wenn es um Geschäfts-

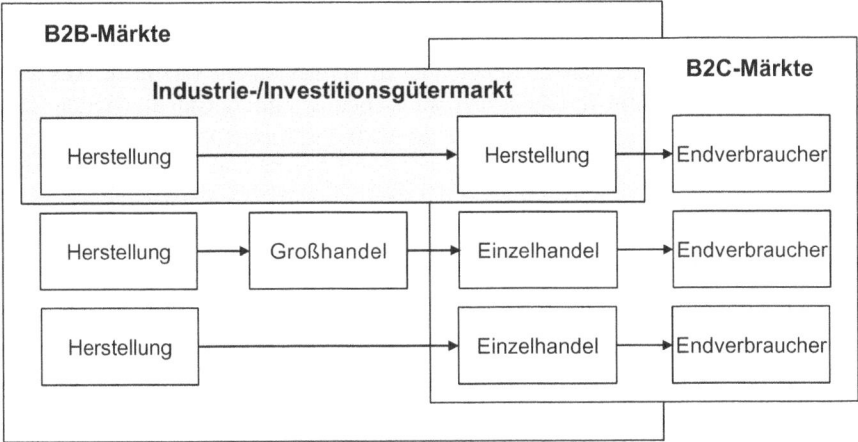

Abb. 2.1 Unterscheidung zwischen B2B- und B2C-Märkten. (Quelle: Angelehnt an Kreutzer, Rumler, und Wille-Baumkauff (2014, S. 13))

beziehungen zwischen zwei Herstellern oder den Verkauf von Produkten und Dienstleistungen an den Groß- oder Einzelhandel geht. Im Gegensatz dazu bezieht sich B2C auf den Markt der Endverbraucher.

B2C-Märkte zeichnen sich dadurch aus, dass der Kunde Produkte und Dienstleistungen für den Eigenbedarf kauft. Die Hauptmotive für den Kauf sind daher persönlicher Natur. Es gibt drei Arten von Teilmärkten (Jobber & Lancaster, 2012):

1. *Schnelldrehende Konsumgüter (FMCG)*: „Fast-Moving-Consumer-Goods"-Märkte sind Handelsplätze, auf denen Kunden Produkte kaufen, die mit relativ geringen finanziellen Aufwendungen verbunden sind. Sie werden häufig erworben und sind im Allgemeinen nicht langlebig. Dazu gehören Produkte wie Zahnpasta, Zigaretten und Lebensmittel. Die Verbraucher investieren relativ wenig Zeit, nach Informationen zu suchen und verschiedene Produktangebote zu bewerten. Sind die Verbraucher zufrieden, kaufen sie gewöhnlich regelmäßig dieselbe Marke. Diese Produkte werden oft als Low-Involvement-Produkte bezeichnet.
2. *Langlebige Konsumgüter*: Wie der Begriff schon impliziert, handelt es sich hierbei um Anschaffungen, die weniger häufig getätigt werden. Dazu gehören Produkte wie Autos, Laptops und Kühlschränke. Die Verbraucher suchen häufig nach Informationen und wählen mit großer Sorgfalt zwischen verschiedenen Produktangeboten. Aus diesem Grund werden diese Produkte als High-Involvement-Produkte bezeichnet.
3. *Mittellebige Konsumgüter*: Zu dieser Kategorie gehören Produkte, die weniger häufig gekauft werden als FMCG-Produkte und die in der Regel länger halten. Dazu gehören Segmente wie Kleidung und Schuhe. Dabei verbringt der Kunde in der Regel auch mehr Zeit mit der Auswahl zwischen verschiedenen Produkten.

B2B-Märkte sind oft durch große und mächtige Parteien gekennzeichnet. Diese kaufen vor allem in einem organisatorischen Kontext ein. Die Wahrscheinlichkeit, dass diese Unternehmen über den Preis intensiv verhandeln, ist sehr hoch. Aus diesem Grund haben es die Verkäufer hier wahrscheinlich mit hochqualifizierten Verhandlungsführern zu tun. Auch kann sich der Vertriebsprozess bei bestimmten Arten von Investitionen (z. B. neue Maschinen für eine Produktionslinie) über Monate oder Jahre erstrecken. Wie von Jobber und Lancaster (2012) erörtert, gibt es innerhalb der B2B-Märkte mehrere Arten von Teilmärkten. Dazu gehören:

- Märkte für Hilfs- und Betriebsstoffe (z. B. Rohstoffe, Halbfabrikate)
- Märkte für Investitionsgüter (z. B. Maschinen)
- Märkte für Unternehmensdienstleistungen (z. B. Beratung)

In diesem Buch legen wir den Schwerpunkt auf den B2B-Vertrieb – aufgrund seiner Komplexität und Relevanz. Sobald die Leser die zugrunde liegenden Mechanismen verstanden haben, können sie das Wissen auf den B2C-Vertrieb übertragen.

2.1.3   Faktoren des modernen Vertriebs

Heutzutage erfordert der Verkauf eine breite Palette von Fähigkeiten, um erfolgreich zu sein. Zunächst möchten wir sechs Faktoren des modernen Verkaufs erörtern, die in Abb. 2.2 dargestellt sind (für Einzelheiten siehe Moncrief & Marshall, 2005). Wenn Vertriebsmitarbeiter diese Faktoren nicht verstehen und beherrschen,

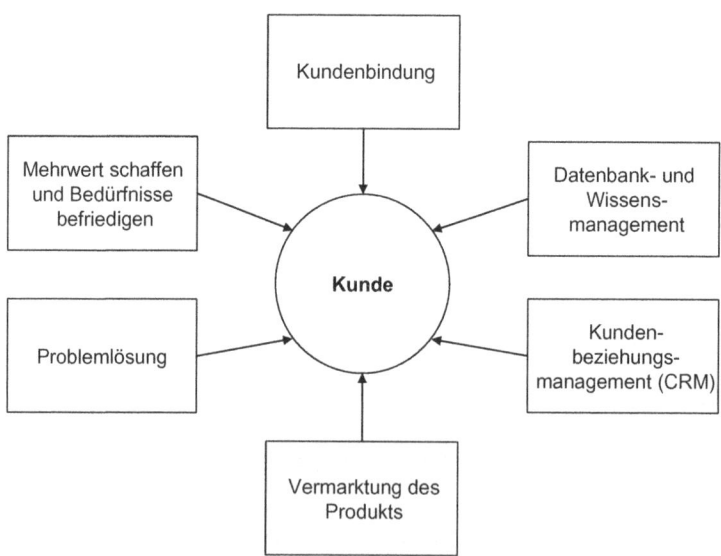

Abb. 2.2 Faktoren des modernen Vertriebs. (Quelle: Nach Moncrief und Marshall (2005, S. 19))

sind sie schlecht gerüstet, um ihre Aufgaben erfolgreich zu bewältigen. Schauen wir sie uns also genauer an:

- *Kundenbeziehungsmanagement (CRM)*: Alle Aktivitäten sind auf den Aufbau *und die* Entwicklung von Kundenbeziehungen ausgerichtet. Der Fokus sollte auf dem Erreichen von Win-Win-Situationen mit Kunden liegen, so dass beide Parteien die Beziehung fortsetzen wollen. Das bedeutet auch, dass sich die Vertriebsmitarbeiter zumindest mittelfristig darauf konzentrieren sollten – und nicht nur auf den einmaligen Abschluss. Ideal ist natürlich die langfristige Ausrichtung.
- *Vermarktung des Produkts*: Moderne Vertriebsmitarbeiter sind an einem viel breiteren Spektrum von Aktivitäten beteiligt. Neben dem Verkauf, der an sich schon anspruchsvoll genug ist, beteiligen sie sich oft auch an strategischen Verkaufsaktivitäten (wie z. B. der Produkt- und Marktentwicklung) und unterstützenden Verkaufsaktivitäten (z. B. Dem Datenbankmanagement, Analyse von Marktinformationen, Personalbeschaffung und Schulung). Erfolgreiches Verkaufen ist eine vielschichtige Tätigkeit.
- *Problemlösung*: Die traditionelle Sichtweise eines Verkäufers besteht darin, den Kunden zu treffen, ihn zum Kauf zu überreden und mit dem Auftrag wieder zu gehen. Dieser „Hit-and-Run-Verkauf" gehört weitgehend der Vergangenheit an. Heutzutage agieren erfolgreiche Verkäufer zunehmend als Berater. Sie arbeiten mit dem Kunden zusammen, um Probleme zu erkennen, Bedürfnisse zu ermitteln, wirksame Lösungen vorzuschlagen und umzusetzen. Das ist es, wonach die Kunden suchen: Eine individuelle Lösung, die auf ihre Anforderungen zugeschnitten ist.
- *Mehrwert schaffen und Bedürfnisse befriedigen*: Daraus folgt, dass moderne Verkäufer die Fähigkeit haben müssen, die Kundenbedürfnisse zunächst zu erkennen und später gezielt zu erfüllen. Oft realisieren die Kunden selbst nicht, dass sie ein Bedürfnis haben (das sogenannte latente Bedürfnis). Daher ist es die Aufgabe des Verkäufers, diese Wahrnehmung zu fördern und dem Kunden die Verbesserungen aufzuzeigen, die durch die Umsetzung der Lösung geschaffen werden (d. h. höhere Produktivität, geringere Kosten etc.). Auf diese Weise schafft der Verkäufer einen Mehrwert für das Unternehmen des Kunden und den Käufer selbst.
- *Kundenbindung*: Nach der bekannten 80:20-Regel werden 80 % des Geschäfts von 20 % der Kunden getätigt. Das bedeutet, dass Vertriebsmitarbeiter beträchtliche Ressourcen für die Bindung bestehender, hochprofitabler Kunden aufwenden sollten. Das Key-Account-Management (KAM) hat sich daher zu einer wichtigen Form der Vertriebsorganisation entwickelt. Das heißt in der Praxis, dass sich ein Verkäufer oder ein Team nur auf einen oder wenige Großkunden konzentriert. Aus diesem Grund wenden zahlreiche Unternehmen die ABC-Analyse (Kundenanalyse) an, bei der die Kunden nach ihrer Relevanz in A-, B- und C-Kunden eingeteilt werden. Die Anwendung wird in Abschn. 6.1.3 erläutert. Unternehmen sollten aber auch die Gewinnung neuer Kunden nicht vergessen. Während Sie diese Zeilen lesen, versucht ein Konkurrent von Ihnen gerade, Ihre Kunden ins Boot zu holen!

- *Datenbank- und Wissensmanagement*: Ein Großteil der Vertriebs- und Marketingstrategie dreht sich heute um die Entwicklung, Pflege und Nutzung einer Kundendatenbank. Sie ermöglicht es dem Unternehmen, seinen Kundenstamm besser zu bedienen. Trotz der (zeitlichen) Belastungen im Tagesgeschäft sollte von den Vertriebsmitarbeitern erwartet werden, dass sie ihr Wissen regelmäßig in die Datenbank übertragen und damit dauerhaft dem Unternehmen verfügbar machen. Außerdem sollten sie angesichts der Möglichkeiten zur Nutzung und Verarbeitung von „Big Data" so viele Daten wie möglich sammeln. Im Gegenzug erhalten die Vertriebler ein breites Kundenwissen sowie mannigfaltige Vergleichs- und Auswertemöglichkeiten.

2.2   Die Vertriebsarena

Vertriebsleiter und Vertriebsmitarbeiter bewegen sich in einem sehr komplexen Umfeld, das durch technologische Veränderungen, neue Kundenanforderungen und starken Wettbewerb gekennzeichnet ist. Für die Unternehmen wird es immer schwieriger, ihre Vertriebsaktivitäten zu steuern. Wir sind der Meinung, dass es nötig ist, eine *zentrale Vertriebsarena* zu schaffen, in der der Vertriebsprozess, die wichtigsten Instrumente und Werkzeuge sowie die Art und Weise, wie diese Elemente zusammenwirken, beschrieben sind. Mit dieser Karte wird es jedem Vertriebsleiter möglich sein, seine Aufgaben effizienter als bisher zu erfüllen. Abb. 2.3 zeigt den idealen Vertriebsprozess eines Unternehmens. Jeder Vertriebsmitarbeiter führt bei seinen Interessenten eine Reihe von Maßnahmen durch, um diese systematisch zu Kunden zu entwickeln. Dies geschieht auf der individuellen Ebene oder,

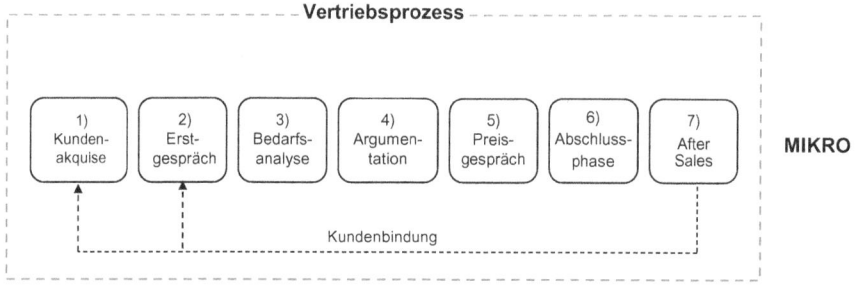

Abb. 2.3 Die Vertriebsarena

wie wir es nennen, auf der *Mikroebene*. Vertriebsleiter und Vertriebsmitarbeiter müssen, über die für jede Phase nötigen Fähigkeiten verfügen, um mehr Abschlüsse zu tätigen und den Umsatz steigern zu können. Zufällige Handlungen werden wiederum nur zufällige und ungewisse Ergebnisse hervorbringen. Nur ein systematischer, gut definierter Verkaufsansatz kann vorhersehbare und wiederholbare Ergebnisse gewährleisten.

Darüber hinaus werden in Abb. 2.3 drei Faktoren auf der *Makroebene* dargestellt, die mit dem Vertriebsprozess interagieren: das Vertriebsumfeld, das Vertriebsteam und das Vertriebsmanagement. Beide Ebenen sind für den letztendlichen Erfolg eines Unternehmens von entscheidender Bedeutung, da sie nahezu alle Interaktionen mit den Kunden des Unternehmens gestalten und bestimmen. Da Organisation und Führung wesentliche Funktionen von Vertriebsleitern und -managern sind, werden sie unsere Leitlinie für die folgenden Kapitel sein.

Literatur

Jobber, D., & Lancaster, G. (2012). *Selling and sales management* (9. Aufl.). Pearson Education.
Kreutzer, R., Rumler, A., & Wille-Baumkauff, B. (2014). *B2B-Online-Marketing und Social Media. Ein Praxisleitfaden*. Springer Gabler.
Moncrief, W. C., & Marshall, G. W. (2005). The evolution of the seven steps of selling. *Industrial Marketing Management, 34*(1), 13–22.
Ziglar, Z. (2003). *Ziglar on selling. The ultimate handbook for the complete sales profession*. Thomas Nelson.

Der Vertriebsprozess

3

Der Vertrieb wird oft als ein sehr individueller, flexibler Beruf angesehen. Und zahllose Vertriebsmitarbeiter in vielen Unternehmen sehen es als ihren Qualitätsstandard an, auf ihre Kunden und Interessenten auf eine einzigartige, individuelle Weise zuzugehen. So weit, so gut.

Der ineffiziente Punkt ist, dass die meisten dieser „flexiblen" Vertriebler das de facto erstrebenswerte Ziel, nämlich nahe am Kunden zu sein, nur dazu nutzen, um zu verschleiern, dass sie „Freestyler" sind. Sie glauben, dass eine klare Struktur ihre Leistung beschneiden und auf ein niedrigeres Leistungsniveau begrenzen würde. Es geht ihnen nicht primär darum, einen 100 %ig maßgeschneiderten Ansatz zu verfolgen, sondern ihren eigenen Geschäftsstil zu leben und sich nicht an bestimmte Richtlinien anpassen zu müssen. Wie wir aus der Skalenökonomie wissen, ist die Herstellung einzelner Produkte im Hinblick auf die Gewinnspanne leider nicht der effizienteste Weg.

Unsere Erfahrung – und das hat sich auf vielen Projekten sowohl im fernen Osten als auch im „wilden" Westen bewährt – ist die folgende: Struktur ist kein Widerspruch zu individueller Kundenkommunikation, sondern ein synergetischer Aspekt eines professionellen Verkaufsansatzes. Sie hilft dem Unternehmen, sich effizienter zu organisieren: z. B. um bessere Prognosen zu erstellen, die wirksamsten Argumente und Türöffner zu sammeln sowie die Aktivitäten systematisch zu dokumentieren. Für den Einzelnen reduziert Struktur die Komplexität, verdeutlicht die nötigen Folgeaktivitäten und generiert durch Wiederholung ein deutlich höheres Kompetenzniveau. Nebenbei bemerkt: Professionelle Sportarten wie z. B. Fußball, Tennis oder Basketball könnten kein so hohes Leistungsniveau erreichen, wenn sie nicht jeweils über eine passgenaue Spielphilosophie und ausgefeilte Taktik verfügen würden. Es geht also darum, innerhalb einer bestimmten Struktur gleichzeitig flexibel und einfühlsam zu agieren. Und dies gilt sowohl für das Unternehmen wie die Vertriebsmitarbeiter.

Der Hauptgedanke des Vertriebsprozesses, der nachfolgend dargestellt wird, ist: Je persönlicher, desto effizienter. Natürlich kann es vorkommen, dass dieser Ansatz

© Der/die Autor(en), exklusiv lizenziert an Springer Nature Switzerland AG 2023
S. Hase, C. Busch, *Die Quintessenz des Vertriebs*,
https://doi.org/10.1007/978-3-031-43138-8_3

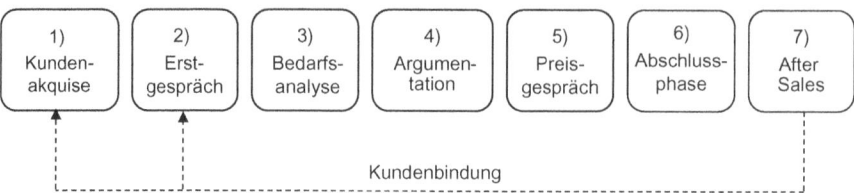

Abb. 3.1 Der Vertriebsprozess

aufgrund der Größe des Verkaufsgebiets oder des begrenzten Reisebudgets nicht immer konsequent umsetzbar ist. Vertriebsmitarbeiter sollten immer *den persönlichsten Weg wählen, der möglich ist.* In Bezug auf die Priorität der zur Verfügung stehenden Werkzeuge bedeutet dies: persönliche Treffen, dann Video-Konferenzen und danach Telefonate. E-Mails, die heute immer noch – vor allem in technikgetriebenen Unternehmen – stark genutzt werden, sind zwar leicht zu erstellen, aber auch ebenso leicht zu löschen und haben als alleinstehendes Vertriebsinstrument keine große Wirkung mehr.

Starten wir also mit dem Vertriebsprozess: Obwohl mannigfaltige Arten von Kunden, Interessenten, Produkten, Dienstleistungen und Verkaufssituationen existieren, gibt es für uns nur sieben grundlegende, aber zusammenwirkende Schritte, die diesen bilden. Der Prozess ist in Abb. 3.1 skizziert.

Sobald ein qualifizierter Termin mit einem neuen Interessenten vereinbart ist, geht der Verkäufer von der ersten Stufe zur nächsten über. Stufe 7 ist dabei nicht das Ende des Prozesses, sondern vielmehr der neue Anfang. Die Folge- und Serviceaktivitäten des Innendienstes bzw. des Verkäufers sollen ja mittelfristig zum Kauf weiterer Produkte oder Dienstleistungen führen. Als Faustregel im Vertrieb gilt, dass es drei- bis fünfmal so viel kostet, einen neuen Kunden zu gewinnen, wie einen bestehenden Kunden zu halten (Turner & Shah, 2010). Daher ist es sinnvoll, Zeit und Geld gezielt darauf zu verwenden, die bestehenden Kunden auch wirklich zufrieden zu stellen. Der Vertriebsprozess beginnt dann anschießend von Neuem.

Im folgenden Abschnitt gehen wir näher auf die einzelnen Schritte dieses Prozesses ein. In diesem Zusammenhang stellen wir auch die wichtigsten Techniken vor, die Vertriebsmitarbeiter kennen und anwenden müssen, um im Tagesgeschäft erfolgreich zu sein.

3.1   Neukundenakquise

Qualifizierung von Interessenten

Kunden verlassen ein Unternehmen ständig aus verschiedenen Gründen, z. B. wegen Konkurs, Umzug oder dem Wechsel zu einem anderen Anbieter. Es ist üblich, dass ein Unternehmen jedes Jahr 15–20 % seiner Kunden verliert (Tschohl, 2008).

Um den Umsatz zu steigern oder zumindest aufrechtzuerhalten, müssen die Vertriebsmitarbeiter ständig nach *neuen Interessenten* suchen. Der erste Schritt im Vertriebsprozess besteht daher darin Leads zu gewinnen. Ein *qualifizierter Lead* besteht aus dem vollständigen Namen (einschließlich des Vor- und Nachnamens) des Interessenten, dem Unternehmen, indem er tätig ist, der Position im Unternehmen, der persönlichen E-Mail-Adresse (nicht: info@…) sowie der persönlichen Telefonnummer. Bevor man direkt Zeit und Energie in einen potenziellen Kunden investiert, sollte man den Kontakt weiter qualifizieren. In Anlehnung an Hair, Anderson, Mehta und Babin (2010) schlagen wir vor, dass Vertriebsmitarbeiter, oder in größeren Unternehmen das sogenannte „Backoffice", den Lead in Bezug auf weitere Fragen qualifizieren: Besitzt der Ansprechpartner Kaufbefugnis? Verfügt er über ein entsprechendes Budget? Hat er die Berechtigung für den Kauf? Wenn die Kontaktperson und das Unternehmen die Prüfung bestanden hat, werden sie zu potenziellen Kunden für ein Verkaufsgespräch.

Gewinnung von Neukunden
Im Allgemeinen gibt es viele Möglichkeiten, mit potenziellen Kunden in Kontakt zu treten. Messen, Ausstellungen, Vorträge, Print-, Radio- oder Fernsehwerbung, Online, Internetpräsenz und vieles mehr sind nützliche Kanäle zur Kontaktaufnahme. Früher waren Direktmailings sehr beliebt, die mittlerweile größtenteils durch Newsletter und digitale Massen-E-Mails ersetzt wurden.

Wir konzentrieren uns im Folgenden auf Akquisetechniken, die der Vertriebsmitarbeiter persönlich steuern kann. Dies sind vor allem: *Kaltanrufe* und – wenn auch in stark abnehmendem Maße – Kaltbesuche. Da das Internet die Geschäftsanbahnung erheblich verändert hat, werden Kaltbesuche heute eher als Zeichen eines ineffizienten Zeitmanagements angesehen. Aus diesem Grund werden wir uns auf die Kaltanrufe, d. h. die vieldiskutierte Telefonakquise, konzentrieren.

Die Telefonakquise ist eine der schwierigsten Aufgaben für Vertriebsmitarbeiter. *Zu den typischen Leistungsproblemen* gehört dabei vor allem die *innere Einstellung*. Viele Verkäufer haben negative Gefühle gegenüber der proaktiven Ansprache von Interessenten. Die Gründe dafür sind vielfältig. Ein häufig gehörtes „Nein", ständiger Termin- und Umsatzdruck sowie die negative Beeinflussung durch das soziale Umfeld aufgrund der Stigmatisierung des „Klinkenputzens" sind die Hauptgründe. Die Folge ist, dass Verkäufer Ausreden erfinden, warum sie heute nicht anrufen können, morgen aber ganz bestimmt. Oder sie reden sich ein, dass der Interessent so oder so „NEIN" sagen wird. Die Liste an Ausflüchten lässt sich fast unendlich fortführen. Wenn dies zu häufig und ausgeprägt der Fall ist, müssen die Vertriebler an ihrer Einstellung arbeiten. Wir entscheiden ja alle täglich selbst: Bin ich wirklich voll überzeugt und engagiert bei dem, was ich tue? Die „unkaputtbare" positive Einstellung (auf die in Abschn. 5.2.2 eingegangen wird) ist mehr als die halbe Miete bei der Akquise.

Ein zweites typisches Leistungsproblem ist, dem Interessenten das „*richtige Angebot*" zur Vereinbarung eines gemeinsamen Termins zu machen. Wenn ein Vertriebler direkt im Telefonat beginnt, mit „Wir sind … Wir haben … Wir können …", ist er wahrscheinlich für viele Interessenten der falsche Partner, denn wir fragen uns alle in der Regel: „Was habe ICH konkret davon?" Aus diesem Grund formulieren gute Vertriebsmitarbeiter den sogenannten „Türöffner" konsequent aus Sicht des Entscheiders, bevor sie das Gespräch führen. Nicht jeder arbeitet schließlich für einen Branchenprimus, dessen alleinige Namensnennung bereits direkt zu einem Termin führt. Das Ziel ist es prinzipiell, das Interesse an einem persönlichen Termin zu wecken, um das Thema dann individuell zu besprechen.

Der Umgang mit Einwänden ist ein drittes typisches Leistungsproblem. In den meisten Fällen äußern die Ansprechpartner zunächst einen Einwand auf den Terminvorschlag, um den Verkäufer zu testen (lohnt sich ein Termin wirklich?) oder weil der Ansprechpartner tatsächlich zu beschäftigt ist. An diesem Punkt des Gesprächs scheitern viele Vertriebler. Dies liegt häufig daran, weil sie nicht mit echter innerer Überzeugung und kundenorientierten Mehrwerten argumentieren, und so oft verfrüht nach dem ersten oder zweiten Einwand aufgeben. Am besten ist es, diese Einwände als „Qualitätscheck" zu betrachten. Um diesen zu bestehen, empfiehlt es sich, dass der Vertriebsmitarbeiter (1) Verständnis für die zugrunde liegende Situation zeigt, (2) dem Entscheider seinen persönlichen Mehrwert aufzeigt und (3) den vorgeschlagenen Termin selbstbewusst wiederholt. Wenn der Ansprechpartner nach 2–3 Einwänden immer noch nicht einwilligt, sich zu treffen, ist es am besten, das Gespräch freundlich und souverän zu beenden und einige Wochen bzw. Monate später nachzuhaken. Die klassische Struktur eines Kaltanrufs ist in Tab. 3.1 dargestellt.

Leistungstipps für die Neukundenakquise
Im Folgenden finden Sie einige Punkte, die Vertriebsmitarbeiter bei der Kaltakquise unbedingt berücksichtigen sollen:

- Argumentieren Sie immer und konsequent aus der Kundensicht: „Sie" statt „wir".
- Bereiten Sie gute „Türöffner", auch „Aufhänger" genannt, vor und kennen Sie Ihre Fakten und Zahlen. Seien Sie nicht pauschal: „Wir haben großes Know-how …" Seien Sie stattdessen unverwechselbar: „Mit unserem Know-how aus 10 Jahren, über 100 Projekten und 20 Branchen finden auch Sie den Weg, Ihren Umsatz innerhalb eines Jahres, um bis zu 8 % zu steigern."
- Wecken Sie Interesse! Keine technische Fachdiskussion am Telefon. Alles wird beim persönlichen Treffen im Detail besprochen.

Tab. 3.1 Struktur der Kundenakquise (Kaltanruf)

0. Positive Einstellung: Ich rufe *wirklich* gerne jemand Neues an (nicht: ich *muss*)	5. Umgang mit Einwänden: „Keine Zeit", „Wir sind zufrieden", „Kein Bedarf" …
1. Vorbereitung: Nutzen eines Leitfadens und „Warmsprechen" vor dem Gespräch	6a. Wenn JA: Termin vereinbaren
2. Professionelle Begrüßung	6b. Wenn NEIN: Wiedervorlage in x Wochen
3. Überzeugendes „Angebot" machen: Am besten treffen wir uns, damit Sie ……!	7. Verabschiedung
4. Angabe eines genauen Datums und Uhrzeit: Am … um … Uhr	8. Dokumentation im CRM-System

- Kommunizieren Sie auf Augenhöhe: Seien Sie nicht zu unterwürfig. Kein „würde" oder „könnte". Keine Nebelkerzen wie „vielleicht" und „eigentlich".
- Machen Sie ein präzises, verbindliches Angebot: „Ich möchte Sie gerne nächsten Dienstag um 10 Uhr treffen."
- Konsequent Mehrwerte des Ansprechpartners aufzeigen!
- Wiederholen Sie das vorgeschlagene Datum und Uhrzeit: „Ich möchte Sie daher gern persönlich treffen: Dienstag, um 10 Uhr." Das zeigt Ihr Selbstverständnis.
- Genießen Sie jedes Telefonat in vollen Zügen und beginnen Sie noch heute.

3.2   Erstgespräch

Der erste persönliche Kontakt ist von großer Bedeutung. Heute nennen manche Vertriebler die Eröffnung sogar „den neuen Abschluss". Er kann, neben der später ebenso benötigten technischen Ebene, eine Chemie schaffen, die etwas Zentrales für eine loyale, dauerhafte Geschäftsbeziehung formt: *Vertrauen!* Es ist daher erstaunlich, dass viele Vertriebsmitarbeiter nicht die Chance nutzen, ihren Gegenüber so früh wie möglich im Vertriebsprozess zu treffen. Stattdessen ziehen sie es oft vor, etliche E-Mails zu schreiben und Telefonate zu führen. In unserem Alltag haben wir schon Hunderte von Abschlussgesprächen erlebt, bei denen sich beide Parteien tatsächlich zum allerersten Mal persönlich getroffen haben. Das ist unprofessionell und die Ergebnisse sprechen im allgemeinen für sich selbst.

Tatsächlich hinterlassen Vertriebsmitarbeiter beim ersten persönlichen Kontakt mit einem potenziellen Kunden einen entscheidenden – oft lang anhaltenden – Eindruck. Daher ist es wichtig, sich Gedanken darüber zu machen, wie eine positive Reaktion erzielt werden kann. Zuallererst erwarten die Interessenten, dass die Vertriebler in ihrem persönlichen Auftreten und Verhalten wirklich professionell sind. Einfache Dinge wie schlampige oder verschwitzte Kleidung, ungepflegtes Haar und Mundgeruch werden oft einen schlechten Eindruck hinterlassen. Dies sollte eigentlich selbstverständlich sein, aber es ist dennoch erstaunlich, wie regelmäßig dies in der Praxis trotzdem vorkommt.

Kundentermine beginnen nicht erst, wenn sich beide Parteien am Empfang oder im Besprechungsraum treffen, sondern bereits, wenn der Verkäufer in das Blickfeld des Kunden kommt. Das ist z. B. recht regelmäßig der Kunden-Parkplatz. Manche Ansprechpartner begrüßen ihre potenziellen Geschäftspartner gern, indem sie ihnen bei ihrer Ankunft aus dem Fenster zusehen, um einen „ungeschminkten" Eindruck zu bekommen. Es empfiehlt sich daher, alle Unterlagen gut vorbereitet, griffbereit zu haben und auf Zigaretten, Kaugummi etc. zu verzichten.

Die Eröffnung ist heute wichtiger denn je, da sie den Ton für den Rest des Gespräches und oft sogar darüber hinaus auch für den weiteren Vertriebsprozess vorgibt. Ein angemessener, entspannter Start hilft, denn wie die Redewendung sagt: „Druck erzeugt Gegendruck". Das Gleiche gilt für den Aufbau von Sympathie: „Ein Lächeln erzeugt ein weiteres Lächeln." Wenn der Verkäufer mit seinem Gesprächspartner auf einer emotionalen Ebene verbunden ist, fällt es dem Käufer viel leichter, die Fragen des Verkäufers offen zu beantworten. Und warum? Sympathie füreinander führt zu einer offeneren Gesprächsatmosphäre, was wiederum zu einer besseren und konkreteren Bedarfsanalyse führt, die wiederum zu einem „maßgeschneiderten" Angebot führt, was wiederum die Wahrscheinlichkeit erhöht, den Auftrag zu erhalten. Zusammenfassend lässt sich sagen, dass die *emotionale Ebene* die Basis für eine erfolgreiche Kundenbeziehung ist.

Um Sympathie zu erreichen und Vertrauen aufzubauen, sollten Verkäufer glaubwürdig und authentisch auftreten und das Gespräch mit einem echten Lächeln, einem festen Händedruck und *Small Talk* eröffnen. Der letztgenannte Aspekt ist nicht zu unterschätzen. Wenn wir den Verkäufer noch nicht kennen, fragen wir uns als Kunden immer – bewusst oder unbewusst – „Kann ich ihm vertrauen?" Die Antwort auf diese Frage findet der Käufer nicht über die fachliche Kompetenz des Verkäufers, sondern über die persönliche Ebene. Verkäufer sollten daher eine professionelle Aufwärmphase nutzen, um die mögliche Skepsis zu mildern und die zwischenmenschliche Beziehung zu kräftigen. Einige Smalltalk-Themen, die meist als „sicher" gelten, sind Anreise, Wetter, Sport, Hobbys und – nicht zu vergessen – das Büro des Kunden. Wenn Verkäufer beispielsweise eine kurze Zeit am Empfang warten müssen, können sie sich anschließend über die Inneneinrichtung, Auszeichnungen, Produktmuster, Kundenzeitschriften usw. unterhalten. Dies sind alles gute Bereiche, die die Verkäufer im Smalltalk thematisieren können. Das Allerwichtigste dabei: Der Interessent muss merken, dass der Verkäufer ein echtes Interesse an ihm selbst und an dem Aufwärm-Thema hat und nicht – wie leider viel zu oft – schauspielert.

Eine souveräne *„Brücke" vom Smalltalk zur Bedarfsanalyse* (dem nächsten Schritt im Vertriebsprozess) ist wichtig, damit die emotionale Ebene und damit das positive Energieniveau nicht verloren geht. Viel zu viele Vertriebsmitarbeiter beenden das Warm-up abrupt und beginnen unvermittelt mit dem Fachgespräch: „Na, dann kommen wir jetzt mal zum wichtigen Teil …". In diesen Fällen geht die Wertschätzung des Ansprechpartners schnell verloren („Ich wusste es. Er will mir nur etwas verkaufen"). Professionelle Verkäufer schlagen eine elegante Brücke, indem sie einen Punkt des Smalltalk-Themas aufgreifen und zur Einleitung ins Fachgespräch „überführen". Nach der professionellen Klärung des zur Verfügung stehenden Zeitrahmens und der Agenda des Termins kann der Verkäufer mit der Bedarfsanalyse beginnen. Die klassische Struktur eines Erstgesprächs ist in Tab. 3.2 dargestellt.

Leistungstipps für Erstgespräche
Hier sind einige Punkte, die Vertriebsmitarbeiter beim ersten Kundentermin beachten sollten:

- Seien Sie pünktlich.
- Seien Sie vorbereitet: Was wissen Sie über den Gesprächspartner und sein Unternehmen? Was können Sie konkret anbieten? Was sind mögliche Einwände? Was ist Ihr Ziel? Haben Sie eine positive innere Einstellung!
- Seien Sie proaktiv und beginnen den Smalltalk. Sympathie und Vertrauen sind der Schlüssel zum Gegenüber.

Tab. 3.2 Struktur des Erstgesprächs

0. Vorbereitung	- Recherchieren Sie relevante Kunden-Informationen - Definieren Sie Gesprächsziel und Vorgehen - Haben Sie eine positive Einstellung!
1. Professionelle Begrüßung	- Haben Sie ein gewinnendes Auftreten - Passen Sie Ansprache und Kleiderordnung an die Zielgruppe an - Eröffnen Sie mit einem echten Lächeln und einem Händedruck
2. Aufforderung zum Smalltalk	- Bieten Sie aktiv ein Thema an - Bringen Sie den Gesprächspartner zum Sprechen - Haben Sie echtes Interesse. Kein schauspielern!
3. Souveräne Brücke	- Wechseln Sie elegant zum Fachgespräch - Achten Sie auf passende Stichwörter
4. Den Rahmen abstimmen	- Schlagen Sie eine Agenda vor - Der Kunde spricht zunächst über sein Unternehmen und seine Bedürfnisse ($\rightarrow$ Schritt 5) - Dann präsentieren Sie mögliche Lösungen ($\rightarrow$ Schritt 6) - Vereinbarung nächster Schritte ($\rightarrow$ Schritt 7) - Fragen Sie, ob der Kunde mit dem Ablauf einverstanden ist.
5. Fachgespräch	- Führen Sie eine Bedarfsanalyse durch
6. Mögliche Lösung des Problems	- Diskutieren Sie mögliche Lösungen - Verwenden Sie die Nutzenargumentation
7. Follow-up (nächste Schritte)	- Vereinbaren Sie einen Aktionsplan: Wer macht was bis wann?
8. Outro	- Upgrade zum „Smart Talk": Verwenden Sie das gleiche Smalltalk-Thema wie beim Intro ($\rightarrow$ Schritt 2) - Freundliche Verabschiedung

- Bieten Sie als Gastgeber einen Kaffee oder anderes Getränk an. Nehmen Sie es als Gast immer an, um eine entspannte, offene Atmosphäre zu schaffen.
- Schaffen Sie den Rahmen: Schlagen Sie eine Agenda vor und überprüfen Sie das ursprüngliche Zeitfenster. Dies hilft Ihnen, das Gespräch zu strukturieren.
- Vergessen Sie nicht, sich auf einen konkreten Aktionsplan zu einigen. Kein Treffen ohne genaue Folgeaktivität!
- Upgrade: Führen Sie „Smart Talk", bevor Sie sich verabschieden. Was wir damit meinen: Verwenden Sie das gleiche Smalltalk-Thema wie zur Begrüßung. Wenn Sie zu Beginn über Rockmusik gesprochen haben, dann sprechen Sie vertiefend noch einmal darüber, bevor Sie gehen. Damit zeigen Sie echtes Interesse am Thema, sowie an Ihrem Gesprächspartner und den Informationen, die er Ihnen gibt.

3.3 Bedarfsanalyse

In jeder Kundenkommunikation und damit natürlich auch in allen Terminen sind Vertriebler auf die gewonnenen Informationen ihrer Gesprächspartner angewiesen. Je mehr sie wissen, desto eher sind sie in der Lage, auf die spezifischen Anliegen und „Schmerzpunkte" des Ansprechpartners einzugehen. Nur so können sie später ein *maßgeschneidertes Angebot* erstellen. Außerdem können sie ihre eigene Kompetenz – mehr oder weniger überzeugend – unterstreichen, indem sie hochwertige Fragen stellen. Verkäufer sollten ihren Gesprächspartnern zeigen, dass sie sich für eine individuelle Zusammenarbeit einsetzen. Je überzeugter der Kunde von der Individualität ist, desto weniger steht später der Preis im Mittelpunkt der Argumentation. Ein erkennbar stereotypes Vorgehen des Vertrieblers führt hingegen oft zum entsprechenden stereotypen Reflex des Ansprechpartners mit starkem Preisfokus.

Die Bedarfsanalyse ist von zentraler Bedeutung und ein klassischer Engpass für fast jedes Unternehmen. Denn dieser Aspekt erfordert sowohl eine gute Fragetechnik, professionelles Zuhören, hohe Flexibilität und eine Menge Einfühlungsvermögen. Dazu gehört ein ausgeklügeltes Zuhören, um zwischen den Zeilen die relevanten „Schlüsselworte" des Ansprechpartners zu erfassen: „Wir sind so weit *ganz* zufrieden". Außerdem sind eine schnelle Dialogfähigkeit, präzises Formulieren sowie konsequentes Nachfragen nötig. Unserer Erfahrung nach ist die Bedarfsermittlung eines der entscheidenden Unterscheidungsmerkmale im professionellen Vertrieb. Aus diesem Grund finden Sie in den folgenden Abschnitten einige Formulierungsbeispiele, die diese Bedeutung unterstreichen.

Eine weitere Anmerkung, die an dieser Stelle gemacht werden muss: Viele Unternehmen – vor allem die großen – haben eine starke Neigung, zunächst eigene Präsentationen vorzustellen, bevor sie die Ansprechpartner befragen. Sie stellen ihre eigenen Produkte oder Dienstleistungen gern direkt und ausführlich vor. Dies führt zu einem reinen Demomodus, ohne die Bedürfnisse des potenziellen Kunden zu kennen und ermüdet die Zuhörer schnell. Ein professioneller Verkaufsansatz besteht im Gegensatz dazu darin, diesen einleitenden Präsentationsmodus in einen viel effektiveren *Zuhörmodus* zu transformieren.

Hinweis: Folienpräsentationen können nach wie vor nützlich sein und sollten – falls erforderlich – unbedingt erst nach der Bedarfsanalyse durchgeführt werden. Sie sind Teil der anschließenden Nutzenargumentation, die im folgenden Kapitel behandelt wird.

Dringende Bedürfnisse und Schmerzpunkte

Was ist nötig, um die Anbahnungszeit deutlich zu verkürzen, damit ein Kunde oder Interessent JETZT kauft? Was denken Sie? Wenn wir diese Frage im Workshop stellen, antworten die meisten Vertriebler: „Der Kunde muss einen Bedarf haben." Gut, ja, aber das ist heute in der Zeit des Aufschiebens von Investitionen nicht genug. Es muss darüber hinaus ein *dringender Bedarf* sein. Das bedeutet, dass der Kunde die Engpässe, die in seinem Unternehmen bestehen, bemerkt, anerkennt und versteht, dass eine sofortige Handlung erforderlich ist, um das Problem – den sogenannten Schmerzpunkt – zu lösen.

Es gibt zwei Möglichkeiten, diesen dringenden Bedarf zu erkennen. Normalerweise sieht der *Verkäufer* diesen, denn er ist der Experte! Nach unserer Erfahrung erkennen fast 80 % der Verkäufer das Problem des Kunden und schlagen dann sofort eine mögliche Lösung vor („Sie brauchen Produkt A!"). Aus verkaufstechnischer Sicht ist diese Methode jedoch nicht erfolgversprechend. Viele Angebote scheitern an dieser Stelle.

Wie in Kap. 2 erwähnt, werden potenzielle Kunden aufgrund des zunehmenden Wettbewerbs, der Transparenz und schlechter Erfahrungen immer vorsichtiger. Das Problem ist, dass viele Verkäufer oft einfach zu schnell sind. Sie sprechen bereits über Probleme und mögliche Lösungen, was für den Interessenten in der Regel eine anspruchsvolle Investition darstellt, während der Gegenüber noch gar nicht erkannt hat, dass er überhaupt ein Problem hat.

Denken Sie kurz einmal an sich selbst: Wenn Sie zum ersten Mal einen neuen IT-Berater treffen und dieser Ihnen nach 3 min sagt, dass Sie in völlig neue Hard- und Software investieren müssen. Wie würden Sie reagieren? Wir vermuten, dass Sie „normalerweise" nicht amüsiert wären, nochmals allein darüber nachdenken wollen und Ihre Entscheidung verschieben würden.

Denn nicht der Verkäufer soll den dringenden Bedarf aussprechen, sondern der Kunde selbst! Um mit unserem Beispiel fortzufahren: Wenn ich selbst feststelle: „Unsere Software ist wirklich veraltet, wir können bestimmte Standards aufgrund begrenzter Datenkapazität nicht ausführen, die Hardware ist viel zu alt und wir können zentrale Themen unseres Geschäftsmodells nicht abbilden, was uns x-Tausend Euro pro Monat kostet", dann verstehe ich die Notwendigkeit, die gesamte IT zu aktualisieren.

Was wir mit diesem Beispiel zeigen wollen: Der Kunde wurde nicht zum Kauf überredet. Stattdessen hat er (1) selbst erkannt, dass er ein Problem hat; (2) die Konsequenzen verstanden, wenn sich nichts ändert; und schließlich (3) eine Lösung gefunden, die er umsetzen will. Und zwar schnell – denn er hat den dringenden Bedarf erkannt. Abb. 3.2 veranschaulicht die beiden Arten der Identifizierung des dringenden Bedarfs:

Was bedeutet das für die Vertriebsmitarbeiter? Trommelwirbel und Tusch: Sie müssen ihr Fachwissen in qualifizierte *Fragen* umwandeln. Für viele technisch affine Menschen, wie z. B. Ingenieure, ist das ein großer Bewusstseinswandel. Es fällt ihnen schwer Fragen zu stellen, weil sie diese ursprünglich als ein Zeichen von Unsicherheit und Inkompetenz ansehen und im Gegensatz dazu direkte Aussagen mit einer hohen Fachkompetenz verbinden.

Der Experte
sieht die dringende
Notwendigkeit und das
Problem und spricht es aus

Reaktion des Kunden:
→ ist reserviert
→ stößt zurück (*ich sehe keinen Sinn darin!*)

Der Kunde
Erkennt die dringende
Notwendigkeit und das
Problem und spricht es aus

Reaktion des Kunden:
→ entwickelt eine „maßgeschneiderte" Lösung
→ ist sehr engagiert, entsprechend zu handeln

Abb. 3.2 Den dringenden Bedarf erkennen

Anstatt den dringenden Bedarf selbst auszusprechen, *stellt* der professionelle Verkäufer dem Kunden also gezielte Fragen, die das Problem und die Auswirkungen, sowie später sogar die entsprechende Lösung, aufzeigen. Auf diese Weise erkennt der Interessent den Schmerzpunkt und ist im Hinblick auf die Mitarbeit zu einer zeitnahen Lösung auch engagiert. Die Erfahrung lehrt, dass nur 20 % der Verkäufer systematisch Fragen stellen und eine gute Bedarfsanalyse durchführen, bevor sie selbst eine Lösung vorschlagen.

Zehn Punkte zur Durchführung einer Bedarfsanalyse
Unserer Erfahrung nach dauert die Bedarfsanalyse je nach Komplexität des Produkts oder der Dienstleistung etwa 20–120 min. Es ist wichtig, dass die Verkäufer Folgendes beachten:

1. Etablieren Sie mit dem Kunden eine tragfähige emotionale Ebene (d. h. Small Talk), bevor Sie mit den Fragen beginnen.
2. Klären Sie den Zeitrahmen: Ist das vereinbarte Zeitfenster noch verfügbar? Es ist ärgerlich, wenn der Interessent den Termin mittendrin verlassen muss. Passen Sie den Ablauf und Ihre Fragen direkt an, wenn die Meetingzeit verkürzt wird.
3. Sagen Sie dem Ansprechpartner, dass Sie einige Fragen vorbereitet haben und bitten sie ihn um Erlaubnis, diese stellen zu dürfen. Dies zeigt, dass Sie an einer partnerschaftlichen Zusammenarbeit interessiert sind.
4. Beginnen Sie langsam: Viele ihrer potenziellen Kunden sind es nicht mehr gewohnt, gefragt zu werden, und müssen erst einmal zu Ihnen Vertrauen fassen.
5. Beginnen Sie mit Fragen zum allgemeinen Status quo: Unternehmen, Struktur, Produkte. Arbeiten Sie sich schrittweise zu spezifischen Informationen vor: Anforderungen, Probleme, Konsequenzen usw. Wenn der Gesprächspartner Sie nicht kennt, wird er Ihnen nicht gleich von seinen Problemen und Zielen erzählen. Eine Übersicht finden Sie in Abb. 3.3.

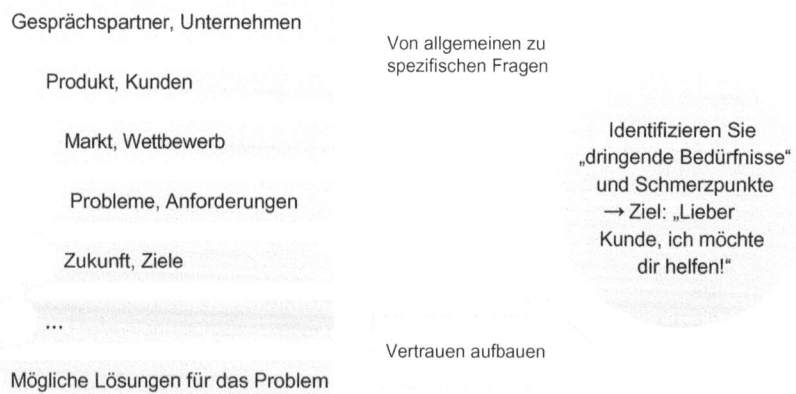

Abb. 3.3 Mögliche Kategorien zur Durchführung einer Bedarfsanalyse

6. Achten Sie auf Schlüsselworte, z. B.: „relativ", „eigentlich", „im Großen und Ganzen". Kaum jemand teilt Ihnen sofort mit, dass er Probleme hat. Wir alle sind sehr vorsichtig in der Artikulation eigener Engpässe gegenüber Fremden.

7. Führen Sie das Gespräch proaktiv. Wenn Sie das nicht tun, übernimmt der Käufer die Führung.

8. Achten Sie darauf, den Dialog aufrecht zu erhalten! Die besten Fragen nützen nichts, wenn sich das Gespräch wie ein Verhör anfühlt.

9. Machen Sie Notizen. Die notierten Aussagen des Ansprechpartners sind Wertschätzung, Qualitäts-Standard und Basis Ihres Angebotes. Sehr wichtig!

10. Gehen Sie nicht zu schnell in den Problemlösungsmodus! Zunächst ist es wichtig, die Schmerzpunkte des Gesprächspartners herauszuarbeiten. Das erfordert Geduld.

Fragetechniken
Der Einsatz von Fragen und die Möglichkeiten der Variation entscheiden hochgradig über Erfolg oder Misserfolg des Gesprächs. Die Fragetechnik ist der Schlüssel zu den gewünschten Informationen Ihres Ansprechpartners. Eine geschickte Fragetechnik bringt Verkäufern viele Vorteile. Das hört sich logisch und einfach an, ist in der Praxis aber sehr oft schwer und mühsam. So, als säßen Sie vor einem leckeren Fischgericht und wüssten nicht, wie man dieses zum Verzehr richtig tranchieren soll. Es gibt zur Fragetechnik einige gute Ansätze, die man verfolgen kann, z. B. SPIN® Selling, dass zuerst von Neil Rackham (1988) und Huthwaite International entwickelt wurde. Fazit: Es ist im Tagesgeschäft eher eine Frage der Vorbereitung, Routine sowie des aufmerksamen Zuhörens als eine Frage des Intellekts. Die Fragetechnik:

• Gibt dem Gesprächspartner das Gefühl, dass Sie ihm mit Interesse zuhören
• Macht es einfach, die Richtung des Gesprächs zu ändern
• Hilft, Kaufmotive im Gespräch zu erkennen
• Ermöglicht es, Gegenargumente schneller zu erkennen
• Ermöglicht eine „diplomatische" Korrektur von Argumenten des Interessenten oder Kunden
• Schafft die notwendige Vertrauensbasis mit dem Interessenten oder Kunden
• Hilft, den Interessenten oder Kunden besser einzuschätzen
• Macht es einfacher, unfaire Angriffe zu parieren
• Gibt Zeit, den nächsten Gedanken zu formulieren

Grundlegende Fragetechniken In der Praxis kann bei einer Bedarfsermittlung eine Vielzahl von Fragen verwendet werden, z. B. Fragen mit scharfem Blickwinkel, Fragen zur Meinungsbildung und Fragen zur Einbeziehung von Kunden (siehe DeCormier und Jobber (1993) für weitere Einzelheiten). Wenn Verkäufer weiter Schwierigkeiten haben, spezifische Kundenbedürfnisse zu ermitteln, empfehlen wir, zunächst nur offene und geschlossene Fragen zu verwenden:

• *Offene Fragen* sind das Herzstück einer kundenorientierten Befragung. Der Gesprächspartner hat hierbei maximale Freiheit bei der Beantwortung. Die Herausforderung für den Verkäufer besteht darin, den Faden nicht zu verlieren, weil er nicht weiß, wie der Interessent ihm antworten wird. Offene Fragen („Wer? Was? Wo? Wann? Warum? Wie?", usw.) sind hilfreich:

- Um Informationen zu sammeln und zu organisieren – zentral für die Bedarfsanalyse
- Um Probleme zu definieren und Lösungen zu entwickeln
- *Geschlossene Fragen*: Der Gesprächspartner kann nur mit „Ja" oder „Nein" antworten. Geschlossene Fragen sind gut:
  - Um sicher zu sein, dass wir die Informationen richtig verstanden haben
  - Um Zwischenergebnisse festzuhalten
  - Um zu einer Entscheidung zu kommen und das gesamte Gespräch „abzuschließen".

Es mag einfach klingen, aber im täglichen Geschäft haben selbst viele routinierte Vertriebler Schwierigkeiten, die echten Schmerzpunkte der Interessenten zu erfahren. Zunächst einmal ist es wichtig, die gesamte Konversation und nicht nur wenige Sätze mit guten Fragen zu steuern. Das erfordert Übung und den Verzicht auf den natürlichen Drang, selbst die zur Sprache kommenden Sachverhalte zu kommentieren und sofort eine Lösung anzubieten.

Fortgeschrittene Fragetechniken Eine gute Bedarfsanalyse ist die Kunst, zum richtigen Zeitpunkt gute Fragen zu stellen und den Gesprächspartner zu führen. Das Ziel ist, dass der Kunde (und nicht der Verkäufer!) anschließend fragt: „Und wie können wir das von mir geschilderte Problem nun lösen?" Um ihn an diesen Punkt zu bringen, muss der Verkäufer konkrete Fakten und Zahlen herausarbeiten, um ihn den dringenden Bedarf „spüren" zu lassen. Dazu können vier fortgeschrittene Fragetechniken eingesetzt werden:

- *Einstiegsfragen*: Wie erwähnt, sollten Verkäufer mit kurzen (sic!) offenen Fragen beginnen, um den Kunden zu aktivieren und die Chance zu erhöhen, die wichtigen Punkte zu erfahren. Sie können den Kunden nach seinem Wissen und seiner Meinung fragen. Die Frage nach dem „Warum?" ist großartig – wenn Sie diese Frage fünfmal stellen, haben Sie definitiv den wahren Grund oder die Problemursache verstanden. Allerdings sollten Verkäufer mit dieser Formulierung vorsichtig sein, da sich Gesprächspartner leicht kritisiert fühlen können. Wir schlagen vor die Formulierung zu ändern, zum Beispiel: „Was ist der Grund für …?".
- *Fragen zum Status quo*: Diese Fragenart hilft, die gesamte Situation des Gegenübers zu verstehen. Oft wissen die Ansprechpartner selbst noch nicht, dass sie derzeit ein dringendes Bedürfnis haben (das sogenannte latente Bedürfnis). Wir müssen Sie daher erst sensibilisieren, dass sie ein relevantes Problem haben, das gelöst werden muss. In diesem Fall empfehlen wir den Vertrieblern, ihre Kunden über die aktuelle Situation zu befragen, um tiefer zu bohren und das Problem abzuleiten.
- *„Log-in"-Fragen*: Wir nennen diese Fragen so, weil Verkäufer damit zeigen, dass sie gut zuhören und die Situation genau verstehen wollen. Diese Fragen sind auch nützlich, wenn Gesprächspartner nicht ins Detail gehen. Sie sagen zum Beispiel: „Wir müssen mehr tun" oder „Der Kundenservice könnte besser sein".

Wir empfehlen Verkäufern dann, tiefer einzutauchen, um genaue Fakten und Zahlen zu erfahren. Indem sie fragen: „Wenn Sie sagen: ‚Wir müssen mehr tun‘, was meinen Sie damit konkret?" Sie werden oft überrascht sein, worüber die Kunden alles zu sprechen beginnen, wenn Sie sich bei Ihnen erfolgreich eingeloggt haben.

- *Fragen zu den Auswirkungen*: Durch diese Fragen werden die Folgen für den Kunden spürbar. Was passiert, wenn das geschilderte Problem des Ansprechpartners nicht gelöst wird? Typische Beispiele für Auswirkungsfragen sind: „Wie wirkt sich der Lieferengpass aktuell auf Sie aus?" oder „Welche zusätzlichen Kosten entstehen durch den hohen Verbrauch?". Durch diese Fragen merkt der Gegenüber selbst, wie sehr er leidet, und versteht, dass eine zeitnahe Aktion nötig ist, um das Problem zu lösen.

Fazit: Nur wer die richtigen Fragen stellt, bekommt eine gute Antwort und identifiziert *echte* Schmerzpunkte! Aus diesem Grund haben wir die Fragetechniken in Tab. 3.3 zusammengefasst.

Entwicklung eines qualifizierten Fragebogens
Vertriebler können ein maßgeschneidertes Angebot auf der Basis hochwertiger Fragen erstellen, das die Sorgen und Nöte des Ansprechpartners abbildet. Um dies zu erreichen, empfehlen wir allen Verkäufern, einen Fragenkatalog zu entwickeln, der alle Kategorien abdeckt, die zum Erstellen einer passgenauen Offerte notwendig sind. Zum Beispiel: Gesprächspartner, Unternehmen, Kunden und Zukunft.

Tab. 3.3 Fragetechniken zur Identifikation von Schmerzpunkten

1. *Einstiegsfragen*
- Was …
- Wie …
- Wenn …
- Wo …
2. *Fragen zum Status quo* (aktuelle Situation)
- Was glauben Sie ist der Grund für „x"?
- Was ist Ihrer Meinung nach die Ursache für „y"?
- Wann hat „x" begonnen?
- Wie oft kommt „x" vor?
3. *„Log-in" Fragen*
- Wenn Sie „x" sagen, was meinen Sie konkret damit?
- Für mein Verständnis, was bedeutet „y" in Zahlen? (z. B. x EUR Kosten, x Tage Lieferverzug)
4. *Fragen zu den Auswirkungen* (aktuelle und künftige Folgen)
- Wie wirkt sich „x" derzeit auf Sie aus?
- Was ist die Folge, wenn Sie so weitermachen?
- Wie hoch sind die geschätzten Kosten für „x"?
- Welche Auswirkungen hat „y" auf Ihr Unternehmen?

Tab. 3.4 Entwicklung eines qualifizierten Fragebogens

Ansprechpartner	*Unternehmen*
- Wie lange arbeiten Sie bereits für dieses Unternehmen? - Wie lange sind Sie schon mit dem Thema „x" in diesem Unternehmen vertraut? - Was ist Ihnen besonders wichtig? - Welche Anforderungen haben Sie an ihre erfolgreichen Partner?	- Was sind aus Ihrer Sicht die besonderen Werte Ihres Unternehmens? - Was macht Ihr Unternehmen besonders? - Wie verteilt sich Ihr Umsatz auf die Branchen „x", „y" und „z"?
Kunden des Kunden	*Zukunft, Ziele*
- Wie sieht Ihre derzeitige Kundenstruktur aus? - Könnten Sie bitte kurz beschreiben: Was sind die Bedürfnisse und Anforderungen Ihres Kunden, wenn er mit Ihnen ins Geschäft kommen möchte? - Wenn Sie mit Ihren Kunden sprechen: Was sagen sie, warum sie gerne mit Ihnen zusammenarbeiten?	- Im Vergleich zu heute. Was wird Ende 202x anders sein in Bezug auf …? - Was möchten Sie in den nächsten 6, 12, 24, 36 Monaten erreichen? - Welche Meilensteine sind nötig, um Ihre Ziele zu erreichen? - Wie weit sind Sie konkret in diesem Prozess?

Die folgende Liste von Fragen gibt Ihnen einige Anregungen, um mit der Entwicklung Ihres eigenen Fragenkatalogs für die Bedarfsanalyse zu beginnen (siehe Tab. 3.4). Wenn Sie mögen, fragen Sie sich selbst:

1. Welche dieser Fragen können Sie für Ihren eigenen Fragebogen verwenden?
2. Welche zusätzlichen Fragen und/oder Kategorien fehlen noch?

Leistungstipps für die Bedarfsanalyse

Im Folgenden werden einige Punkte genannt, die Vertriebsmitarbeiter bei der Durchführung einer Bedarfsanalyse berücksichtigen sollten:

- Behalten Sie ein gutes emotionales Niveau bei. Sonst werden Sie sich schnell in einem „Verhör" wiederfinden. Und das verschlechtert die Beziehung zu Ihrem Ansprechpartner oder späteren potenziellen Auftraggeber deutlich.
- Stellen Sie qualifizierte Fragen, hören Sie aktiv zu und machen Sie sich Notizen.
- Gehen Sie tiefer, um die „Schmerzpunkte" zu ermitteln, indem Sie Fragen zum „Log-in", zum Status quo und zu den Auswirkungen stellen.
- Fragen Sie nach Fakten und Zahlen, um Schmerzpunkte abzuleiten: „Hohe Kosten" versus „100.000 EUR Kosten" oder „Lieferverzug" versus „3 Wochen Lieferverzug". Sie sehen und spüren den Unterschied.
- Gehen Sie im Problemlösungsmodus nicht zu schnell vor.

3.4   Argumentation

Nachdem der Vertriebsmitarbeiter zielgerichtete Fragen gestellt hat, um die Bedürfnisse und Probleme des Ansprechpartners zu ermitteln, kann er nun genau die Produkte und Dienstleistungen präsentieren, die diese spezifischen Anforderungen am besten erfüllen. Im Allgemeinen gibt es drei verschiedene Ebenen der Argumentation:

- Merkmal
- Vorteil
- Nutzen

Merkmale sind eindeutige Produkt- oder Dienstleistungseigenschaften (z. B. ein Datenblatt). Ein Beispiel ist „Dieses Auto ist mit einem Antiblockiersystem ausgestattet". Die Verkaufswirkung von Merkmalen auf Interessenten ist relativ gering. Es verdeutlicht dem Gegenüber allerdings, dass ein gewisses Fachwissen besteht. Dennoch ist es erstaunlich, wie viele Verkäufer nicht einmal diese Art von harten Fakten verwenden, sondern nur oberflächliche Produktbezeichnungen nennen.

Vorteile zeigen, wie eine Produkteigenschaft, also ein spezifisches Merkmal, wirksam eingesetzt werden kann, um dem Benutzer zu helfen. Die meisten Vorteile lassen sich wie folgt ausdrücken:

- „Aufgrund von … (dem Merkmal x) können Sie …"
- „Dank … (der Funktion x) können Sie …"
- „Mit … (dem Merkmal x), können Sie …"

Ein Vorteil ist z. B.: „Dank des Antiblockiersystems behalten Sie auch auf nasser Fahrbahn die Kontrolle über Ihr Fahrzeug, denn das System verhindert ein Blockieren der Räder, auch wenn Sie scharf bremsen müssen." Vorteile sind also im Verkauf deutlich überzeugender als Merkmale.

Der Nutzen verdeutlicht, in welcher Weise ein Produktmerkmal dem individuellen Bedarf des Käufers entspricht. Diese Argumentationsebene ist noch überzeugender als die Vorteilsebene. Denn ein Interessent kauft prinzipiell, weil er ein bestimmtes Bedürfnis hat. Die Wahrscheinlichkeit eines Vertragsabschlusses ist am größten, wenn der Verkäufer seine Argumentation auf dieses konkrete Bedürfnis ausrichtet. Die Nutzenargumentation ist damit die wirkungsvollste Art, ein Produkt oder eine Dienstleistung zu beschreiben. Darüber hinaus ist sie die einzige Möglichkeit, sich in B2B-Märkten erfolgreich zu differenzieren. Wir werden uns daher im folgenden Abschnitt auf den Nutzen konzentrieren.

Nutzen präsentieren
Nach dem Durchführen der Bedarfsanalyse kann der Vertriebler nun genau den spezifischen Nutzen des jeweiligen Produkts oder Dienstleistung präsentieren. Dies ist der unmittelbare folgende Schritt auf die Bedarfsermittlung und sollte auch direkt im Anschluss erfolgen. Wir nennen Bedarfsanalyse und Nutzen-Argumentation daher „Zwillinge". Der Interessent weiß nun, dass er sein Problem lösen muss, das er manchmal vor dem Gespräch noch gar nicht kannte. Er ist für das Thema offen und wird den Vertriebsmitarbeiter im Normalfall auch nach seiner Empfehlung fragen. Hinweis: Dies könnte der Zeitpunkt sein, um nun eine Kurz-Präsentation zu halten. Und zwar eine jetzt auf den Kundenbedarf angepasste Version, die die nicht passenden Standard-Charts noch rechtzeitig ausblendet …

Nun ist für den Verkäufer „Lieferzeit". Er weckt gezielt den Wunsch nach einem Angebot, indem er den konkreten Nutzen auslobt, der dem Ansprechpartner geboten wird. Produkteigenschaften und -vorteile sind nur dann wichtig, wenn sie direkt mit einem spezifischen Nutzen verbunden werden können, den der Interessent sucht. Der Hinweis auf eine Akkulaufzeit von 12 h (d. h. eine Merkmals-Funktion) bei der Argumentation eines Mobiltelefons ist für einen Interessenten hochgradig dann relevant, wenn er bei der Bedarfsanalyse angibt, dass er viel reist, das Gerät stark nutzt und über keine verfügbaren Steckdosen verfügt. Fast schon trivial – aber leider weiterhin nicht die Regel im Tagesgeschäft: Der Verkäufer sollte natürlich darauf achten, dass er sein Produktportfolio fundiert kennt und nur solche Leistungsmerkmale beschreibt, die für den Gegenüber relevant sind.

Kundenwerte und Nutzen
Zum besseren Verständnis ein Beispiel: Wie viele Funktionen hat ein Auto? Richtig, Tausende. Aber nur einige wenige sind für uns beim Autokauf wirklich wichtig. Und jeder Käufer benennt andere Merkmale, die ihm wichtig sind. Genau diese wenigen zwingenden Punkte (typischerweise 2–4) müssen in der Bedarfsanalyse ermittelt werden. Die Nutzenargumentation hilft Verkäufern, diese Punkte mit maximaler Überzeugung zu illustrieren. Ein Nutzen ist immer individuell und verlässt die rein technische Ebene des Produkts. Der Kunde erhält so eine 100 %ig maßgeschneiderte Lösung, die auf seinen eigenen Bedürfnissen basiert. Das Ziel ist, dem Ansprechpartner die Sicherheit zu geben, dass er beim Verkäufer genau seine richtige Lösung gefunden hat und verstanden wurde.

Wenn Vertriebler diese Argumentationsebene verwenden, kann der Gegenüber keinen Einwand erheben, weil *er selbst* ja während der Bedarfsanalyse geäußert *hat*, dass *er ein bestimmtes Problem hat*, das gelöst werden muss. Der Vertriebsmitarbeiter argumentiert nun die Lösung für dieses spezifische Problem. Aus diesem Grund kann der Interessent oder Kunde nur noch gegen den Preis Einspruch erheben – nicht aber gegen die maßgeschneiderte Lösung an sich. Abb. 3.4 fasst die Merkmale eines Nutzens zusammen:

Nutzen-Argumentation
Wenn der Vertriebsmitarbeiter die Bedarfsanalyse abgeschlossen hat, sollte er die verfügbare Lösung in klaren Nutzenaussagen anbieten. Die allgemeine Struktur der Nutzenargumentation ist in Tab. 3.5 dargestellt.

Leistungstipps für die Nutzenargumentation
Die Struktur der Nutzenargumentation klingt einfach, ist es aber in der Praxis nicht. Jedes einzelne Wort kann den Unterschied ausmachen, ob der Kunde überzeugt wird oder skeptisch bezüglich des Vorschlages ist. Dies erfordert gute sprachliche Fähigkeiten, Übung und Selbstreflexion. Hier sind ein paar Punkte, die Verkäufer beachten sollten:

• Argumentieren Sie immer aus der Sicht des Kunden: „Sie" statt „wir".
• Achten Sie auf eine ruhige Sprache, unaufgeregte Stimme und überzeugende Körpersprache. Diese Punkte können im Zweifelsfall über den Auftrag entscheiden.

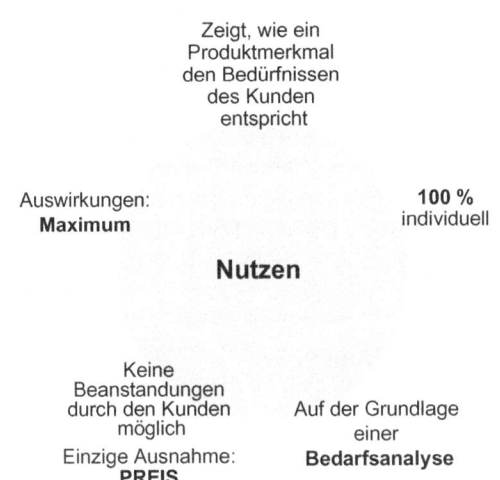

Abb. 3.4 Charakterisierung eines Nutzens

Tab. 3.5 Aufbau einer Nutzenargumentation

1. Beginnen Sie mit einer spezifischen Kundenaussage aus der Bedarfsanalyse	3. Bringen Sie Ihre Lösung ein, indem Sie dem Kunden erklären, wie ein bestimmtes Produktmerkmal seinem Bedarf entspricht
2. Wiederholen Sie das Problem und erinnern Sie ihn an die daraus resultierenden Folgen (wie die Redewendung sagt, „ein schmerzhaftes Thema zur Sprache bringen")	4. Ziehen Sie eine überzeugende Schlussfolgerung, indem Sie die positiven Folgen aufzeigen

- Packen Sie nicht alle „Schmerzpunkte" in das erste Argument. Dann haben Sie sich schon ins Aus geschossen, bevor die Verhandlung überhaupt begonnen hat.
- Sprechen Sie Interessenten und Kunden persönlich an. Vermeiden Sie distanzierte Aussagen wie „Der Kunde spart …".
- Bringen Sie den Interessenten dazu, zuzustimmen, dass Ihr Angebot seine geäußerten Beschwerden beseitigen wird.

3.5 Preisgespräch

Wenn es zum Preisgespräch kommt, schlägt das Herz auf der Vertriebsseite spürbar schneller. In jedem Verkaufsgespräch gibt es (hoffentlich) diesen Moment der Wahrheit. Viele professionelle Einkäufer fragen schon viel früher im Prozess nach dem „Preisschild". Die Aufgabe des Verkäufers ist es – wie wir bereits besprochen haben – Standing und Souveränität zu besitzen und erst über die Bedürfnisse des Kunden sowie über die vorgestellte Lösung und deren Nutzen zu sprechen. Erst auf

dieser Basis kann der Vertriebler ein überzeugendes Preis-Leistungs-Verhältnis aufzeigen. Der Preis ist die logische Folge der Leistung des Verkäufers – in beide Richtungen, positiv wie negativ.

Die Einkäuferseite hat in den letzten Jahren viele Anstrengungen unternommen,
um das Kräfteverhältnis in diesem zentralen Thema zu ihren Gunsten zu verschieben und die Führung zu übernehmen, um mehr Marge zu erwirtschaften (z. B. durch
Ausschreibungen, anonymes Bieten, häufigen Wechsel der Einkäufer, vorzugsweise
Online-Kontakt). Das Interessante daran ist: Der Preis ist auch in dem hier von uns
beschriebenen B2B-Kontext vor allem eine Frage der individuellen Wahrnehmung
und Identifikation. Deshalb möchten wir Ihnen fünf kurze, wirkungsvolle Leitge-
danken zur Funktion des Preises geben.

Grundlegende Überlegungen zum Preis
Preisgespräche sind ein fester Bestandteil des Verkaufsgesprächs. Da viele Vertriebler den Preis als etwas Unangenehmes und Preiseinwände oft als das Ergebnis einer schlechten Argumentation ansehen, wollen wir zunächst einige grundsätzliche
Gedanken über den Preis teilen:

1. *Preisdiskussionen sind heute normaler Teil des „Spiels"*: In Kap. 2 haben wir die
   zunehmende Bedeutung der Einkaufsabteilung und ihre Daseinsberechtigung
   diskutiert: In vielen Unternehmen ist es heute laut internem Verhaltenskodex ein
   „Muss", 3–4 verschiedene Lieferanten anzufragen, um niedrigere Preise zu realisieren. Diejenigen Gesprächspartner und Unternehmen, die nicht nach Nach-
   lässen fragen, und sei es nur rhetorisch, sind oft nicht wirklich interessiert. Verkäufer sollten daher eine positive Einstellung zum Thema Preis haben!
2. *Der Preis wird hauptsächlich durch den Verkäufer selbst und seine innere Einstellung bestimmt*: Ein Preisproblem des Vertrieblers – „mein Produkt ist zu
   teuer" – wird immer auch unbewusst auf den Gesprächspartner übertragen.
   Wenn der Verkäufer nicht vollständig hinter mit dem Preis steht, wie soll sein
   Interessent dann eine Wertschätzung dafür entwickeln? Daraus folgt: Verkäufer
   müssen sich mit ihrem Preis zu 100 % identifizieren oder den Preis an ihr
   Argumentations-Niveau anpassen.
3. *Der Preis ist nie objektiv, sondern immer subjektiv*: Was für eine Person teuer
   erscheint, kann von jemand anderen als akzeptabel oder gar günstig bewertet
   werden. Dies liegt immer in der individuellen Erfahrung und der Fachkenntnis
   des Betrachters begründet. Da Produkte in ihrer subjektiven Wahrnehmung nicht
   miteinander vergleichbar sind (Farbe, Form, Bedienkomfort etc. werden unterschiedlich wahrgenommen), gibt es auch kein objektives teuer oder günstig!
4. *Der Preis erfüllt eine Funktion*: Aus höheren Preisen leiten die Interessenten,
   manchmal unbewusst, eine höhere Produktqualität ab. Getreu dem Motto: „Was
   nichts kostet, ist nichts wert" hat Qualität eben ihren Preis. Der antizipierte Pro-
   duktwert steht also immer in engem Zusammenhang mit dem Preis.
5. *Hohe Preise sind selten ein Grund zur Ablehnung*: Die Praxis zeigt, dass die
   Preise der Marktführer in der Regel deutlich über den Durchschnittspreisen der
   Branche liegen. Produkte mit niedrigen Preisen sind oft, trotz guter Qualität,
   tatsächlich schwerer zu verkaufen. Werfen Sie nur einmal einen Blick auf den
   Markt der Smartphones.

Sieben Punkte zur Preisnennung und zur Verhandlung des Preises

Die folgende Leitlinie hilft Vertriebsmitarbeitern, den Preis überzeugend zu nennen und zu verhandeln. Diese Aspekte können im Zweifelsfall über den Auftrag entscheiden. Wenn möglich, sollten Preise immer in einem persönlichen Termin besprochen werden, und nicht per E-Mail oder Telefon. Der Grund dafür ist, dass der Verkäufer, als Garantiegeber und Experte, der stärkste Magnet ist, um den Preis fundiert zu begründen. Also, los geht's:

1. *Identifizieren Sie sich zu 100 % mit Ihrem Preis.* Sonst übertragen Sie Ihre Angst vor dem nicht kompetitiven Pricing unbewusst auf Ihren Gesprächspartner.
2. *Nennen Sie den Preis nicht zu früh.* Auch dann nicht, wenn der Gesprächspartner dies ausdrücklich fordert! Beginnen Sie mit den konkreten Anforderungen des Gegenübers und erklären Sie plausibel den Nutzen, bevor Sie den Preis nennen. Sonst besteht die Gefahr, dass ihr Gegenüber einen „Preisschock" erleidet, d. h. er denkt nur an die Investition und hört Ihnen nicht mehr zu, während Sie über den Wert sprechen.
3. *Nennen Sie den Preis selbstbewusst, indem* Sie eine klare, verbindliche Sprache und eine professionelle Körpersprache verwenden. Verwenden Sie keine Konjunktive. Sprechen Sie souverän und unaufgeregt.
4. *Machen Sie keine Pause, nachdem Sie den Preis genannt haben.* Pausen haben eine verstärkende Wirkung. Dadurch wird ansonsten die Bedeutung des Preises erhöht.
5. *Verwenden Sie stattdessen die „Sandwich-Methode".* Am besten wiederholen Sie unmittelbar vor und nach der Preisnennung die verschiedenen Nutzenaspekte für Ihren Ansprechpartner. Schildern Sie überzeugend, welche Mehrwerte sie für die Investition erhalten.
6. *Begründen Sie den Preis.* Der Preis ist die Summe der Vorteile, die der Gesprächspartner aus der Investition erzielt. Dies ist Teil des Umgangs mit Preiseinwänden, der im Folgenden behandelt wird.
7. *Geben Sie Rabatte nur mit Widerstand.* Selbst wenn ein Nachlass kaufmännisch möglich ist und bereits von Ihnen in Betracht gezogen wird. Wenn Sie einen Rabatt gewähren, bitten Sie gleichzeitig Ihr Gegenüber um eine Gegenleistung.

Umgang mit Preiseinwänden

Selbst nach einer überzeugenden Produkt- oder Dienstleistungspräsentation mit gut formulierten Nutzenargumenten sind die meisten Ansprechpartner nicht direkt bereit, einen Vertrag zu unterzeichnen. Prinzipiell weiß jeder von uns, dass es sowohl für Privatpersonen als auch für Einkäufer und Manager etc. entscheidend ist, das bestmögliche Preis-Leistungs-Verhältnis zu erzielen. Gerade im „Preisgespräch" wird der Preis jedoch oft von der eigentlichen Produktleistung abgekoppelt. Die Aufgabe des Verkäufers ist es, genau das zu verhindern. Typische Preiseinwände sind in Tab. 3.6 dargestellt.

Zunächst einmal sollte der Verkäufer ruhig zuhören und dem Interessenten erlauben, seinen Einwand vollständig zu äußern. Ihn zu unterbrechen, ist nicht nur unhöflich und führt leicht dazu, dass der Ton rauer wird, sondern kann auch darin resultieren, dass wertvolle Informationen verloren gehen. Wenn der Verkäufer sicher ist, dass er alles verstanden hat, kann er mit der Behandlung des Einwandes begin-

Tab. 3.6 Typische Preiseinwände

„Der Preis ist zu hoch."	„Der Preis ist nicht konkurrenzfähig."
„Der Wettbewerber ist x % billiger."	„Das übersteigt mein Budget bei weitem."
„Ich kann das meinem Vorgesetzten nicht erklären."	„Senk' den Preis oder du bist raus."
„Ich brauche einen viel besseren Preis."	„Sie verdienen so viel auf unsere Kosten."
„Sie liegen preislich höher als der Mitbewerber XYZ".	„Sie sind wirklich viel zu teuer."

Tab. 3.7 Struktur für die Entkräftung von Preiseinwänden

1. Verständnis zeigen	3. Preis wiederholen
2. Einwand entkräften	

nen. Es ist wichtig, dem Interessenten zu zeigen, dass das beschriebene Angebot exakt zu seinen Bedürfnissen passt und dass der kalkulierte Preis absolut angemessen ist. Die Struktur des Umgangs mit Preiseinwänden ist unten dargestellt (Tab. 3.7).

Leistungstipps für Preisgespräche
Hier sind einige Punkte, die Vertriebsmitarbeiter berücksichtigen sollten:

- Geben Sie immer den genauen Preis an. Nicht: „Das Produkt kostet ungefähr/etwa/circa …".
- Wichtig! Geben Sie nicht zu schnell auf – manchmal verstecken sich hinter den ersten Preiseinwänden andere Themen, z. B. der Wunsch nach Sicherheit. Verdeutlichen Sie an dieser Stelle erneut das ernsthafte Interesse an einer Zusammenarbeit und den positiven Effekten der passgenauen Lösung.
- Denken Sie bei einer Preisverhandlung daran, dass der Preis ein normaler Teil des „Spiels" ist. Die innere Gelassenheit entscheidet.
- Arbeiten Sie mit der Struktur zur Entkräftung von Preiseinwänden (siehe oben), um die Forderungen der Ansprechpartner souverän zurückzugeben.
- Fügen Sie die spezifischen, geäußerten Engpässe des Kunden („So wie bisher geht es bei uns wirklich nicht mehr weiter") in Ihre Antworten ein.
- Bestätigen Sie den Preis mit Nachdruck und verdeutlichen Sie, dass das Produkt seinen Preis absolut wert ist.
- Ziehen Sie immer einen kleinen Preisnachlass in Betracht. Setzen Sie diesen nur dann ein, wenn es absolut nötig ist – und erst nach der dritten oder vierten Einwand-Runde. Wenn Sie es gleich zu Beginn tun, wird der Gesprächspartner im Allgemeinen versuchen, noch mehr herauszuholen.
- Erklären Sie immer, warum Sie einen Rabatt gewähren („um Sie als neuen Kunden zu gewinnen"). Wenn Sie das nicht tun, wird der Gegenüber beim nächsten Mal wieder den gleichen Preis verlangen. Betonen Sie die Einmaligkeit.

Sobald der Verkäufer die Preiseinwände ausgeräumt hat, sollte er sicherstellen, dass es keine weiteren finanziellen Differenzen gibt, bevor er zu den nächsten Schritten übergeht und das Geschäft hoffentlich erfolgreich abschließt.

3.6 Abschlussphase

Je hochwertiger und komplexer ein Produkt oder Dienstleistung ist, desto anspruchsvoller ist der Vertriebsprozess. Es gibt beim Verkauf von langlebigen Investitionsgütern nicht selten eine separate „Abschlussrunde". Diese kann auch zusätzlich zum Preisgespräch stattfinden.

Die bisher besprochenen Verkaufstechniken und -fähigkeiten reichen für einen Verkaufserfolg im anspruchsvollen Projektgeschäft oft nicht aus. Ganz gleich, wie gut der Verkäufer die Bedürfnisse und Probleme herausarbeitet, die Vorteile des eigenen Produktportfolios erläutert und Preiseinwände ausräumt, der Entscheider wird wahrscheinlich letzte Zweifel hegen.

Vielleicht will er die Entscheidung vertagen, vielleicht die Dinge überdenken, oder er möchte sich einfach nochmal ansehen, was die Wettbewerber x, y und z zu bieten haben. Das Problem, wenn man noch einen Tag wartet, ist, dass es wahrscheinlicher wird, dass der Gegenüber sich für die Konkurrenz entscheidet. Der Verkäufer sollte daher die Situation nutzen, solange er vor Ort ist. Es ist ein zentraler Teil seiner Aufgabe, *das Geschäft abzuschließen*. So wie im Sport: Der Stürmer wird immer an seinen Toren gemessen.

Nachdem Sie also im Preisgespräch das eigene Preis-Leistungs-Verhältnis bestätigt haben, ist es nun an der Zeit, zu verhandeln und eine gemeinsame Lösung zu finden. Achten Sie auf Folgendes: Jeder Verhandlungspartner, und vor allem professionelle Einkäufer, müssen in diesem Spiel auch einen Sieg erringen. Andernfalls hat er ja aus der Sicht seines Unternehmens und recht häufig auch aus der Perspektive seines Vorgesetzten versagt. Das ist die Logik: *Lass sie auch gewinnen*. Das muss nicht unbedingt eine monetäre Reduktion bedeuten. Es kann sich auch um persönliche oder prozessbezogene Details handeln. Dies kann beispielsweise bedeuten, dass der Vertriebler weiter persönlicher Ansprechpartner bleibt, der Gegenüber bessere Lieferzeiten, zusätzliche Installationen, Schulungen und Sonderwünsche erhält oder eine modifizierte Rechnungsstellung erfolgt. Die Vertriebler sollten dies in ihrem eigenen Matchplan berücksichtigen.

Zehn Schlüsselelemente für den Geschäftsabschluss
Die folgenden zehn Eckpunkte für den Geschäftsabschluss sind vielleicht nicht immer in der richtigen Reihenfolge für die jeweilige Verhandlung. Sie sind jedoch absolut relevant, um die Abschlussquote des Verkäufers deutlich zu erhöhen.

1. *Sie sind sich zu 100 % sicher, dass Sie das Geschäft abschließen können*: Gehen Sie mit einer positiven Einstellung, Gelassenheit, Zuversicht und einer Wertschätzung für Ihr eigenes Angebot in das Abschlussgespräch. Denken Sie an Ihre positive Denkweise: Wenn ich selbst nicht an den Vertrag glaube, wer tut es dann?
2. *Sie treten selbstbewusst und entschlossen auf*: Sprechen Sie ruhig und überzeugt, vermeiden Sie Konjunktive (z. B. würde, könnte), Nebelkerzen und typische Verkäuferphrasen. Denken Sie an Ihre Körpersprache. Seien Sie das Äquivalent zu Ihrem Produkt: wertvoll, selbstbewusst, kompetent und zuverlässig.

3. *Sie fassen die Vorteile für Ihren potenziellen Kunden zusammen*: Wiederholen Sie alle Punkte, die Ihr Gesprächspartner von sich aus angesprochen hat. Stellen Sie Übereinstimmungen her. Erzeugen Sie „Ja"-Antworten durch aufmerksames Nachfragen. Aber Vorsicht: Verwenden Sie keine Suggestivfragen.

4. *Sie nennen den Preis in einer ruhigen, überzeugenden Weise*: Der Preis ist die logische Konsequenz Ihres Auftretens und Ihrer Argumentation. Daher ist es wichtig, eine sichere, klare Sprache und Körpersprache zu haben, um letzte Hindernisse aus dem Weg zu räumen. Preiseinwände der Interessenten sind heutzutage die Regel. Seien Sie vorbereitet und haben Sie genügend „Kondition", d. h. argumentativ, für mehrere Preisrunden.

5. *Sie achten auf Kaufsignale*: Achten Sie, trotz Ihrer eigenen Nervosität, auf die verbalen und nonverbalen Kaufsignale des potenziellen Kunden. Stellen Sie spezifische und gezielte Fragen, die zu einem teilweisen oder vollständigen Abschluss des Geschäfts führen.

6. *Sie bauen letzte Zweifel ab*: Helfen Sie Ihrem Interessenten bei seinen (oft internen) Konflikten in der Kaufentscheidung. Listen Sie gemeinsam mit ihm seine Vorteile auf und beseitigen Sie Schritt für Schritt verbleibende Bedenken.

7. *Sie verschaffen Ihrem Ansprechpartner ein kleines Erfolgserlebnis*: Jeder Kunde erzielt gerne einen Teilerfolg („small win"), egal welcher Art. Berücksichtigen Sie dies. Und das muss nicht immer ein Rabatt sein. Oft reicht schon ein qualitatives Entgegenkommen an die Bedürfnisse des Kunden (z. B. Lieferzeit, Sonderwünsche, Konfiguration und Abrechnung).

8. *Sie stellen eine Abschluss-Frage*: 90 % aller Verkäufer haben nicht den Mut, direkt nach dem Auftrag zu fragen, weil sie Angst haben, im Falle einer Ablehnung alle Chancen zu verlieren. Das ist eine Chance für den selbstbewussten Vertriebsprofi: „Wollen wir das Geschäft jetzt abschließen?"

9. *Sie bekommen seine Unterschrift heute*: Verschieben Sie die endgültige Entscheidung nicht auf nächste Woche. Was hindert den Interessenten daran, jetzt zu unterschreiben? Ein erheblicher Teil der Ansprechpartner entscheidet sich trotz bereits getätigter mündlicher Zusage, nicht zu unterschreiben, wenn sie eine längere Frist für eine endgültige Entscheidung erhalten.

10. *Sie bestätigen die Entscheidung des potenziellen Kunden*: Bedanken Sie sich nicht überschwänglich bei Ihrem neuen Geschäftspartner. Beseitigen Sie mögliche Gewissensbisse, nachdem er den Vertrag unterschrieben hat. Bestätigen Sie seine Entscheidung, zum Beispiel: „Sie haben wirklich gut gewählt" oder „Ich gratuliere Ihnen zu dieser Entscheidung".

Leistungstipps für den Geschäftsabschluss

Hier sind einige Punkte, die Verkäufer in der Abschlussphase berücksichtigen sollten:

- Verstehen Sie die jeweilige Situation, die spezifischen Motive und Ängste der wichtigsten Entscheidungsträger.
- Seien Sie gut vorbereitet – das ist ein wesentlicher Bestandteil jeder Verhandlung.
- Setzen Sie sich ein klares Ziel, was Sie am Ende der Verhandlung erreichen wollen.

- Stellen Sie sicher, dass Sie eine Win-Win-Situation erreichen.
- Fragen Sie direkt nach dem Auftrag. Eine geschlossene Frage impliziert eine Ja- oder Nein-Antwort: „Möchten Sie es nun kaufen?"
- Verkaufen Sie nichts, was der Kunde nicht braucht. Fragen Sie sich, ob Sie eine „einmalige" oder eine dauerhafte Beziehung anstreben.
- Auch wenn Interessenten oder Kunden „nein" sagen – bleiben Sie unbedingt in Kontakt. Sie kaufen vielleicht in ein oder zwei Jahren.

3.7 After Sales

Herzlichen Glückwunsch: Sie haben das Geschäft abgeschlossen. Gleich nachdem der Entscheidungsträger seine Unterschrift geleistet hat, setzt die Reue des Käufers ein (De Gennaro, 2015). Je größer das Geschäft, desto größer das Fragezeichen! Daher ist es wichtig, dass Verkäufer sicherstellen, dass die Lieferung pünktlich und vollständig erfolgt. Alles geschieht genauso, wie es vorher vereinbart wurde.

Nach dem erfolgreichen Abschluss verschwinden die Spitzenverkäufer nicht. Natürlich kann der Innendienst den Kundendienst übernehmen, z. B. für Installation und Reparaturen, und um sich eventuelle Beschwerden zu kümmern (siehe Tab. 3.8 zu den Grundregeln für Kundenbeschwerden). Professionelle Vertriebsmitarbeiter bleiben allerdings in stetigen Kontakt mit dem Ansprechpartner. Es ist viel einfacher und kostengünstiger, bestehende Kunden zufrieden zu halten, als neue Kunden zu suchen und zu gewinnen (Hair et al., 2010).

Einerseits ist es viel einfacher, mit einem frisch gewonnenen Kunden zu arbeiten und ihn zufrieden zu stellen, weil die Beziehung eine Vertrauensebene erreicht hat. Andererseits kaufen treue Kunden weitere Produkte und Dienstleistungen und empfehlen sie anderen Interessenten und potenziellen Kunden weiter. Folglich sollten Verkäufer häufig und in angemessener Weise bei Kunden nachfassen, um langfristige, loyale und profitable Geschäftspartner zu behalten. Der Vertriebsprozess beginnt von Neuem.

Die Erfahrung zeigt: Wenn Unternehmen und Verkäufer unter den besten 10 % ihrer Branche abschneiden, dann resultieren daraus über Weiterempfehlungen und Referenzen oft die nächsten Aufträge. Sind Anbieter hingegen nur Durchschnitt und

Tab. 3.8 Grundregeln für die Bearbeitung von Kundenbeschwerden

1. Hören Sie sich aktiv und geduldig die Beschwerden der Kunden an – ohne zu unterbrechen
2. Streiten Sie nicht mit Kunden und nehmen Sie Beschwerden nicht persönlich
3. Fühlen Sie sich in den Kunden ein und versuchen Sie, die Situation aus seiner Sicht zu sehen
4. Lösen Sie Probleme so schnell wie möglich und auf faire Weise – auch wenn der Verkauf in seltenen Einzelfällen unrentabel wird
5. Verfolgen Sie die praktische Umsetzung der Kundenthemen, um sicherzustellen, dass die Beschwerde zur Zufriedenheit des Kunden gelöst wurde
6. Führen Sie Aufzeichnungen über Beschwerden und deren Ergebnisse, um Muster von Problemen zu erkennen

Quelle: Angepasst von Hair et al. (2010)

haben, aus Sicht des Kunden, deutlich zu viel versprochen, dann könnte es der letzte Auftrag mit diesem Unternehmen gewesen sein. Es empfiehlt sich daher, in der Nachbetreuung die Key Performance Indicators (KPIs) genau zu überprüfen (siehe Abschn. 6.4 zu qualitativen und quantitativen Leistungskennzahlen).

Leistungstipps für den After Sales-Bereich
Hier sind einige Punkte, die Vertriebsmitarbeiter für die konsequente, professionelle Kundenbetreuung berücksichtigen sollten:

- Stellen Sie sicher, dass Sie alles einhalten, was Sie versprochen haben.
- Gehen Sie die Extrameile: Rufen Sie Ihren Kunden zeitnah nach dem Verkauf an, um zu fragen, ob alles in Ordnung ist. Wenn ja, wird er sich freuen, dass Sie sich kümmern und kontaktiert haben. Wenn es ein Problem gibt, können Sie es sofort lösen, und der Kunde wird dies ebenfalls wertschätzen.
- Bleiben Sie in Kontakt – durch regelmäßige Anrufe oder persönliche Treffen (Hinweis: Newsletter oder Massen-E-Mails gelten nicht als After-Sales).
- Seien Sie proaktiv. Warten Sie nicht, bis der Kunde Sie anruft.
- Überlegen Sie sich einen guten „Aufhänger", warum Sie Ihre Kunden kontaktieren.
- Versorgen Sie sie zum Beispiel mit interessanten Updates zu ihren gekauften. Produkten oder Dienstleistungen, passgenauen Themen, neuen Trends und/oder Studien.
- Hören Sie gut zu und reagieren Sie direkt, wenn ihre Kunden sich beschweren.
- Reagieren Sie schnell auf eingehende Anrufe und E-Mails bzgl. Unzufriedenheit und Mängeln.
- Vereinbaren Sie persönliche Folgetermine, um weitere Aufträge zu besprechen. Wenn Sie es gut machen, ist es eine Wendeltreppe nach oben: Der Vertriebsprozess beginnt von Neuem.

Literatur

De Gennaro, A. (2015). Post-closing issues deserve attention to avoid optical buyer's remorse. *Ophthalmology Times, 40*(7), 69–70.
DeCormier, R. A., & Jobber, D. (1993). The counselor selling method. Concepts and constructs. *Journal of Personal Selling and Sales Management, 23*(4), 39–59.
Hair, J. F., Anderson, R. E., Mehta, R., & Babin, B. J. (2010). *Sales management. Building customer relationships and partnerships*. South Western Cengage Learning.
Rackham, N. (1988). *SPIN selling*. McGraw-Hill.
Tschohl, J. (2008). *Achieving excellence through customer service* (5. Aufl.). Best Sellers Publishing.
Turner, J., & Shah, R. (2010). *The top 10 things you must know about measuring ROI on social media marketing*. Pearson Education.

Das Vertriebsumfeld

4

Nachdem wir uns mit der Mikro-Perspektive befasst haben, d. h. wie man die nötigen, persönlichen Fähigkeiten im Rahmen eines effizienten Vertriebsprozesses organisiert, wechseln wir nun zur Makro-Perspektive. Damit ist gemeint, welche verschiedenen äußeren Einflüsse auf das Unternehmen einwirken. Und wie es darauf reagieren kann, indem es einen adäquaten organisatorischen Rahmen zur Bewältigung dieser vielfältigen Anforderungen schafft.

Das Etablieren guter Produkte und Dienstleistungen, eines strukturierten Vertriebsprozess (vorheriges Kapitel) und eines kompetenten Außendienstes (folgendes Kapitel) sind nur die halbe Miete. Denn wenn es an der „richtigen" Organisationsstruktur, passenden Schnittstellen und abteilungsübergreifender Flexibilität fehlt, wird dies kaum in eine dauerhaft erfolgreiche Zukunft führen.

Analysten verwenden häufig die sogenannte PESTLE-Analyse, um einen Rahmen von relevanten Makro-Umweltfaktoren zu beschreiben. Aufgeschlüsselt steht dies für politische, wirtschaftliche, soziokulturelle, technologische, rechtliche und ökologische Faktoren (Jobber & Lancaster, 2012). Im Folgenden werden einige Beispiele genannt:

- *Politisch (Political)*: Globalisierung, Stabilität, Klima, Art der Regierung
- *Wirtschaft (Economic)*: Stabilität, Wachstum der Entwicklungsländer, Devisenkurse
- *Soziokulturell (Social)*: Konsumverhalten, Bildungshintergrund, berufliche Einstellungen, kulturelle Unterschiede
- *Technologisch (Technological)*: Tempo des Wandels, Telekommunikationssystem, Energieversorgung, Verkehrsinfrastruktur
- *Recht (Legal)*: Verbraucherrecht, Arbeitsrecht, Kartellrecht, Urheberrecht, Recht des geistigen Eigentums
- *Umwelt (Environmental)*: natürliche Ressourcen, Klimawandel, Interesse an nachhaltigem Wirtschaften, Umweltverschmutzung

© Der/die Autor(en), exklusiv lizenziert an Springer Nature Switzerland AG 2023   39
S. Hase, C. Busch, *Die Quintessenz des Vertriebs*,
https://doi.org/10.1007/978-3-031-43138-8_4

Die zentrale Frage ist, wie die Organisation mit der Vielfalt der meist voneinander abhängigen und manchmal widersprüchlichen Faktoren umgeht. Wie in der freien Natur, wo fast alle Tiere ständig ihre Umgebung genau beobachten, müssen auch Unternehmen wachsam sein und nahezu jede Entwicklung im Auge behalten. Das heißt, (a) was ist wichtig? und (b) wie viele Ressourcen müssen zur Beobachtung aufgewendet werden? Eine Möglichkeit ist, dass sich das Unternehmen hauptsächlich auf seine eigene Kernkompetenz konzentriert und nur (aus seiner Sicht) relevante Nachrichten aus den nahezu überbordenden Datenquellen filtert. Ein anderer Angang ist, dass es eine Menge interner Ressourcen wie Wissen investiert, um Informationen und Trends zu antizipieren und zu begleiten, um sie – im besten Fall – zu beeinflussen und für eigene Zwecke zu nutzen.

Die richtige Antwort ist immer eine individuelle. Sie ist abhängig von der Größe und Stärke des „Tieres" und seiner spezifischen Umgebung. Bemerkenswert ist, dass es heute in der Wirtschaft nicht mehr viele „Löwen" und „Elefanten" gibt, die sich nur wenig um ihre Umgebung kümmern müssen. Oder um es aus der Sicht der Wirtschaft zu sagen: Selbst die ehemals „unantastbaren" Big Global Players haben heute viel zu beobachten und zu beachten.

Niemand weiß, wie sich jeder einzelne Aspekt genau entwickelt und noch weniger, wie das Ergebnis dieser verschiedenen Kombinationen aussehen wird. Es ist daher eher eine allgemeine Einschätzung, in welche prinzipielle Richtung es gehen wird. Die Wirtschaftsexperten sind sich hingegen einig, dass die Digitalisierung mit hohem Tempo weitergehen und noch mehr Geschäftsbereiche beeinflussen wird. Das bedeutet, dass das Umfeld noch schneller und noch komplexer wird. Ismail, Malone und van Geest (2014, S. 19, eigene Übersetzung) führen in ihrem interessanten Ansatz über „exponentielle Organisationen" aus, dass „wir noch nie in der Geschichte der Menschheit so viele Technologien gesehen haben, die sich in einem solchen Tempo bewegen." Außerdem behaupten sie im Untertitel, dass „neue Organisationen zehnmal besser, schneller und billiger sind als ihre".

Wie in Kap. 2 erwähnt, nimmt durch „Big Data" die verfügbare Menge und Verarbeitbarkeit relevanter Daten und damit die Komplexität erstaunlich zu. Dies macht jede Entscheidung anspruchsvoller, sowohl auf der Käufer- als auch auf der Verkäuferseite.

Wie also können Unternehmen damit umgehen und, noch besser, sie für ihr Geschäft beeinflussen? Große Unternehmen können Verbände, Ausschüsse oder Gremien gründen oder ihnen beitreten, in denen sie ihre Interessen kommunizieren, bündeln und so eine gewisse Stimme erzeugen, um so gut es geht Einfluss zu nehmen. Für die absolute Mehrheit der kleinen und mittleren Unternehmen sind die externen Umstände jedoch eine gegebene Tatsache. Was jedes Unternehmen berücksichtigen muss, ist die zunehmende Geschwindigkeit und die erhöhte Transparenz in Bezug auf Produktzyklen und Kommunikation.

Dies bedeutet:

• Die Lebenszyklen neuer Produkte und Dienstleistungen werden erheblich verkürzt.
• Weniger Zeit für die Vermarktung eines bestimmten Produkts oder Dienstleistung und somit für das Erzielen der nötigen Amortisation (Return on Investment, ROI).

- Die Investitionen in Forschung und Entwicklung steigen, da jedes Unternehmen versucht, wettbewerbsfähige Produkte, Aktualisierungen oder Innovationen auf den Markt zu bringen.
- Der Wettbewerb wird intensiver und schlägt viel schneller mit ähnlichen „Me-too"-Produkten zurück.
- Misserfolge werden durch die Medien und die sozialen Kanäle viel schneller kommuniziert und „ausgeschlachtet" (z. B. „Dieselgate").
- Das Bewusstsein für „das nächste große Ding" sorgt für große Aufmerksamkeit der Medien und einen positiven Wiedererkennungswert von Marken und Produkten.

Zusammengefasst: Niemand kann vorhersagen, wie sich das Umfeld entwickeln wird – aber es wird zu großen Veränderungen kommen. Die Komplexität und Transparenz werden weiter dramatisch zunehmen, mehr Informationen werden zur Verfügung stehen (teilweise auch gefälschte und irreführende Nachrichten), und die Geschwindigkeit der Wirtschaftsprozesse wird steigen. Diese technikgetriebene Entwicklung wird sich nicht zurückdrehen lassen, so wie der „Schwarz-Weiß-Fernseher" auch nicht zurückkommt. Jedes Unternehmen muss sich mit dem Wandel auseinandersetzen. Es ist, wie schon immer, eine wichtige Managemententscheidung, wie man das Unternehmen darauf einstellt und gleichzeitig die nächsten großen Trends richtig antizipiert oder selbst entwickelt. Neu in dieser Ausprägung sind der beschleunigte Zeitrahmen, die weltweite wechselseitige Vernetzung und der größere Umfang der externen Einflüsse.

Heute reicht es nicht mehr aus, eine Marktrecherche in einem Zeitraum von 3 oder 5 Jahren vorzunehmen, sondern dies erfordert fast einen ständigen, fortlaufenden Modus. Und was den Umfang betrifft, so ist es wichtig, eine 360-Grad-Sicht zu besitzen. Denn mittlerweile sind die Wettbewerber nicht mehr nur in einem bestimmten, fast schon erwartbaren Marktsegment präsent. Das größte aktuelle Thema für die Automobilindustrie kommt zum Beispiel von Google und Tesla – und nicht von einem der etablierten Autohersteller.

4.1 Vier Formen der Strukturierung einer Vertriebsorganisation

Wenn dies der gegebene Rahmen ist, was bedeutet das konkret für die Vertriebsorganisation? Eine Organisationsstruktur legt fest, wie die Aufgaben der Mitarbeiter formell aufgeteilt, gruppiert und koordiniert werden. Sie fördert bestimmte Verhaltensweisen und hemmt andere. Prinzipiell kann jede Vertriebsorganisation nach *Produkten, Kanälen, Regionen* oder *Kunden* strukturiert werden (Homburg et al., 2002, für einen Überblick). Vertriebsorganisationen werden in der Regel nicht nur nach einem einzigen Kriterium strukturiert. In der Praxis werden oft mehrere Kriterien mit unterschiedlicher Gewichtung und Priorität zur Strukturierung der Vertriebsorganisation herangezogen.

Bei einer *produktorientierten* Vertriebsorganisation (siehe Abb. 4.1) orientiert sich die Aufteilung der einzelnen Abteilungen an den Waren- und Dienstleistungs-

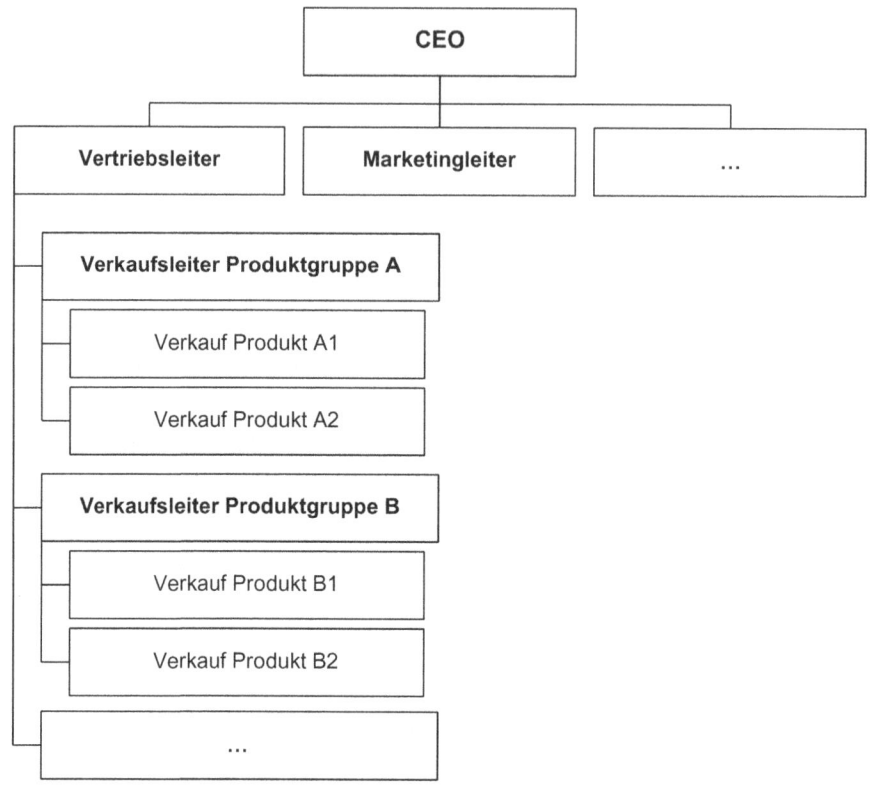

Abb. 4.1 Vertriebsorganisation nach Produkten gruppiert

arten des Unternehmens. Der zentrale Vorteil dieser Struktur ist, dass sich die Vertriebsmitarbeiter durch ein hohes Maß an Fachkompetenz auszeichnen. Als Produktspezialisten benötigen sie relativ wenig technische Unterstützung aus der Zentrale und können Kundenfragen und schwierige technische Probleme häufig selbständig lösen. Ein großer Nachteil ist die fehlende Kundenorientierung. Vertriebsmitarbeiter, die in diesen Strukturen arbeiten, sind häufig zu „produktverliebt" und konzentrieren sich zu sehr auf die reinen technischen Parameter. Unserer Erfahrung nach vergessen sie in ihrer Argumentation meist den Faktor Mensch und die Berücksichtigung der Kundenbedürfnisse.

Die *kanalbasierte* Vertriebsorganisation ist durch verschiedene Vertriebskanäle definiert, die die Kunden bedienen (siehe Abb. 4.2). Der Hauptvorteil besteht darin, dass die Mitarbeiter, die für einen bestimmten Vertriebskanal zuständig sind, über fundiertes Know-how über diesen Absatzweg verfügen. Gerade im Hinblick auf die Entwicklung neuer Vertriebskanäle wie z. B. Internet und Call Center kann diese Spezialisierung sehr nützlich sein. Der Nachteil dieser Form der Vertriebsorganisation ist, dass der Kundenkontakt über verschiedene Vertriebskanäle hinweg nicht ganzheitlich betrachtet wird. Außerdem kann es den jeweiligen Mitarbeitern an Produkt- und Kundenwissen mangeln.

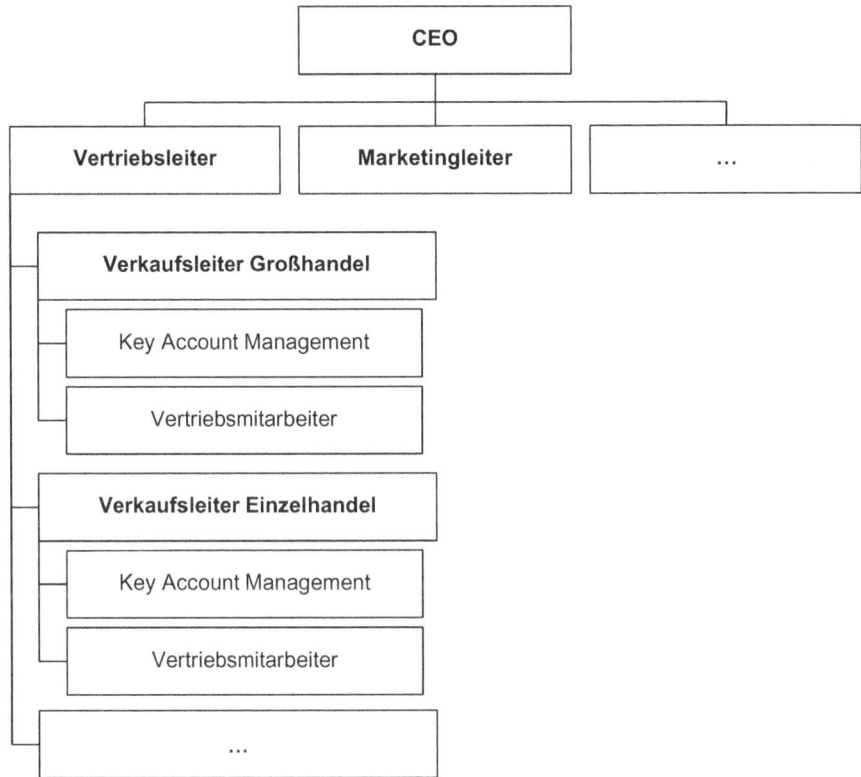

Abb. 4.2 Vertriebsorganisation nach Kanälen gruppiert

Ist eine Vertriebsorganisation nach *Regionen* strukturiert, erfolgt die Gliederung nach Kontinenten, Ländern oder Regionen innerhalb eines Landes (siehe Abb. 4.3). Der zentrale Vorteil liegt auf der Hand: Zwischen den verschiedenen Regionen gibt es oft erhebliche Unterschiede in Bezug auf Kundenbedürfnisse, Kaufverhalten der Kunden, Wettbewerbssituation und allgemeine Marktbedingungen. Hinzu kommt, dass das kulturelle Selbstverständnis und nicht zuletzt die Sprache einen nicht zu unterschätzenden Unterschied ausmachen. Tatsächlich sichern regional orientierte Vertriebsorganisationen den Einbezug dieser Besonderheiten. Sie können auch gut eine „räumliche Nähe" zu den Kunden sicherstellen. Der Nachteil gebietsorientierter Vertriebsorganisationen liegt oft in ihrer hohen Autonomie. Verantwortung und Entscheidungsfindung sind meist zu großen Teilen in den Regionen selbst angesiedelt. Auf diese Weise können mächtige Regional- oder Ländermanager Gegenpositionen zur Konzernzentrale aufbauen. So werden beispielsweise regionale Marktbesonderheiten oft überbetont, um die eigene lokale Position zu sichern. Ein weiterer Nachteil ist, dass Marktinformationen aus der Region möglicherweise nicht vollständig oder klar an die Zentrale weitergegeben werden. Auch Best-Practice-Beispiele werden im Allgemeinen kaum zwischen den Regionen ausgetauscht.

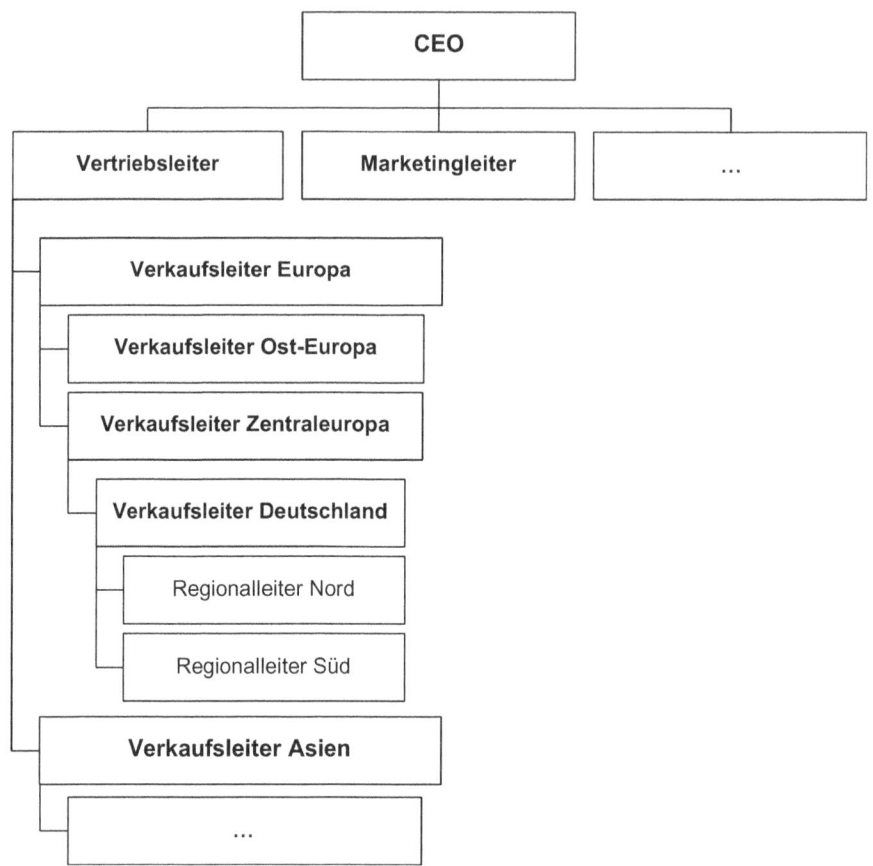

Abb. 4.3 Vertriebsorganisation nach Regionen gruppiert

Vertriebsorganisationen, die primär nach Produkten, Regionen oder Vertriebska-
nälen strukturiert sind, können den gestiegenen Anforderungen der heutigen Kunden kaum noch gerecht werden. Die Nachfrage nach qualifizierten und umfassenden Beratungsleistungen wird immer wichtiger. Ein Unternehmen, das an dieser
Stelle überzeugen will, muss die Bedürfnisse und Probleme des Kunden genau kennen und verstehen. Dieser Ansatz wird am besten durch die *kundenorientierte* Vertriebsorganisation unterstützt (siehe Abb. 4.4).

Bei der Kundenspezialisierung ist die Vertriebsabteilung des Unternehmens nach
den verschiedenen Kundentypen strukturiert, die sie bedient. Diese Struktur ist ganz
auf den Auftraggeber und seine Anforderungen sowie Bedürfnisse ausgerichtet. Die
Vertriebsmitarbeiter sind sozusagen „Kundenspezialisten". Sie bieten keine
Standard-Produkte an, *sondern* passgenaue Lösungen, die dem Kunden bei der Bewältigung seines speziellen Problems helfen. Der große Vorteil ist, dass diese Struktur zu einer spürbaren Steigerung der Kundenzufriedenheit führen kann und sogar
zur höheren Profitabilität: Zufriedene Kunden bleiben länger und kaufen mehr!

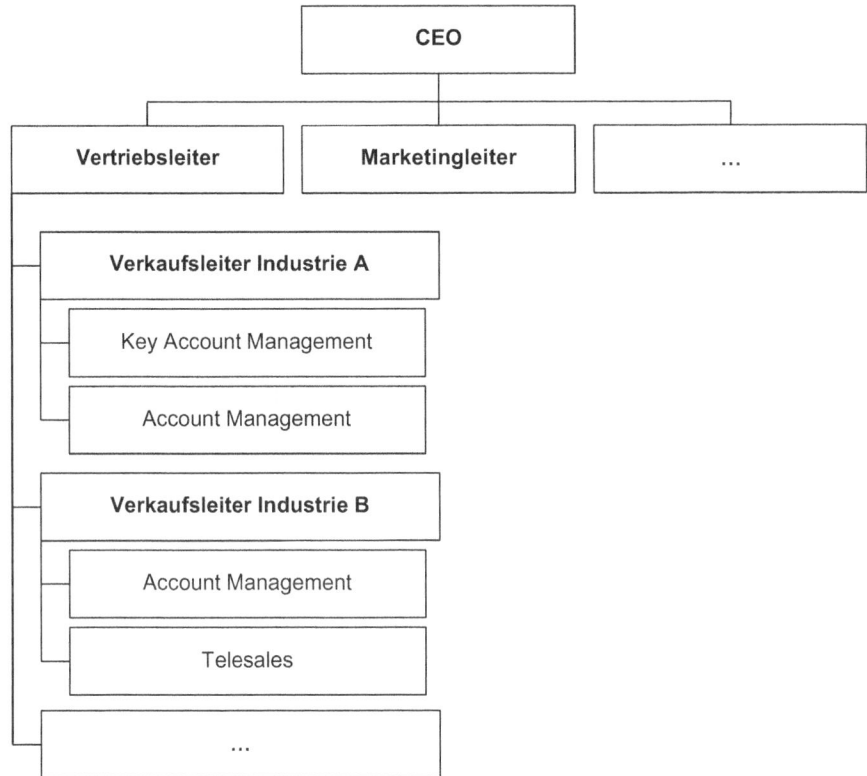

Abb. 4.4 Vertriebsorganisation nach Kunden gruppiert

Ein möglicher Nachteil ist, dass das Produktwissen der Kundenspezialisten im Vergleich zu den o. g. Produktspezialisten geringer sein kann. Wir glauben, dass die Vorteile der Kundenspezialisten die Nachteile überwiegen. Die Nachteile können durch entsprechende Strukturen ausgeglichen werden. Zum Beispiel können Verkäufer und Produktspezialisten bei Bedarf im Team zusammenarbeiten. In diesem Fall beantwortet der technische Experte schwierige Fragen, während der Vertriebsmitarbeiter für den Abschluss zuständig ist.

Jede der genannten Organisationsformen hat spezifische Vor- und Nachteile. Eine generelle Empfehlung für eine bestimmte Form ist daher nicht möglich. Auch allgemeine Aussagen über „gute" und „schlechte" Organisationsformen halten wir für problematisch. Entscheidungen darüber hängen immer stark von den Eigenschaften des Unternehmens, dem Selbstverständnis, dem Kernmarkt und dem äußeren Umfeld ab. Aufgrund unserer Erfahrungen und Beobachtungen können wir aber durchaus sagen, dass viele Unternehmen zu wenig Gewicht auf die kundenorientierte Vertriebsorganisation legen. In produktgetriebenen Ländern, wie z. B. Deutschland, dominiert noch die produktorientierte Vertriebsorganisation. Angesichts immer anspruchsvollerer Kunden und eines wettbewerbsintensiven Marktumfeldes ist es allerdings mehr denn je notwendig, den kundenorientierten Vertrieb stärker in den Vordergrund zu stellen. Je unberechenbarer die Zukunft ist, umso belastbarer und stabiler sollte die vorhandene Bindung des Unternehmens zu seinen Kunden ausgestaltet sein.

Neben der Entwicklung der richtigen Organisationsstruktur möchten wir drei weitere allgemeine Empfehlungen geben:

1. Unternehmen sollten so schnell wie möglich ein professionelles *Key-Account-Management (KAM)* aufbauen, unabhängig davon, wie sie ihr Unternehmen bisher organisiert haben. In diesen fragilen Zeiten ist es fast ein „Muss", dass die wichtigsten Kunden von den besten verfügbaren Mitarbeitern betreut werden, die KAMs sein sollten (Das Profil eines KAMs wird in Abschn. 5.3.1 behandelt). Und nicht, wie es in vielen Unternehmen weltweit Praxis ist, dass die „Big Shots", die für die weitere Zukunft des Unternehmens extrem wichtig sind, von mittelmäßigen, fleißigen, aber nur gering talentierten, Mitarbeitern betreut werden. Die Gründe für dieses Missverhältnis liegen oft in der Tradition, der regionalen Zugehörigkeit und dem Zeitpunkt des Firmeneintritts. Wir begleiten regelmäßig Vertriebskollegen im Außendienst, die wissen, dass sie den sehr ausgeprägten Anforderungen der großen Kunden nicht gewachsen sind. Auf der anderen Seite erkennen die großen Kunden schnell, dass das im Vorfeld versprochene vertriebliche Leistungs- und Betreuungsniveau nicht das ist, was geliefert wird. Das ist eine klare Schwäche, die so schnell wie möglich geändert werden muss.

2. Unternehmen sollten direkt ein *System von Leistungsindikatoren (KPI)* definieren und einführen. Heute messen viele Unternehmen hauptsächlich einen Aspekt: Verträge nach Marge oder Umsatz. Aber wie im Profisport auch, reicht es mittlerweile nicht mehr aus, nur auf das Endergebnis zu schauen. Wenn Sie nur wissen, dass das Fußballspiel 0:0 ausgegangen ist, dann haben Sie keine wertvollen Informationen über den Spielverlauf. Es fehlen wichtige Erkenntnisse über Ballbesitz, Torschüsse, Ecken und so weiter. Daher müssen Unternehmen und damit auch das (Vertriebs-)Management die Vertriebsleistung professionell analysieren (worauf in Abschn. 6.4 näher eingegangen wird). Der klassische „Verkaufstrichter" muss in ein einfaches KPI-System übersetzt werden. So messen Vertriebsleiter beispielsweise die Anzahl der Kaltanrufe (oder andere Akquiseaktivitäten), die Anzahl der Erstgespräche, die Anzahl der Angebote, die Anzahl der Verhandlungen und die Summe der abgeschlossenen Verträge. Es sei darauf hingewiesen, dass die Vertriebsleiter nach Möglichkeit nicht übertreiben und kein zu komplexes Vertriebs-Cockpit mit beispielsweise 20 Kenngrößen erstellen sollten. Das ist zu anspruchsvoll und nicht praktikabel. 6–10 Kennzahlen sollten in den meisten Fällen ausreichend sein.

3. Unternehmen sollten schnell ein schlankes, aber effizientes *Kundenbeziehungsmanagement (CRM)* installieren. Das bedeutet, dass es einfach zu bedienen ist und sich auf die relevanten KPIs konzentriert. Viele CRM-Systeme, die wir gesehen haben, sind entweder zu komplex oder zu anspruchsvoll. Daher ist es entweder zu mühsam, sie zu verstehen, oder es kostet zu viel Zeit, alle relevanten Daten einzugeben. Ein weiteres in der Praxis häufig verwendetes Tool ist eine einfache Tabellenkalkulation, z. B. Microsoft Excel®. Es verfolgt den umgekehrten Ansatz und ist oft einfach zu benutzen. Allerdings handelt es sich dabei auch um eine Insellösung, die keine Daten aus dem Finanzsystem integriert und

in der Regel schlecht bewertet wird, wenn es um eine gezielte Analyse geht. Abgesehen von den beiden genannten Wegen: Wir haben noch kein CRM-System gefunden, das bei den Vertriebsmitarbeitern komplett gut ankommt. Wohlgemerkt, das ist nicht das Ziel. Das Ziel ist es, effektiv zu messen, ob das Vertriebsteam auf dem richtigen Weg ist – ohne dabei die Ausführung seiner Hauptaufgabe zu behindern: Verkaufen.

Neben diesen drei oben genannten Faktoren gibt es noch einen weiteren wichtigen Einflussfaktor: Die *politische Macht*. Es geht nicht nur um die Frage, welche Organisationsform am effektivsten ist, sondern auch darum, wer das Sagen hat und wie man das herrschende Management davon überzeugt, dass es Zeit für ein organisatorisches Update ist. In den meisten Unternehmen besteht die erste Ebene der Entscheidungsträger aus ehemaligen Produktspezialisten oder Finanzexperten. Heutzutage gibt es nur selten jemanden aus dem Vertrieb, der CEO oder Unternehmenschef ist. Dies ist ein guter Indikator dafür, dass der Vertrieb in den meisten Fällen immer noch als „bereichsorientierter" Ansatz und nicht als ganzheitlicher Ansatz betrachtet wird.

Abschließend ist anzumerken, dass die Umwandlung von Unternehmen in eine effektivere Vertriebsorganisation häufig eine professionelle Moderation erfordert, ohne dass am Ende „Gewinner und Verlierer" ausgemacht werden.

4.2 Verwaltung von Schnittstellen

Das weitverbreitete Konstrukt der „Kundenorientierung" unterstreicht die entscheidende Rolle effektiver Schnittstellen in kundenorientierten Organisationen (Biemans et al., 2010). Reibungslos funktionierende Schnittstellen in solchen Unternehmen bieten viele Vorteile, wie z. B. eine schnelle Reaktion auf Marktveränderungen, die rechtzeitige Weitergabe von Marktinformationen und das Schaffen eines überzeugenden Kundenwerts durch eine effiziente Koordinierung der Marketingaktivitäten.

Die Vertriebsabteilung muss viele Schnittstellen aktiv managen. Abb. 4.5 zeigt die kritischen Verbindungen innerhalb der Vertriebsabteilung (*intra-funktional*) und diejenigen zu anderen Funktionsbereichen (*inter-funktional*). Und es ist wie immer im Leben: Das schwächste Glied bestimmt auch hier die Leistungsfähigkeit der gesamten Kette. Je komplexer also die Struktur ist, desto mehr interne Kommunikation und Koordination ist erforderlich. Und je mehr politische Interessen involviert sind, desto mehr kontraproduktive Kämpfe werden ausgetragen.

4.2.1 Schnittstellen innerhalb des Vertriebs

Die intrafunktionalen Schnittstellen innerhalb der Vertriebsabteilung existieren in vielen Formen (siehe weißer Teil in Abb. 4.5). Sie umfassen beispielhaft:

• Schnittstelle zwischen Außendienst und Innendienst
• Schnittstelle zwischen Abteilungen, die für unterschiedliche Produkte zuständig sind
• Schnittstelle zwischen der Zentrale und den regionalen Vertriebsabteilungen

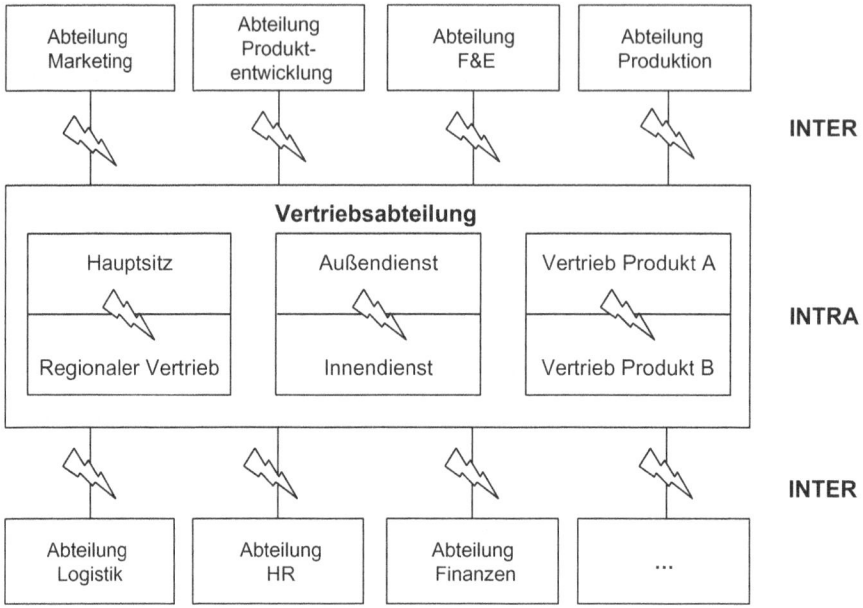

Abb. 4.5 Intrafunktionale Schnittstellen innerhalb der Vertriebsabteilung und interfunktionale Schnittstellen zu anderen Funktionsbereichen

Insbesondere die Schnittstelle zwischen Außen- und Innendienst ist von großer Bedeutung und ein klassischer Engpass. Der Außendienst pflegt den persönlichen Kontakt zu Interessenten und Kunden durch regelmäßige Besuche, während der Innendienst vorrangig per Telefon und E-Mail in Verbindung bleibt. Ein typisches Problem zwischen beiden Abteilungen ist die Nichteinhaltung von Versprechen. Der Verkäufer gibt z. B. die Zusage ab, dass der Kunde den Vertrag innerhalb von zwei Tagen erhält, und die Kollegen aus dem Innendienst sind technisch nicht in der Lage, diese Aufgabe rechtzeitig auszuführen. Ein anderes klassisches Beispiel ist, dass der Verkäufer mit dem Kunden feste Liefertermine vereinbart, wohlgemerkt in der Regel, um den Auftrag zu gewinnen, und der Kundendienst nicht fähig ist, diese zu realisieren.

Ein zweites typisches Problem ist das Fehlen klarer Absprachen zwischen dem Verkäufer und dem/den Innendienstmitarbeiter(n) und die schlechte Qualität der Aufzeichnungen und Dokumente des Verkäufers (z. B. durch Besuchsberichte). Der Prozess der sauberen Dokumentation und Koordinierung ist jedoch notwendig, um effektiv und effizient zusammen zu arbeiten.

Ein drittes Problem, das häufig auftritt, ist die Frage der „Preishoheit". So ist regelmäßig zu beobachten, dass der Außendienst die alleinige Kommunikation der Konditionen mit dem Kunden beansprucht. Die Folge ist oft ein enormer Abstimmungsbedarf, wenn der Innendienst dann gezwungen ist, mit einem Kunden über abweichende Preise zu sprechen. In diesem Fall müssen sie immer wieder den Außendienst um kompetente Beratung bitten.

4.2.2 Schnittstellen zu anderen Funktionsbereichen

Die Vertriebsabteilung hat auch verschiedene Schnittstellen zu anderen Funktionsbereichen. Eine der klassischen funktionsübergreifenden Schnittstellen ist die zwischen Vertrieb und Marketing. Die Geschäftsleistung eines Unternehmens hängt in hohem Maße davon ab, wie diese beiden Funktionsbereiche zusammenarbeiten [Guenzi und Troilo (2007); Smith, Gopalakrishna und Chatterjee (2006)] und wie gut koordiniert und konfliktfrei diese Schnittstelle bleibt (Dewsnap & Jobber, 2000). Obwohl beide Abteilungen Hand in Hand arbeiten und „dieselbe Sprache sprechen" sollten, beobachten wir regelmäßig, dass das Gegenteil der Fall ist. Verhärtete Fronten, mangelnder Informationsaustausch und Arroganz auf beiden Seiten sind keine Ausnahmen. Marketer denken von Verkäufern oft, dass sie sich nur auf ihr persönliches Einkommen konzentrieren und keine relevanten Produktkenntnisse haben. Verkäufer wiederum sagen, dass das Marketing unglaublich weit vom Markt entfernt ist und die Anforderungen der „realen Welt da draußen" und die Motive der Entscheider nicht versteht.

Aber nicht nur die Schnittstelle zwischen Vertrieb und Marketing muss reibungslos funktionieren. Alle Funktionsbereiche eines Unternehmens müssen auf die margenstarke Vermarktung von Produkten und Dienstleistungen ausgerichtet sein, um die anspruchsvollen Kundenwünsche von heute zu erfüllen. Dazu gehören auch traditionell „vertriebsferne" Funktionen wie Produktentwicklung, Forschung und Entwicklung, Produktion, Logistik, Finanzen, Verwaltung und Personal. Um dieses Ziel zu erreichen, müssen die Schnittstellen zwischen dem Vertrieb und den anderen Funktionen systematisch gemanagt werden. Wir stimmen mit Homburg et al. (2002) überein, dass zu den Schnittstellenproblemen, die typischerweise gelöst werden müssen, folgende gehören:

- Starke Spezialisierung der Aufgaben
- Mangelnder Informationsaustausch zwischen den Abteilungen
- Hohe Abhängigkeit der Abteilungen bei der Erfüllung der Aufgaben
- Große kulturelle Distanz zwischen den Abteilungen
- Große räumliche Entfernung zwischen Abteilungen

Ein Instrument, um der starken Spezialisierung von Aufgaben zu begegnen oder den Koordinationsaufwand zu minimieren, ist die Bildung von *funktionsübergreifenden Vertriebsteams*. Zu diesen Teams gehören, neben den Verkäufern, Mitarbeiter aus dem Produktmanagement, der Finanzabteilung, der Logistik, der Marktforschung oder anderen Abteilungen. Abb. 4.6 zeigt ein Beispiel für ein funktionsübergreifendes Vertriebsteam. Diese werden projektbezogen gebildet, zum Beispiel (1) für die Entwicklung neuer Produkte, (2) für den Verkauf komplexer Produkt- und Dienstleistungspakete und/oder (3) für die Entwicklung spezifischer Kundenlösungen. Die Teams werden nach Beendigung des Projekts wieder aufgelöst.

Aufgrund der zunehmenden Kundenanforderungen und Produktkomplexität werden die funktionsübergreifenden Vertriebsteams immer wichtiger, da ein einzelner Verkäufer nicht über das komplette Wissen oder den unternehmensweiten Ein-

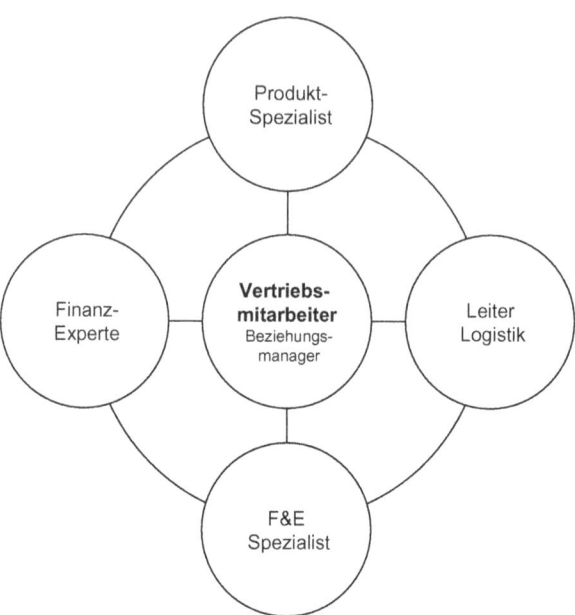

Abb. 4.6 Vertriebsmitarbeiter als Beziehungsmanager

fluss verfügt, um eine Kundenlösung vorzuschlagen und umzusetzen. Daher werden Vertriebler, die bestimmten Kunden zugewiesen werden, zu Beziehungsmanagern, die für das Management der Aktivitäten des Teams verantwortlich sind, wie in Abb. 4.6 dargestellt (Weitz & Bradford, 1999).

Um erfolgreich zu sein, schlagen Weitz und Bradford (1999) vor, dass „Relationship Manager" in der Lage sind, Vertrauen aufzubauen und mit Menschen in verschiedenen Funktionsbereichen und auf verschiedenen Hierachieebenen zu interagieren. Und zwar sowohl in kaufenden als auch in verkaufenden Unternehmen. Diese Beziehungsmanager verfügen über kreative Fähigkeiten zur Problemlösung, zum Konfliktmanagement sowie zur Planung und zum Projektmanagement. Schließlich sind sie auch in der Lage, in Teams zu arbeiten und diese zu leiten.

4.3 Umgang mit Ethik

„Wenn nur Gewinn alle offenen Fragen beantwortet, dann müssten wir alle im Drogengeschäft sein." (Wendelin Wiedeking, ehemaliger Vorstandsvorsitzender der Porsche AG).

Jeder Beruf braucht Grenzen. Zumal der Vertrieb den teilweise zweifelhaften Ruf hat, vor allem ego- und geldgetrieben zu sein. Wie in der Formel 1, wo „Geschwindigkeit" mit „Sicherheit" konfrontiert wird, stellt sich auch im Verkauf die Frage, wie man „Profit" mit „Ethik" in Einklang bringt. Das heißt, wie man die moralischen Grenzen eines erfolgreichen Unternehmens definiert. Dieses Thema wird in Vertriebskreisen kaum diskutiert und in der obersten Führungsebene allenfalls hinter verschlossenen Türen besprochen, aber es gewinnt immer mehr an Bedeutung. Vor allem heutzutage, da die Nachrichten und die sozialen Medien „Fehler" viel schneller und offensichtlicher in der Welt verbreiten (wie z. B. brennende Fabriken in Bangladesch mit kaum existenten Sicherheitsstandards und deren Verbindung zu in Deutschland ansässigen Unternehmen).

In vielen großen Unternehmen haben die Compliance-Abteilungen und andere Stellen Richtlinien für den Umgang mit Ethik entwickelt. Denn der Verlust eines „ethischen Kompasses" kann die Existenz von Unternehmen gefährden. Das Problem ist jedoch, dass diese Richtlinien meist „top-down" erstellt und kommuniziert werden, so dass die Zielgruppe, die operativ Ausführenden, oft nur sehr kurz einbezogen wird.

Vertriebsleiter und Vertriebsmitarbeiter agieren in einem komplexen Umfeld, das durch technologische Veränderungen, veränderte Kundenanforderungen, starken Wettbewerb und eine verstärkte öffentliche Kontrolle der Unternehmenspraktiken gekennzeichnet ist (Mulki et al., 2009). Diese Situation kann dazu führen, dass Vertriebsleiter und Vertriebler Verhaltensweisen an den Tag legen, die zweifelhaft und fragwürdig sind. Dazu können sogar „nicht wirklich schlechte" Verhaltensweisen gehören:

• Irreführung von Interessenten und Kunden durch Auslassung wichtiger Fakten
• Übertreibung der Vorteile eines bestimmten Angebots
• Erschwerung der Inanspruchnahme einer Dienstleistungsgarantie
• Mit Schuldgefühlen taktieren

Verkaufen wurde lange Zeit in vielen Gesellschaftsebenen als halbaufrichtige Tätigkeiten wahrgenommen. Aber haben Vertriebler diesen zweifelhaften Platz in der Gesellschaft noch verdient? Wir sagen von unserem Selbstverständnis laut und deutlich NEIN – obwohl diese Frage in diesem Kapitel nicht im Mittelpunkt steht. Wir möchten nachfolgend Ratschläge geben, die es Vertriebsleitern ermöglicht, unethische Verkaufspraktiken zu vermeiden und stattdessen eine ethische Vertriebsorganisation aufzubauen.

4.3.1 Ethische Herausforderungen für Vertriebsleiter und Vertriebsmitarbeiter

Vertriebsmitarbeiter werden in der Öffentlichkeit oft als Personen mit niedrigen ethischen Standards wahrgenommen. Es ist jedoch anzumerken, dass die Forschung die weit verbreitete Annahme nicht stützt, dass Vertriebsleiter und Vertriebsmitarbeiter eher zu unethischen Praktiken neigen als andere (Hair et al., 2010). Fehlverhalten kann, wie wir es eindrucksvoll in den Medien nahezu täglich erfahren, in allen Berufen vorkommen.

Vertriebsleiter sind in der Regel mit zwei Arten von ethischen Dilemmas konfrontiert. Der erste Bereich ist in ihren Umgang mit den Vertriebsmitarbeitern eingebettet. Wir stimmen mit Johnston und Marshall (2013) überein, dass ethische Fragen in fast allen Aspekten des Managements von Vertriebsteams auftreten können. Typische Probleme sind dabei:

- Fairness und Gleichbehandlung aller Mitarbeiter
- Einstellung von neuen Vertriebsmitarbeitern
- Beförderung von Mitarbeitern
- Fairness bei der Gestaltung von Verkaufsgebieten
- Zuweisung von Sollvorgaben für den Vertrieb
- Festlegung der Vergütung und der Anreizprämien
- Intra- und interorganisationales Verhalten

Eine zweite Gruppe von ethischen Fragen betrifft indirekt die Vertriebsleiter: Sie berühren die Interaktionen zwischen den Verkäufern und ihren Kunden. Eine Liste typischer *unethischer Verkaufstaktiken und Verhaltensweisen* ist in Tab. 4.1 zusammengefasst.

Obwohl (Vertriebs-)Manager natürlich nicht immer alle Handlungen jedes Verkäufers direkt beobachten und kontrollieren können, sind sie dafür verantwortlich, *Standards für ethisches Verhalten* festzulegen, diese Vorgaben zu kommunizieren und durchzusetzen. Dies ist besonders wichtig, da sich Vertriebler manchmal zu Handlungen gedrängt fühlen, die aus ihrer Sicht notwendig sind, um einen Verkauf erfolgreich abzuschließen. Unsicherheit darüber, was in solchen Situationen zu tun ist, kann zu Arbeitsstress, schlechter Leistung, Kritikgesprächen oder unzufriedenen Kunden führen. Daher brauchen die Vertriebsmitarbeiter ausdrückliche, schriftliche Richtlinien, um solche Probleme zu lösen. Im Gegenzug können die Vertriebler ihrer Arbeit nachgehen, ohne der Versuchung ausgesetzt zu sein, die Grenzen „ein wenig" zu überschreiten, um einen bestimmten Auftrag zu erhalten.

Wenn Vertriebsmitarbeiter gegen die Verhaltensnormen verstoßen, sollten die Vertriebsleiter den betreffenden Mitarbeiter disziplinieren. Natürlich kann man sich fragen, ob das Festlegen und Durchsetzeng ethischer Standards für die Vertriebsmitarbeiter die Freiheit der einzelnen Beschäftigten beeinträchtigt. Dies ist ein hervor-

Tab. 4.1 Potenziell unethische Verhaltensweisen von Verkäufern

1. Anbieten von Bestechungsgeld an den Käufer	7. Unnötige Dienstleistungen erbringen
2. Einsatz von „psychologischen Tricks" (z. B. um Schuldgefühle erzeugen)	8. Kunden unfair oder unhöflich behandeln
3. Falsche Versprechen	9. Überhöhte Preise für Dienstleistungen
4. Angst vor Ausbeutung	10. Indirekte materielle Bestechung des Käufers
5. Einen falschen Bedarf an Dienstleistungen schaffen	11. Verschweigen von Fehlern oder Irrtümern bei der Erbringung von Dienstleistungen
6. Weitergabe vertraulicher Kundeninformationen an Dritte	12. Täuschen bei Ausschreibungen

Quelle: Angepasst von Dabholkar und Kellaris (1992), Schwepker und Hartline (2005)

ragendes Thema für philosophische Debatten. Es muss jedoch klar sein, dass ethische Standards den Verkäufern im Umgang mit ihren Kunden als Wegweiser dienen. Unethische Verkaufspraktiken mögen dem Unternehmen kurzfristig zu Gewinnen verhelfen, aber mittel- oder langfristig sind sie definitiv nicht hilfreich. Sie führen nur dazu, dass im Laufe der Zeit Umsätze, Gewinne und Vertrauen (!) verloren gehen und erhebliche Strafen gezahlt werden müssen.

4.3.2 Unethisches Verhalten aufgrund von Sollvorgaben

Damit eine Zielvorgabe für den Vertrieb wirksam ist, muss sie (1) spezifisch, (2) messbar, (3) zuweisbar, (4) realistisch und (5) zeitgerecht sein. Auch Vertriebsleiter müssen sich an dem Akronym *SMART orientieren* (siehe Doran, 1981). Die meisten Entscheidungsträger argumentieren, dass die Verkaufsquoten hoch angesetzt werden sollten. Das Argument ist, dass die Verkäufer so zu größeren Anstrengungen motiviert sind als ohne ein solches „Zuckerbrot". Das Problem dabei ist, dass hohe Quoten auch regelmäßig zu Unmut unter den Verkäufern führen. Der Druck, unbedingt die Ziele erreichen zu müssen, kann Vertriebsmitarbeiter zu unethischem oder anderem unerwünschtem Verhalten verleiten. In einem Laborexperiment fanden Schweitzer, Ordóñez und Douma (2004) heraus, dass Personen mit unerreichten Zielen eher zu unethischem Verhalten neigten als Personen, die versuchten, „ihr Bestes zu geben". Dieser Zusammenhang galt auch für Ziele mit und ohne wirtschaftliche Anreize. Die Autoren fanden ebenso heraus, dass der Zusammenhang zwischen Zielsetzung und unethischem Verhalten besonders stark war, wenn die Personen ihre Ziele nur knapp verfehlten. Die Verwendung sehr hoher Verkaufsquoten mag heutzutage eher die Ausnahme als die Regel sein, aber es ist wichtig, sich dieses Themas bewusst zu sein.

Darüber hinaus kann die Verwendung hoher Zielvorgaben Vertriebsleiter und Vertriebsmitarbeiter in eine Richtung führen, die mit dem kundenorientierten Vertriebsansatz unvereinbar ist. In einer Studie unter 316 Vertriebs- und Marketingmanagern vermuten fast 50 % der Manager, dass ihre Vertriebsmitarbeiter bei einem Verkaufsgespräch gelogen haben, und fast 75 % sind der Meinung, dass das Streben nach dem Erreichen ihrer Verkaufsziele die Vertriebsmitarbeiter dazu bringt, sich nicht mehr auf die Bedürfnisse der Kunden zu konzentrieren (Strout, 2002). Darüber hinaus legen die Ergebnisse nahe, dass Verkaufsquoten die Vertriebsleiter ebenfalls dazu bringen können, ethische Standards und Kundenbedürfnisse aus den Augen zu verlieren. Wenn dies geschieht, ist die Wahrscheinlichkeit groß, dass das gesamte Verkaufspersonal weniger kundenorientiert ist. Dies wird langfristige Kundenbeziehungen sicher nicht fördern.

Wir raten daher von allzu aggressiven Zielen ab. Die vorherrschende Philosophie ist, dass Quoten realistisch sein sollten. Zeitgemäße Ziele sollten natürlich eine Herausforderung darstellen, aber wenn sie mit vertretbaren Anstrengungen erreicht werden können, scheint dies die meisten Verkäufer am besten zu motivieren. Wie man Ziele für Vertriebsmitarbeiter festlegt, wird in Abschn. 6.4.5 näher erläutert.

4.3.3 Schaffung eines ethischen Arbeitsklimas

Wenn die Strategie der Vertriebsorganisation darin besteht, durch den persönlichen Verkauf ein kundenorientiertes Klima über einen langen Zeitraum hinweg zu kultivieren, stimmen wir mit Schwepker und Good (2004) überein, dass es einen entsprechenden Bedarf gibt, eine ethische Vertriebsorganisation zu entwickeln. Das *ethische Arbeitsklima* ist die Art und Weise, wie die Mitarbeiter ihr Arbeitsumfeld in Bezug auf moralische Dimensionen einschätzen. Babin, Boles und Robin (2000) gehen davon aus, dass das ethische Arbeitsklima der Vertriebsmitarbeiter ein mehrdimensionales Konzept ist. Es besteht aus vier einzigartigen Dimensionen:

- *Vertrauen und Verantwortung*: Diese Dimension gibt an, inwieweit man den Mitarbeitern zutraut, sich verantwortungsvoll zu verhalten, und inwieweit sie persönlich für ihre Handlungen verantwortlich gemacht werden. Ein Vertriebsleiter, der im Außendienst tätige Verkäufer führt, kann das Vertrauen erhöhen, indem er seinen Mitarbeitern erlaubt, ihre Zeitpläne selbst festzulegen, ohne ständig überwacht zu werden. Allerdings sollte diese Freiheit stets mit einem Gefühl der Selbstverantwortung einhergehen. Wenn Vertriebsmitarbeiter ihre Freiheit ausnutzen, z. B. sich krankmelden, obwohl sie gesund sind, oder dem Vorgesetzten absichtlich falsche Angaben über ihre Arbeit machen, sollten sie für dieses Handeln auch verantwortlich gemacht werden. Unter solchen Bedingungen entwickelt sich das ethische Klima positiv.
- *Verhalten der Kollegen*: Dies ist das Ausmaß, in dem Mitarbeiter andere Mitarbeiter als moralisch hochstehend ansehen. Wenn Vertriebsmitarbeiter andere Kollegen dabei beobachten, wie diese Dinge tun, die sie aus moralischer Sicht stören, werden sie den Arbeitsplatz als ein negativeres ethisches Arbeitsklima wahrnehmen. Tatsächlich fanden Cadogan, Lee, Tarkiainen und Sundqvist (2009) heraus, dass Vertriebsteams seltener zu unethischem Verhalten neigen, wenn die Teams hohe ethische Standards haben.
- *Ethische Normen*: Das Vorhandensein von Richtlinien, Regeln und Normen kann ebenfalls zu einem ethischen Arbeitsklima beitragen. Wenn Vertriebsleiter und Vertriebsmitarbeiter die ethischen Regeln und Standards des Unternehmens sowie die Grenzen dessen, was als akzeptables Verhalten gilt, verinnerlicht haben, werden sie sich mit größerer Wahrscheinlichkeit ethisch korrekt verhalten (Schwepker & Hartline, 2005). Sie werden oft im Ethikkodex eines Unternehmens zusammengefasst.
- *Verkaufspraktiken*: Wie erwähnt, kann es zu zweifelhaftem oder unethischem Verhalten führen, wenn sich Verkäufer zu sehr unter Druck gesetzt fühlen, und dem reinen „Drücken" von Abschlüssen Priorität einzuräumen. Sind die Verkaufsziele unrealistisch oder zu aggressiv, wird der Geschäftsabschluss wichtiger als das Schaffen von Kundennutzen durch das Bereitstellen von Produkten oder Dienstleistungen, die den Kundenbedürfnissen perfekt entsprechen.

Die Forschung zeigt, dass Verkäufer, die für ein Unternehmen arbeiten, das für sein ethisches Klima bekannt ist: weniger Stress haben, mehr positive Kundenreaktionen erleben (Mulki et al., 2009), sich für die Qualität ihrer Dienstleistungen engagieren (Schwepker & Hartline, 2005), zufriedener mit ihrer Arbeit sind und seltener die Absicht haben, ihre aktuelle Position zu verlassen (Pettijohn et al., 2007).

4.3.4 Management eines ethischen Arbeitsklimas

Jede der vier beschriebenen Dimensionen kann dazu beitragen, ein positives, gesundes und ethisches Arbeitsklima zu schaffen. Die Förderung eines ethischen Arbeitsklimas liegt in der Verantwortung des Managements auf allen Ebenen des Unternehmens. Wie Dickson, Smith, Grojean und Ehrhart (2001) feststellten, ist das Führungsverhalten die entscheidende Determinante für ein ethisches Arbeitsklima. Es handelt sich um einen *„trickle-down"-Effekt*: Wenn sich die oberste Führungsebene bei der Entwicklung von Strategien nicht um Ethik kümmert, werden sich die Vertriebsleiter wahrscheinlich ebenfalls auch nicht damit beschäftigen, wie sich ihre Vertriebsmitarbeiter verhalten. Infolgedessen werden sich die Vertriebsmitarbeiter wahrscheinlich auch keine Gedanken darüber machen, wie sie ihre potenziellen Kunden und Kunden behandeln. Dementsprechend sollte das Management des ethischen Arbeitsklimas für die Geschäftsleitung oberste Priorität haben.

Führungskräfte gelten als wichtige Orientierungshilfe für ethisches Verhalten (Brown et al., 2005). Vertriebsleiter sollten daher klare Grenzen für ethisches Verhalten festlegen und ihre Vertriebsmitarbeiter darauf hinweisen, dass sie sich nicht auf dünnem Eis bewegen sollten, wenn sie mit ethischen Dilemmata konfrontiert werden. Indem sie die Standards für ethisches Verhalten kommunizieren und durchsetzen, definieren die Vertriebsleiter den Handlungsspielraum und die Grenzen, die die Vertriebler nicht überschreiten sollten. Dies verringert die Unsicherheit, erhöht den Einsatz und verbessert letztlich die Arbeitsleistung (Mulki et al., 2009).

Der effektivste Weg für Vertriebsleiter, das ethische Klima – und damit die ethische Leistung ihrer Vertriebsmitarbeiter – zu beeinflussen, besteht darin, „mit gutem Beispiel voranzugehen". Vertriebsleiter, die von ihren Mitarbeitern ethisches Verhalten erwarten, sollten bei ihren eigenen Handlungen und Entscheidungen hohe ethische Standards anwenden. Indem sie als Multiplikatoren sich des Themas bewusst sind und sich an die Regeln und Standards ethischen Verhaltens halten, signalisieren sie den Vertriebsmitarbeitern, dass die langfristigen Auswirkungen eines ethischen Rufs den kurzfristigen Gewinn aus dem Erlangen von Aufträgen mit fragwürdigen Mitteln bei weitem überwiegen.

4.4 Entwicklung einer vertriebsorientierten Organisation

Natürlich gibt es viele Möglichkeiten, auf den dargestellten Einfluss von außen zu reagieren. Entscheidend ist, ob sich die Organisation verpflichtet, die von ihr definierten ethischen Standards einzuhalten.

Unsere Empfehlung an das Management ist – welch Überraschung – ein vertriebsbezogener Ansatz. Und zwar sollte sie das gesamte (!) Unternehmen vertriebsorientiert strukturieren, damit es deutlich proaktiver, präsenter, einzigartiger, autarker, flexibler, schneller und damit besser auf anstehende Veränderungen vorbereitet ist. Das ist sicher keine Garantie für ewigen Erfolg, aber eindeutig eine verheißungsvolle Bewältigungsstrategie.

Unserer Erfahrung nach tun sich viele Unternehmen mit dem Begriff „*vertriebsorientierte Organisation*" schwer. Stattdessen definieren sie sich lieber als „Innovationsführer", „Trendsetter", „Lösungsanbieter" und so weiter. Das trifft verständlicherweise häufig viel besser auf die Ursprünge, die Kernkompetenz sowie die Komfortzone der Unternehmen zu. Aber wie zuvor erörtert: In dieser dynamischen, wettbewerbsintensiven Zeit mit seinen unvorhersehbaren Entwicklungen ist die Hauptaufgabe nicht nur ansprechende, manchmal gar innovative Produkte zu entwickeln und auf potenzielle Käufer zu warten. Jetzt ist es vielmehr an der Zeit, die neuen Rahmenbedingungen proaktiv zu nutzen und die verschiedenen Abteilungen deutlich kundenorientierter aufzustellen. Dann besteht die Chance, die eigenen Services spürbar zu erweitern, sich stärker am Markt zu differenzieren und die Produkte noch gezielter an verschiedene Zielgruppen zu verkaufen – und zwar mit einer guten Gewinnspanne.

Unser Vorschlag ist, dass nicht nur die, vergleichsweise kleine, Vertriebsabteilung für den Verkauf der eigenen Produkte und Dienstleistungen zuständig ist. Analysiert man die Mitarbeiterzahlen in Form von Vollzeitkräften, ist es oft atemberaubend: Das Vertriebsteam, die manchmal gerade 5–10 Mitarbeiter pro Land zählt, ist für das Umsatzziel- und das Betriebsergebnis von über 1000 Mitarbeitern verantwortlich. Das ist weder ein sehr logisches Verhältnis noch ein solides Risikomanagement. Nach unserem Verständnis ist es viel effektiver, wenn das gesamte Unternehmen in den Vertriebsprozess eingebunden und auf dieses Ziel ausgerichtet ist.

4.5   11 Punkte für den Aufbau einer vertriebsorientierten Organisation

Im folgenden Abschnitt möchten wir die wichtigsten Meilensteine für den Aufbau eines vertriebsorientierten Unternehmens erörtern. Tab. 4.2 gibt einen Überblick über die behandelten Aspekte.

1. *Schaffen einer proaktiven Denkweise im Unternehmen*: Die Essenz des Vertriebs ist es, proaktiv zu sein. Nach unserer Erfahrung ist die derzeitige Situation in vielen Unternehmen aber so, dass abgesehen von der hoffentlich „Hunter" orientierten Vertriebsabteilung, der Rest der Organisation recht reaktiv ist. Das ist nicht verwunderlich, denn dazu gehören, abgesehen vom Marketing, klassische „vertriebsscheue" Abteilungen wie IT, Verwaltung, Technik und das Personalwesen.

   Wenn nun jeder Mitarbeiter, egal in welchem Bereich er arbeitet, die Bedeutung seiner eigenen Rolle und Denkweise für den Erfolg des gesamten Unternehmens versteht, wird es eine deutliche Veränderung geben. Das Ergebnis wird wie „ein Ruck" (wie es unser früherer Bundespräsident Roman Herzog einst

Tab. 4.2 11 Punkte für den Aufbau einer vertriebsorientierten Organisation

1. Schaffen einer proaktiven Denkweise im Unternehmen	7. Ausbau bestehender Schnittstellen auf „Hochgeschwindigkeitsmodus"
2. Ernennen und entwickeln von Vertriebsassistenten	8. Rasche Anpassungen im Falle unzureichender Leistung
3. Anpassung des Gehaltssystems	9. Mehr Zeit mit Interessenten und Kunden verbringen
4. Festlegung persönlicher Zielvereinbarungen für jeden Mitarbeiter	10. Lernen, die Veränderungen als Treiber willkommen zu heißen
5. Durchführung laufender Leistungsüberprüfungen	11. Verstärkung der internen persönlichen Kommunikation
6. Die besten Mitarbeiter mit den wichtigsten Kunden zusammenbringen	

nannte) durch die gesamte Belegschaft gehen. Obacht: Erfolgreiche Start-ups haben dieses Credo sehr oft verinnerlicht! Natürlich ist es anspruchsvoller, die Denkweise innerhalb eines etablierten Rahmens anzupassen. Und richtig, je größer das Unternehmen ist, desto fordernder ist es ebenfalls. Aber es ist machbar.

Die Anzahl der proaktiven Chancen-Sucher entspricht dann nahezu der Anzahl der Beschäftigten. Natürlich wird es einige Mitarbeiter geben, die der Einladung des Managements nicht folgen werden. Dann ist es die Entscheidung der Geschäftsführung, wie mit diesen Bewahrern umgegangen wird. Es wird insgesamt viele zusätzliche Chancen im Verkaufstrichter geben. Das Credo eines jeden (Vertriebs-)Mitarbeiters sollte lauten: „Ich bin in der Lage Aktivitäten zu initiieren. Ich kann Ideen entwickeln, wie ich meine Einheit noch produktiver machen kann. Ich warte nicht nur, dass wir von außen hoffentlich viele Aufträge erhalten."

2. *Ernennen und entwickeln von Vertriebsassistenten*: Das Management sollte das Verkaufsteam systematisch ausbauen. Wenn das Umfeld komplexer wird und die Kundenanforderungen steigen, muss die Geschäftsleitung ihre Vertriebs-Ressourcen erhöhen. Andernfalls wird es ein „Weniger" von allem sein: weniger Zeit für Kundenbelange, weniger Kontakte und weniger Termine mit Interessenten und Kunden. Daraus ergeben sich, und das ist die fortlaufende Logik aus Kap. 3, weniger Angebote, Verträge und letztendlich weniger Umsatz.

Wie der berühmte Marshal Will Kane im Westernklassiker „12 Uhr mittags" zeigt, muss es mehr als nur einen Einzigen geben, um die Stadt vor dem Bösen zu schützen: d. h. vor Veränderung, Wettbewerb und Preiskämpfen in der Geschäftswelt. Die Aufgabe der Organisation besteht darin, weitere vertriebliche Unterstützer zu suchen, zu finden und schnell operativ einzusetzen.

Da Personalbudgets heute oft restriktiv sind und Neueinstellungen recht lange dauern, ist es sinnvoll, bereits vorhandene Stellen in Vertriebsassistenten umzuwandeln. So sollte beispielsweise der technische Support nicht mehr nur zur „Fehlersuche und -behebung" genutzt werden. Vielmehr sollte er eine zusätzliche geschäftsorientierte und vertriebsaffine Einheit werden, die gezielt weitere Umsatzchancen erschließt.

Dies erfordert eine neue Rollendefinition für einige Positionen in verschiedenen Abteilungen. Dazu können u. a. neben der Technik, interne Callcenter, die Verwaltung, der Trainingsbereich mit der Produktschulung und Rekrutierungsspezialisten gehören. Außerdem braucht es überzeugende Argumente, um die neuen Assistenten mit Wissen, Leidenschaft und Energie „aufzuladen". Denn nur die Zahl der vertrieblich aktiven Mitarbeiter zu erhöhen, reicht nicht aus. Es gilt zudem, einen guten Teamgeist zu schaffen und das Selbstwertgefühl jedes Einzelnen zu stärken. Wenn das Unternehmen eine allgemeine Akzeptanz für einen proaktiveren Ansatz geschaffen hat (siehe Punkt 1), wird die Ernennung neuer Vertriebsassistenten von den betroffenen Abteilungen nicht mehr so kritisch gesehen.

3. *Anpassung des Gehaltssystems*: Vertrieb bedeutet, dass jedes einzelne Mitglied der Organisation Verantwortung für das Unternehmensergebnis mitträgt. Daher wird jeder Mitarbeiter, unabhängig davon, in welcher Einheit er arbeitet, nicht mehr nur mit einem Fixgehalt bezahlt. Er sollte zusätzlich eine flexible Gehaltskomponente erhalten.

Es geht keineswegs darum, die Gehälter zu senken. Ziel ist es vielmehr, jedem Mitarbeiter deutlich zu machen, dass sein Beitrag Auswirkungen auf das Gesamtunternehmen und damit auch wieder auf sein persönliches Einkommen hat. Um eine gewisse Wirkung zu erzielen, sollte ein geringer wie gleichzeitig nennenswerter Prozentsatz vom festen zum flexiblen Gehalt verlagert werden. Wie wir bereits in den Ausführungen über Ethik besprochen haben, sollte dieser Anteil bei umsatzferneren Einheiten zu Beginn nicht mehr als 10 % des Einkommens betragen. So würden beispielsweise 3–5 % bereits die Idee verdeutlichen und jedem Mitarbeiter aufzeigen, dass er Maßnahmen ergreifen sollte, um die Produktivität seiner Abteilung zu optimieren.

4. *Festlegung persönlicher Zielvereinbarungen für jeden Mitarbeiter*: Bisher werden persönliche Zielvereinbarungen meist für das Management und das Vertriebsteam abgeschlossen, aber nur selten für Back-Office-Mitarbeiter oder unterstützende Einheiten (wie z. B. Personalabteilung, Technik). Eine Zielvereinbarung macht deutlich, wie jeder Mitarbeiter seinen flexiblen Gehaltsbestandteil konkret beeinflussen kann und welche Leistung nötig ist, um 100 % oder mehr Einkommen zu erreichen. Für jeden Zeitraum gibt es „smarte" Zielvorgaben, an denen sich jeder Mitarbeiter orientieren kann.

Eigentlich sollte das Folgende selbstverständlich sein, aber die Erfahrung zeigt, dass es wichtig ist, dies zu betonen: Ziele werden in einem persönlichen Gespräch besprochen und vereinbart (siehe Abschn. 6.4.5 für weitere Details zur Zielvereinbarung). Leider kommt es heutzutage immer häufiger vor, dass Zielvereinbarungen an die Mitarbeiter gemailt werden. Es wird dann erwartet, dass diese Vereinbarungen auf die gleiche Weise unterzeichnet zurückgeschickt werden, ohne dass eine persönliche Kommunikation stattfindet. Um jedoch die wichtige emotionale Zustimmung der Mitarbeiter zu erreichen und das individuelle Engagement zu erhöhen, muss jeder Vorgesetzte mit allen seinen Mitarbeitern von Angesicht zu Angesicht sprechen. Das Ergebnis wird eine beidseitig unterzeichnete Vereinbarung sein.

5. *Durchführung laufender Leistungsüberprüfungen*: Dies ist ein weiterer aktueller Engpass vieler Unternehmen. Die Organisation hat zu viele parallel-laufende Projekte für die Belegschaft und ist damit nahezu chronisch überlastet. Nach der Einführung neuer Prozesse ist es daher oft Wunschdenken, dass der neue Ansatz vom Team, bei maximaler Arbeitsbelastung, direkt angenommen und im Tagesgeschäft gelebt wird. Leider funktionieren wir Menschen nicht so. Wenn die Organisation nicht verdeutlicht, wie wichtig ihr die Änderung ist, werden die Mitarbeiter sich nicht ändern oder schneller als gedacht wieder in ihre geschätzte Komfortzone zurückkehren. Das Management muss hier erhöhte Aufmerksamkeit walten lassen.

Daher sind monatliche oder vierteljährliche Feedbackgespräche zwischen der Führungskraft und dem (Vertriebs-)Mitarbeiter zu führen (siehe Abschn. 6.4.1 zur Leistungsbewertung des Außendienstes). Die Frequenz und der Zeitrahmen sollten an die Bedeutung der Einheit und/oder des Mitarbeiters sowie dessen Leistungsniveau angepasst werden. Vertrieb bedeutet, regelmäßig zu überprüfen, ob der Einzelne noch „mitzieht" und den Anforderungen gewachsen ist (ähnlich wie eine Auszeit im Profisport). Wenn die persönlichen Überprüfungen des Öfteren verschoben oder gar nicht mehr durchgeführt werden, wird dem Mitarbeiter die Relevanz der neuen Prozesse nicht mehr plausibel sein.

6. *Die besten Mitarbeiter mit den wichtigsten Kunden zusammenbringen*: Wenn etwas wertvoll ist, sollten Unternehmen es so gut wie möglich schützen. Wenn etwas zerbrechlich ist, sollten sie sich auf die professionellste und sorgsamste Weise darum kümmern. Warum erwähnen wir das? Weil es erstaunlich ist, wie viele Unternehmen nur ihre zweitbesten Mitarbeiter für die Betreuung ihrer größten Kunden auswählen. Für dieses interne Missverhältnis gibt es oft viele Gründe: Historie, Personalwechsel, regionale Nähe, persönliche Verbindungen, begrenzte Ressourcen, Kosteneinsparungen und so weiter. Um im Interesse des Unternehmens zu handeln, sollten die Manager und Vertriebsleiter sich selbst einen Gefallen tun und dieses Problem so schnell wie möglich beheben.

Große Unternehmen haben große Erwartungen und – das ist ein weiterer Trend – sie werden immer schneller unzufrieden. Heute kommt es auf viele Details an. Vertriebsleiter sollten daher ihr bestes Team auswählen, wenn die „Weltmeisterschaft" gespielt wird. Dazu empfiehlt es sich, dass die Vertriebsleiter zunächst die wichtigsten Kunden als Key-Accounts (sogenannte A-Kunden, wie in Abschn. 6.1.3 beschrieben) definieren und dann die passenden Verkäufer dafür auswählen. Die Führungskräfte sprechen natürlich auch mit dem „B-Team" und machen deutlich, dass diese Neuverteilung für alle vorteilhaft ist. Wenn die Top-Kunden gehalten und ausgebaut werden, ist es für alle viel angenehmer zu arbeiten.

7. *Ausbau bestehender Schnittstellen auf „Hochgeschwindigkeitsmodus"*: Je komplexer das Umfeld, desto mehr Informationen gehen auf dem Weg durch die verschiedenen Abteilungen hin zu den Interessenten oder Kunden verloren. Ein weiterer klassischer Flaschenhals ist, dass die Vertriebsmitarbeiter nur über unvollständige Informationen verfügen (z. B. bezüglich neuer Produkte, Termine und Preise) und darunter leiden, mit diesem halbgaren Wissen Ihren kritischen

Gesprächspartnern Rede und Antwort stehen zu müssen. Dies führt häufig zu einem Mangel an Selbstvertrauen und damit zu einer schlechteren Abschlussquote.

Um die Leistungsfähigkeit des Unternehmens zu steigern, ist es nötig, die vorhandenen Schnittstellen besser zu verwalten und den Austausch zu optimieren. In Zeiten der Internet-Dominanz erwartet jeder, dass präzise Informationen nahezu so schnell verfügbar sind, wie sie Suchmaschinen und KI-Assistenten heute liefern. Das Unternehmen muss mit dieser „gelernten" Geschwindigkeit mithalten, um den „Informationskonkurrenten" zumindest einen Schritt voraus zu sein. Unserer Erfahrung nach ist es heute nicht ungewöhnlich, dass die Kunden partiell mehr wissen als der Vertriebler, der sie besucht – selbst wenn es bei dem Termin um die Einführung neuer Produkte geht. Aber wie will ein Unternehmen einen Prozess oder die Kunden-Kommunikation steuern, wenn es die Informationsführerschaft nicht besitzt? Dies gilt insbesondere für die Bereitstellung relevanter Daten über Alleinstellungsmerkmale, technische Spezifikationen und angebotene Dienstleistungen.

Aus diesen Gründen ist es von besonderem Interesse, sich auf die Qualität der Schnittstellen zu Marketing, technischem Service und F&E zu konzentrieren (siehe Abschn. 4.2.2). Da es sich hierbei auch um ein politisches Thema handelt, ist ein gemeinsames Verständnis erforderlich, um das Gefühl einer Abteilung zu vermeiden, die Kontrolle zu verlieren und Macht abzugeben.

8. *Rasche Anpassungen im Falle unzureichender Leistung*: Was geschieht, wenn die Leistung und die Ergebnisse eines Einzelnen oder vom ganzen Team nicht mehr dem vereinbarten Niveau entsprechen? Dann muss die Organisation konkrete Maßnahmen einleiten. Nicht morgen, sondern so schnell wie möglich, vielleicht sogar schon heute. Wenn diese schnelle Anpassung nicht erfolgt, was im Widerspruch zur gemeinsamen Zielvereinbarung steht (Punkt 4), erodiert das ganze System. Viele Organisationen sind einfach zu langsam.

   Irgendwann hatten sie ein Erfolgsrezept entwickelt, sonst gäbe es sie heute nicht mehr. Und da Menschen und somit auch Organisationen „Gewohnheitstiere" sind, versuchen die handelnden Personen häufig an diesem ursprünglichen Verfahren festzuhalten. Ein kleines Facelifting wird nicht selten als Antwort auf große Herausforderungen gesehen. Das ist verständlich, nur im digitalen Zeitalter leider nicht mehr zeitgemäß.

   Bitte beachten Sie: Das kontinuierliche Überprüfen der Ergebnisse und die Anpassung der gemeinsamen Vereinbarungen und Maßnahmen an die erzielten Ergebnisse bedeutet ausdrücklich nicht, dass eine „weitere Welle" der Veränderung bevorsteht. Die Begriffe „Veränderung" und „Umstrukturierung" sind in den letzten Jahren zu regelrechten Schimpfwörtern aus der Sicht vieler Arbeitnehmer geworden. Wer will schon ewig in einem Zwischenzustand leben? Die Unternehmenskultur der Zukunft besteht darin, ein Heimatgefühl zu etablieren, das Wettbewerbsfähigkeit und Innovation mit der akzeptierten Notwendigkeit verbindet, sich schnell an die Dynamik der Märkte anzupassen.

9. *Mehr Zeit mit Interessenten und Kunden verbringen*: Zeit ist kostbar und die effektive Verkaufszeit ist begrenzt. Alle Vertriebsmitarbeiter, die Kern-Vertriebler und die Vertriebsassistenten, sollten mehr Zeit mit Ihren „Auftraggebern", d. h.

den Kunden und Interessenten verbringen. Die Daseinsberechtigung eines jeden Unternehmens – mit Ausnahme von Non-Profit-Organisationen – ist es, Geld zu verdienen. Vertriebsmitarbeiter sollten sich daher regelmäßiger mit ihren direkten Ansprechpartnern treffen und sich mit ihnen austauschen, und nicht nur im Falle eines Notfalls oder Reklamation. Sonst handelt es sich um einen reaktiven Modus. Diese Besuche stehen vor allem im Zusammenhang mit Problemen, schlechter Leistung und einem drängenden Lösungsanspruch von Kundenseite.

Das Steigern der Terminquote ist ein logischer Schritt auf dem Weg zu mehr Austausch, mehr Projekten und mehr Marktpräsenz. Es erfordert, dass die administrativen Tätigkeiten nicht ausufern, gut organisiert sind und nicht als Vorwand für die nötige Präsenz im Büro dienen können. Das gilt auch für die Vertriebsassistenten. Spricht man mit Mitarbeitern der Personalabteilung, der Verwaltung oder anderer Abteilungen, so ist es erstaunlich, dass diese manchmal kaum Kunden persönlich kennen. Sie kommunizieren hauptsächlich intern. Wie erreicht das Unternehmen persönliches Engagement, wenn die Mitarbeiter die Zielgruppe noch nie getroffen haben? Es gibt einige Möglichkeiten das zu ändern, wie z. B. der Besuch von Messen, Firmenbesuche und die Teilnahme an Onboarding-Meetings.

10. *Lernen, Veränderungen als Treiber willkommen zu heißen*: Es ist immer wieder erstaunlich, wie gering bei uns Menschen die Akzeptanz für Neues ist. In Anlehnung an Platons Höhlengleichnis sind wir hochgradig Bewahrer. Aber gerade angesichts der zahlreichen externen Einflüsse lautet der Schlüsselsatz unserer Zeit: Je dynamischer das Umfeld, desto flexibler muss die Organisation sein.

    Eine gute Nachricht: Es gibt Licht am Ende des Tunnels. Heutzutage haben viele führende Sporttrainer (z. B. Pep Guardiola) mit ihren Teams die Fähigkeit entwickelt, eine Vielzahl verschiedener Systeme spielen zu können. So sind sie nicht mehr auf einen vorhersehbaren Spielplan beschränkt, sondern können viel effektiver agieren. Dies erfordert eine spezifische Kernkompetenz, die im Sport, abgesehen vom Schach, früher kaum so ausgeprägt war: Intelligenz (sic!).

    Lernen und Anpassen ist also nicht etwas Außergewöhnliches, sondern sollte die Regel sein! Da keine Organisation über die Ressourcen für eine permanente, persönliche Weiterbildung aller Mitarbeiter verfügt, erfordert dies auch IT-gestützte Instrumente (z. B. Online-Akademien, virtuelle Klassenzimmer und Webinare). Und wie im Sportbeispiel erwähnt: Führungskräfte, die ihr Team und jedes einzelne Mitglied stetig weiterbilden, sich auch selbst entwickeln und so eine lernende Organisation schaffen.

11. *Verstärkung der internen persönlichen Kommunikation*: Der zwischenmenschliche Austausch und die Zusammenarbeit in Teams ist nichts Neues. Warum sollte man das also besonders hervorheben? Weil in vielen Unternehmen die Kommunikation heute hauptsächlich über elektronische Medien erfolgt: Video-Konferenzen, Webinare und der Austausch von Dutzenden von E-Mails. Und weil es eine recht starke Strömung im Management gibt, dass es effizienter sei, sich ohne Reisekosten und das Verlassen des Arbeitsplatzes hochgradig virtuell auszutauschen. Aber wenn man hauptsächlich diese Kanäle nutzt, vergisst man den wichtigen Faktor, dass echte menschliche Treffen immer deutlich mehr Facetten haben als ein rein elektronischer Austausch.

Da Menschen von Menschen kaufen – eine einfache, aber große Weisheit – ist dies nicht nur ein Appell für die Stärkung der externen, sondern auch der internen Kommunikation. Es empfiehlt sich, gezielte Veranstaltungen zu schaffen, bei denen sich das gesamte Unternehmen (Makroperspektive) oder auch nur das jeweilige Team (Mikroperspektive) trifft, sich austauscht und neue Anstöße abseits der eigenen Denkmuster erhält. Das können Kick-Offs, Frühjahr-Sommer-Herbst-Winter-Events, Jubiläen, Erlebnis- oder Innovationstage und spezielle Foren sein, wie z. B. strategische Geschäftsausblicke. Der Mensch ist ein soziales Wesen, den persönlicher Austausch spürbar inspiriert. Sie werden es beim Blick auf Ihre Kennzahlen merken …

Literatur

Babin, B. J., Boles, J. S., & Robin, D. P. (2000). Representing the perceived ethical work climate among marketing employees. *Journal of the Academy of Marketing Science, 28*(3), 345–358.

Biemans, W. G., Brenčič, M. M., & Malshe, A. (2010). Marketing-sales interface configurations in B2B firms. *Industrial Marketing Management, 39*(2), 183–194.

Brown, M. E., Treviño, L. K., & Harrison, D. A. (2005). Ethical leadership: A social learning perspective for construct development and testing. *Organizational Behavior and Human Decision Processes, 97*(2), 117–134.

Cadogan, J. W., Lee, N., Tarkiainen, A., & Sundqvist, S. (2009). Sales manager and sales team determinants of salesperson ethical behavior. *European Journal of Marketing, 43*(7/8), 907–937.

Dabholkar, P. A., & Kellaris, J. J. (1992). Toward understanding marketing students' ethical judgment of controversial personal selling practices. *Journal of Business Research, 24*(4), 313–329.

Dewsnap, B., & Jobber, D. (2000). The sales-marketing interface in consumer packaged goods companies: A conceptual framework. *Journal of Personal Selling and Sales Management, 20*(2), 109–119.

Dickson, M. W., Smith, D. B., Grojean, M. W., & Ehrhart, M. (2001). An organizational climate regarding ethics: The outcome of leader values and the practices that reflect them. *The Leadership Quarterly, 12*(2), 197–217.

Doran, G. T. (1981). There's a S.M.A.R.T. way to write management's goals and objectives. *Management Review, 70*(11), 35–36.

Guenzi, P., & Troilo, G. (2007). The joint contribution of marketing and sales to the creation of superior customer value. *Journal of Business Research, 60*(2), 98–107.

Hair, J. F., Anderson, R. E., Mehta, R., & Babin, B. J. (2010). *Sales management. Building customer relationships and partnerships.* South Western Cengage Learning.

Homburg, C., Schäfer, C., & Schneider, J. (2002). *Sales Excellence. Vertriebsmanagement mit System* (2. Aufl.). Springer Gabler.

Ismail, S., Malone, M. S., & van Geest, Y. (2014). *Exponential organizations. Why new organizations are ten times better, faster and cheaper than yours (and what to do about it).* Diversion Books.

Jobber, D., & Lancaster, G. (2012). *Selling and sales management* (9. Aufl.). Pearson Education Limited.

Johnston, M. W., & Marshall, G. W. (2013). *Sales force management. Leadership, innovation, technology* (11. Aufl.). Routledge.

Mulki, J. P., Jaramillo, J. F., & Locander, W. B. (2009). Critical role of leadership on ethical climate and salesperson behaviors. *Journal of Business Ethics, 86*, 125–141.

Pettijohn, C., Pettijohn, L., & Taylor, A. J. (2007). Salesperson perceptions of ethical behaviors: Their influence on job satisfaction and turnover intentions. *Journal of Business Ethics, 78*(4), 547–557.

Schweitzer, M. E., Ordóñez, L., & Douma, B. (2004). Goal setting as a motivator of unethical behavior. *Academy of Management Journal, 47*(3), 422–432.

Schwepker, C. H., & Good, D. J. (2004). Marketing control and sales force customer orientation. *Journal of Personal Selling and Sales Management, 24*(3), 167–179.

Schwepker, C. H., & Hartline, M. D. (2005). Managing the ethical climate of customer-contact service employees. *Journal of Service Research, 7*(4), 377–397.

Smith, T. M., Gopalakrishna, S., & Chatterjee, R. (2006). A three-stage model of integrated marketing communications. *Journal of Marketing Research, 43*(4), 564–579.

Strout, E. (2002). To tell the truth. *Sales and Marketing Management, 154*(7), 40–47.

Weitz, B. A., & Bradford, K. D. (1999). Personal selling and sales management: A relationship marketing perspective. *Academy of Marketing Science, 27*(2), 241–254.

Das Vertriebssteam

5

Die Zeit der Einzelgänger geht zu Ende. Als ich in den 1990er-Jahren meine Vertriebskarriere begann, war jedes Mitglied in unserem Vertriebsteam fast vollständig für sein eigenes Geschäft und seine Erfolgsbilanz verantwortlich. Der Markt wuchs, die Ziele waren ambitioniert aber mit dem Aufwand eines normalen Arbeitspensums erreichbar und Telefonate nach Verlassen des Büros gab es nicht. Der Produktzyklus betrug 2–3 Jahre und echte Produktinnovationen kamen nur circa alle 5 Jahre vor, so dass sie eher die Ausnahme als die Regel waren. Das hatte zur Folge, dass wir das Produkt-Setup nur einmal lernen mussten und es dann jahrelang nutzen konnten. Die Kundenkontakte fanden entweder per Telefon oder im persönlichen Termin statt. Eine tägliche Schlagzahl von 2–3 Terminen plus 5–8 Telefonate mit Interessenten und Kunden war ausreichend. Und nicht zuletzt benötigte der schriftliche Austausch im Kundenkontakt, von beiden Seiten, einige Tage, ein Zeitfenster, das auch für das Schreiben und postalische Versenden der Angebote galt.

Heutzutage haben sich Geschwindigkeit und Umfang der Arbeitsaufgaben durch die digitalen Prozesse sprunghaft erhöht. Über 100 eingehende E-Mails pro Tag sind für einige Vertriebsteams unserer Kunden, die wir begleiten, „ganz normal". Und von jedem Mitarbeiter wird erwartet, dass er diese, natürlich zusätzlich zum operativen Tagesgeschäft, vor oder nach der klassischen Verkaufszeit liest und bearbeitet. Damit einhergehend haben sich auch die gegenseitigen Erwartungen an Antwortzeiten von Wochen oder Tagen auf Stunden und Minuten atomisiert.

Mittlerweile dauern die Produktzyklen oft nur noch wenige Monate, und die Einführung neuer Produkte ist ganz normal, um die eigene Marke und ihren Bekanntheitsgrad stabil am Markt zu positionieren. Was die Verkäufer heute vor Herausforderungen stellt, ist die Tatsache, dass die Produktpaletten immer uneinheitlicher werden. Es gibt also weniger Skaleneffekte beim Erlernen von Produktkenntnissen. Außerdem sind die persönlichen Zielvorgaben deutlich angehoben und damit auch die firmenseitig erwartete Kontaktquote der täglichen Anrufe und Termine. Als letzter zu nennender Aspekt ist die Preisgestaltung aufgrund von unterschiedlichen Paketen, Zubehöroptionen und „Specials" viel flexibler geworden.

Bevor das Verkaufspersonal nun sentimental wird und den guten alten Zeiten nachtrauert: Insgesamt sind die Rahmenbedingungen viel anspruchsvoller geworden, aber eines ist gleichgeblieben. Der Tag hat weiter nur 24 h … Damit ist allen Vertrieblern eine Grenze gesetzt, an der es für einen allein, den oft beschriebenem „einsamen Wolf", zu viele Aufgaben werden.

Natürlich gibt es immer noch einige begabte Talente, die in der Lage sind, ein Geschäft oder ein Projekt hauptsächlich allein zu entscheiden. Das ist wie im Fußball: Lionel Messi und Christiano Ronaldo sind herausragende Spieler, die in den letzten Jahren oft den Unterschied in entscheidenden Partien auf höchstem Niveau ausgemacht haben. Doch in der sich schnell beschleunigenden B2B-Welt ist dies eher die Ausnahme als die Regel. Und selbst die Herren Messi und Ronaldo haben, soweit wir informiert sind, einige recht talentierte Teamkollegen.

So ist es heute auch im Vertrieb sinnvoll, einige „Spieler" mehr einzubinden, um Aufgaben zu verlagern und nachhaltige Erfolge zu erzielen. Dazu ein weiterer Vergleich aus der Welt des Fußballs: Der spanische Spitzentrainer Pep Guardiola nimmt heute immer sein gesamtes fünfköpfiges Team mit, egal zu welchem Klub er wechselt, denn ohne Co-Trainer, Spielanalytiker, Talentmanager, Fitnesstrainer und Agent ist es aus seiner Sicht nicht möglich, eine Mannschaft so schnell in ihren vielfältigen Dimensionen positiv zu verändern (WeltN24, 2013).

In den folgenden Abschnitten möchten wir der Frage auf den Grund gehen: Was ist ein Muss für eine erfolgreiche Vertriebs-Mannschaft? Und um bei der Sportmetapher zu bleiben: Es muss Torhüter, Verteidiger, Mittelfeldspieler und Stürmer geben. Und vor allem: einen qualifizierten und inspirierenden Trainer.

5.1   Der Vertriebsleiter

Teams müssen aufgebaut und geführt werden. Auch wenn in diesem Berufsfeld Selbstmotivation eine nötige Schlüsselfähigkeit aller Akteure ist, die in Abschn. 5.2.1 erörtert wird, ist der Vertriebsleiter einer der wichtigsten handelnden Personen. Denn je wettbewerbsintensiver und komplexer die Rahmenbedingungen sind, desto mehr kommt es auf Details und die richtigen Entscheidungen an. Es ist ein Vordenker gefragt, der über die Ressourcen und die Kompetenz verfügt, zu planen, zu strukturieren und jedes Teammitglied zur Höchstform auflaufen zu lassen. Dazu gehören die Fähigkeiten, unterschiedliche Meinungen zu koordinieren, von Misserfolgen angeschlagene Teammitglieder zu unterstützen und einen ganzheitlichen Ansatz zu schaffen sowie widersprüchliche Fakten zu „lesen" und die eigene Taktik anzupassen.

Ein weiterer wichtiger Punkt: „Je größer das Team, desto wichtiger ist der Leiter." Ein-Mann-Shows oder sogar kleine Gruppen (bis zu drei Personen) können sehr erfolgreich ohne einen Leiter funktionieren, wenn jede einzelne Person wirklich engagiert und fachlich kompetent ist. Aber sobald Teams größer werden, werden auch die internen, sozialen Mechanismen komplexer und gewinnen an Bedeutung. Daher muss jemand für das Team verantwortlich sein. Wie Brian Tracy es aus-

drückt, muss der Vertriebsleiter „ein Freund, ein Berater, ein Selbstbewusster, ein
strenger Vorgesetzter und eine effiziente, geschäftsorientierte Führungskraft sein,
und das alles gleichzeitig" (Tracy, 2015, S. 3, eigene Übersetzung).

Um den anhaltenden Erfolg des Teams zu gewährleisten, müssen Vertriebsleiter
die Chancen und Aktivitäten überwachen, eine stetige Lernkurve für die Mitarbeiter
und das Unternehmen schaffen und den internen Wissenstransfer sicherstellen. Abgesehen davon sind Vertriebsmitarbeiter, wie viele andere auch, sehr stark auf ihren
eigenen Vorteil bedacht. Aus diesem Grund muss es einen Vorgesetzten geben, der
einen effizienten Rahmen nicht nur für einige wenige, sondern für alle Teammitglieder, definiert. Dazu gehört dann auch das Management der Ethik, wie in Abschn. 4.3
erörtert.

5.1.1 Erforderliche Qualifikationen

In einer Studie von Deeter-Schmelz, Goebel und Kennedy (2008) wurden 33 Vertriebsleiter und 25 Vertriebsmitarbeiter in Tiefeninterviews nach den Eigenschaften
effektiver Vertriebsleiter gefragt. Die zehn wichtigsten Erfolgsfaktoren, denen wir
zustimmen und die auch für höhere Vertriebspositionen wie Vertriebsdirektor und
Vertriebsvorstand gelten, sind:

- *Fähigkeit zur Kommunikation und zum Zuhören*: Sie müssen gut im persönlichen
  Umgang sein und Einfühlungsvermögen besitzen.
- *Fähigkeiten im Umgang mit Menschen*: Arbeitet gerne mit Menschen und tut
  dies auf natürliche, effektive Weise und baut eine Beziehung zu den Teammit-
  gliedern auf.
- *Fähigkeit zur Organisation und zum Zeitmanagement*: Ist in der Lage, seine ei-
  gene Zeit und seine Arbeitsaktivitäten gut zu organisieren und zu verwalten.
- *Besitz von Wissen*: Verfügt über gute Kenntnisse über die Branche, das Produkt
  und das Geschäft im Allgemeinen.
- *Coaching-Fähigkeiten*: Übernimmt die Funktion eines Mentors und hilft seinen
  Teammitgliedern, ihre (Verkaufs-)Fähigkeiten zu verbessern.
- *Motivierende Fähigkeiten*: Er erkennt, was seine Vertriebsmitarbeiter motiviert
  und belohnt gute Leistungen entsprechend.
- *Ehrliche und ethische Tendenzen*: Wird als vertrauenswürdig, geradlinig und
  ethisch wahrgenommen.
- *Verkaufstalent*: Muss eigene Erfahrung im Verkauf haben. Seine Verkaufstechni-
  ken und -fähigkeiten – wie in Kap. 3 erörtert, tragen dazu bei, dass die Vertriebs-
  mitarbeiter seine Glaubwürdigkeit und seinen guten Ruf anerkennen. Verfügt ein
  Vertriebsleiter nicht über diese Fähigkeiten, ist er nicht überzeugend.
- *Führungsqualitäten*: Ist in der Lage, sein Vertriebsteam zu ermutigen und zu in-
  spirieren. Wir werden dieses Thema in Abschn. 6.1 ausführlicher behandeln.
- *Bereitschaft zur Befähigung:* Erlaubt seinen Vertriebsmitarbeitern, Verantwortung zu übernehmen und zu handeln.

5.1.2 Typische Leistungsprobleme

Vertriebsleiter (im folgenden Abschnitt werden ebenso auch andere Vertriebsmanager angesprochen) haben eine schwierige Aufgabe und werden oft kritisiert. Entweder von der obersten Führungsebene, weil sie ihre Ziele nicht erreichen und aus
deren Sicht scheitern, oder vom Vertriebsteam, das behauptet, die Führungskraft sei
zu anspruchsvoll. Das ist die typische „Sandwich"-Rolle des mittleren Managements. Anderson, Dubinsky und Mehta (1999) haben einige Gründe für die mangelnde Leistungsfähigkeit von Vertriebsleitern zusammengefasst. Unserer Erfahrung nach sind diese Leistungsprobleme nach wie vor gültig. Sie sind in Abb. 5.1
zusammengefasst. Schauen wir uns die einzelnen Punkte genauer an.

Falsche Auswahl von Vertriebsleitern
Ein herausragender Vertriebsmitarbeiter wird oft mit einer Beförderung zum Vertriebsleiter belohnt. Ein Spitzenverkäufer ist jedoch nicht zwangsläufig ein guter
Vorgesetzter, da die Eigenschaften und Fähigkeiten, die er dafür benötigt, ganz unterschiedlich zu seinem bisherigen Profil sind. Exzellente Verkäufer haben oft ein
individuelles Leistungsbedürfnis, wollen persönliche Ziele erreichen und ehrgeizige Ergebnisse erzielen. Erster zu sein, ist in ihren Augen erstrebenswert und großartig. Im Gegensatz dazu müssen erfolgreiche Vertriebsleiter über Fähigkeiten wie
Delegieren und Coachen verfügen, um die Teamziele zu erreichen. Die Wahl der
falschen Führungskraft kann zu spürbaren Produktivitätseinbußen, Unzufriedenheit
der Kunden, geringeren Gewinnen, Verlust von Marktanteilen, Problemen mit der
Arbeitsmoral bis hin zu wachsender Fluktuation im Vertriebsteam führen. Unternehmen müssen daher ein systematisches Auswahlverfahren für Vertriebsleiter

Abb. 5.1 Typische Leistungsprobleme von Vertriebsleitern

entwickeln, um die vorhandenen Eigenschaften des Kandidaten präzise mit dem Stellenprofil abzugleichen. Das Gleiche gilt natürlich auch für die Kandidaten der Teamleiter-Position.

Unzureichende Ausbildung der Vertriebsleiter
Während viele Unternehmen ihre Vertriebsteams schulen, versäumen sie es oft, ihre Vertriebsleiter zu trainieren. Dies ist besonders wichtig für neue Führungskräfte, die oft unter einem unklaren Rollenverständnis leiden. Mit einer angemessenen und fundierten Ausbildung können Vertriebsleiter wirksame Managementpraktiken erlernen. Neben dem Inhalt ist dabei auch die zielgruppengerechte Ansprache wichtig. Wenn Vertriebsleiter ihre neu gewonnenen Erfahrungen und Kenntnisse an ihre Mitarbeiter in einer für diese verständlichen Weise kommunizieren, steigt die Gesamtwirkung mit zunehmender Teamgröße. Wenn zum Beispiel ein Manager, der ein Team von sechs Mitarbeitern verantwortet, geschult wird, und es schafft jedes Teammitglied danach um nur 3 % effizienter zu machen, beträgt der Gesamtgewinn für das Unternehmen 18 %. Managementschulungen befähigen also die Vertriebsleiter, die operative Produktivität ihrer Mitarbeiter zu verbessern.

Mangelnde Ausrichtung auf langfristige Kundenbeziehungen
Manche Vertriebsleiter fördern nicht die Entwicklung langfristiger Kundenbeziehungen. Häufig sind die Vertriebs-Führungskräfte wie auch die Vertriebsmitarbeiter produktorientiert. Sie neigen dazu, sich auf das Produkt und den unmittelbaren Abschluss zu konzentrieren, was bedeutet, dass sie ihre eigenen Bedürfnisse in den Vordergrund stellen und nicht die ihrer Kunden. Dies hat zur Folge, dass die mittelfristige Zahl der Kunden, die das Unternehmen verlassen, wahrscheinlich hoch ist. Dies wird bald zu geringeren Verkaufserlösen führen. Konzentriert sich das Management dagegen auf die Bedürfnisse und Anliegen der Interessenten und Kunden, kann sich eine Win-Win-Situation entwickeln, die zu langfristigen, profitablen Ergebnissen für beide Seiten im Rahmen der Partnerschaft führt.

Unzureichende Integration des Vertriebs mit anderen Funktionsbereichen
Es ist notwendig, dass die Aktivitäten der Vertriebsorganisation gut mit der Marketingstrategie des Unternehmens abgestimmt sind. Anderson et al. (1999, S. 23, eigene Übersetzung) beschreiben das Problem sehr treffend: „Zu viele Manager betrachten … den Vertrieb als eine von der Marketingplanung und Strategieentwicklung isolierte Aktivität. Es ist nicht verwunderlich, dass in einigen Unternehmen eine schlechte Kommunikation und sogar Rivalität zwischen den Marketingmitarbeitern der Zentrale und den Vertriebsmitarbeitern herrscht. Stattdessen müssen sie verstehen, dass sie zum selben Team gehören und zusammenarbeiten müssen, um die Unternehmensziele zu erreichen." Wir stimmen mit den Autoren völlig überein, dass Vertrieb und Marketing kooperieren müssen. Wir gehen sogar noch einen Schritt weiter (wie bereits in Abschn. 4.2 erörtert): Alle Funktionsbereiche eines Unternehmens – einschließlich Produktentwicklung, Forschung und Entwicklung, Produktion, Logistik, Finanzen und Verwaltung – sollten auf die erfolgreiche Vermarktung der Produkte und Dienstleistungen ausgerichtet sein. Nur so kann das Un-

ternehmen die anspruchsvollen Kundenwünsche von heute erfüllen. Daher müssen Vertriebsleiter und -manager die Schnittstellen zu anderen Funktionsbereichen organisieren und betreuen.

Unzureichende praktische Glaubwürdigkeit
Abgesehen von den Vorschlägen von Anderson et al. (1999) haben wir aus unserer Erfahrung heraus festgestellt, dass einige Vertriebsleiter nicht über die erforderliche Akzeptanz („Street Credibility") verfügen. Das Problem ist, dass die Mitarbeiter in ihrer Arbeitsweise oft dem Beispiel ihrer Vorgesetzten folgen. Und dieses Beispiel kann entweder gut oder schlecht sein. Wenn Verkaufsleiter nicht mit gutem Beispiel vorangehen, z. B. durch ein wenig überzeugendes Auftreten, und dem Scheitern beim Abschluss großer Projekte, werden sie ihr Verkaufsteam negativ beeinflussen. Auch zahlreiche Appelle der Geschäftsleitung an die Verkäufer, „härter zu arbeiten" und „mehr zu leisten", führen dann zu nichts. Die Mitarbeiter sehen darin nur eine sture Haltung ihrer Vor-Vorgesetzten. Zusammenfassend lässt sich sagen, dass die Führungskräfte im Vertrieb ihren Worten auch Taten folgen lassen müssen.

5.1.3   Aufgaben und Zuständigkeiten eines Vertriebsleiters

Die Aufgaben des Vertriebsleiters entwickeln sich zwar ständig weiter, aber sie konzentrieren sich immer noch auf die traditionellen Managementaufgaben und Verantwortlichkeiten. Im Rahmen der Unternehmensziele ist es eine Aufgabe, die persönlichen Verkaufsaktivitäten seines Unternehmens zu planen, zu leiten und zu kontrollieren. Gleichzeitig muss er die Veränderungen im Umfeld kontinuierlich überwachen und sich und sein Team an diese anpassen. Wie in Kap. 4 erwähnt, werden diese externen Faktoren häufig mit dem Akronym PESTLE beschrieben (d. h. politische, wirtschaftliche, soziokulturelle, technologische, rechtliche und ökologische Faktoren). Infolgedessen haben Vertriebsleiter (wie auch Manager) heutzutage eine immer anspruchsvollere Aufgabe, die hohe Flexibilität und ständiges Lernen erfordert. Werfen wir einen kurzen Blick auf ihre Aufgaben und Verantwortlichkeiten (siehe Abb. 5.2 für einen Überblick). Diese werden im folgenden Abschnitt und in Kap. 6 ausführlicher behandelt.

Ein erfolgreiches Vertriebsteam leiten
Das Vertriebsteam braucht jemanden, der es führt – wie im Sport. Der Basketballtrainer John Wooden sagte einmal: „Nichts wird funktionieren, wenn du es nicht tust." Unserer Erfahrung nach braucht jedes Vertriebsteam eine glaubwürdige Führungspersönlichkeit:

- Sie inspiriert Mitarbeiter zu größeren Leistungen, indem ihnen eine starke Vision für die Zukunft vermittelt wird
- Sie kommuniziert klar, inspiriert und bezieht Vertriebsmitarbeiter in die Vision ein
- Sie hat Klarheit darüber, was erreicht werden soll
- Sie vermittelt dem gesamten Team eine Gewinnermentalität

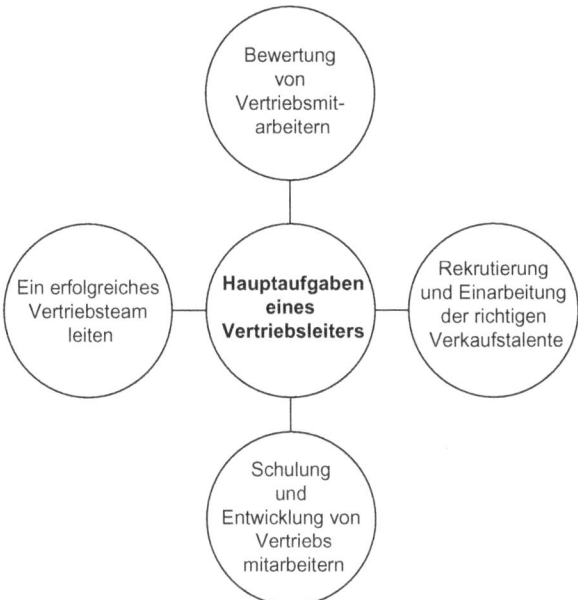

Abb. 5.2 Hauptaufgaben eines Vertriebsleiters

Der Vertriebsleiter ist auch gefordert, auf Ereignisse innerhalb seines Teams, des Unternehmens und seines Umfelds zu reagieren und gleichzeitig das Erreichen der Unternehmensziele und die stetige Verbesserung der Vertriebsleistung anzustreben. Keine leichte Aufgabe, deshalb besprechen wir in Abschn. 6.1 die wichtigsten Führungsprinzipien und -aufgaben sowie den Aufbau und die gezielte Entwicklung eines erfolgreichen Vertriebsteams.

Schulung und Entwicklung von Vertriebsmitarbeitern und Vertriebsassistenten

Die Entwicklung von passenden Schulungsprogrammen für sein Team ist zu einem wichtigen Bestandteil der Arbeit eines Vertriebsleiters geworden. In den letzten Jahren hat sich das „Kräfteverhältnis" zwischen Vertriebsmitarbeitern und Kunden deutlich in Richtung eines Käufermarktes verschoben. Interessenten und Kunden sind heute besser informiert als je zuvor, sie werden immer anspruchsvoller und haben klare Vorstellungen davon, was sie zu zahlen bereit sind. Zudem verlangen sie individuelle Lösungen, und gleichzeitig werden die Produkte und Dienstleistungen immer komplexer und erklärungsbedürftiger. Daher müssen Vertriebsleiter Weiterbildungen entwickeln, die den Verkäufern und Vertriebsassistenten helfen, ihr Wissen, ihre Verkaufsfähigkeiten, ihre Einstellung zum Verkauf und ihr Kundenverständnis kontinuierlich zu verbessern. Wie man effektive Verkaufstrainingsprogramme entwickelt, wird in Abschn. 6.2 beschrieben.

Rekrutierung und Einarbeitung der richtigen Verkaufstalente
Die besten (Verkaufs-)Strategien sind nutzlos, wenn es niemanden gibt, der sie professionell in die Praxis umsetzt und proaktiv lebt. Das Problem ist, dass gute Vertriebsmitarbeiter wie virtuose Musiker sind – sie sind eine seltene Spezies und schwer am Arbeitsmarkt zu finden. Deshalb suchen fast alle Organisationen verzweifelt nach solchen Mitarbeitern. Und dieser „War for Talents" wird sich in Zukunft aufgrund der Altersstruktur in Deutschland noch verschärfen. Daher müssen Vertriebsleiter geeignete Mitarbeiter finden und rekrutieren, die in ihrer täglichen Arbeit motiviert sind und idealerweise zu ihnen selbst, dem Vertriebsteam und der Unternehmenskultur passen. Wie man die richtigen Verkaufstalente kontaktiert und einstellt, wird in Abschn. 6.3 behandelt.

Und das ist noch nicht alles. Vertriebsleiter müssen auch wirksame Einarbeitungsprogramme (auch Onboarding genannt) für neu eingestellte Kollegen einführen. Diese Maßnahme ist für neue Vertriebsmitarbeiter elementar notwendig, da es einiger Zeit bedarf, bis sie die neue Tätigkeit voll ausfüllen können. Während dieser Phase ist der neue Mitarbeiter wahrscheinlich nicht in der Lage, genügend Umsatz zu erzielen, um sein Gehalt zu „verdienen". Eine weitere Aufgabe der Führungskraft ist das Reduzieren der Fluktuation. Denn diese wirkt sich direkt auf den Umsatz und oft auch kurzfristig auf den Kundenstamm aus. Wenn ein erfahrener Vertriebsmitarbeiter das Unternehmen verlässt und seine Kunden die Geschäftsbeziehung mit ihm zu schätzen wussten, wandern sie möglicherweise auch ab oder folgen ihm zum nächsten Arbeitgeber. Vertriebsleiter müssen daher aktiv Maßnahmen ergreifen, um talentierte Mitarbeiter an das Unternehmen zu binden. Wie man effektive Einführungsprogramme durchführt, wird ebenfalls in Abschn. 6.3 erläutert.

Bewertung von Vertriebsmitarbeitern
Die Leistungsbewertung bietet Vertriebsleitern einen Rahmen für die Führung der eigenen Vertriebsmitarbeiter. Der Beurteilungsprozess hilft ihnen dabei:

• Schulungsinitiativen für Vertriebsmitarbeiter festzulegen
• Provisionen und Boni für Vertriebsmitarbeiter festzulegen
• Entscheidungen über Beförderungen zu treffen
• Mitarbeiter zu motivieren und zu beeinflussen
• Am wichtigsten; die Steigerung der Rentabilität des Unternehmens durch die Verbesserung der Leistung der Vertriebsmitarbeiter.

Aus den oben genannten Gründen müssen Vertriebsleiter (a) Leistungsziele festlegen, (b) die tatsächliche Leistung mit dem vorgegebenen Standard vergleichen und (c) geeignete Maßnahmen zur Verbesserung oder Aufrechterhaltung der Leistung ergreifen. Wie man eine erfolgreiche Leistungsbeurteilung von Verkäufern durchführt, wird in Abschn. 6.4 behandelt.

5.2 Der ideale Vertriebsmitarbeiter

Eine der am häufigsten gestellten Fragen, die wir in den letzten zwanzig Jahren gehört haben, lautet: „Was macht einen perfekten Vertriebsmitarbeiter aus?" Nun, wenn es so einfach wäre, einen idealen Verkaufsexperten wie ein Auto zu konfigurieren, dann wäre der Vertrieb nicht der anspruchsvolle Beruf, der er ist.

Was dieses Thema besonders macht, ist die Logik und das Zusammenspiel, das wir in den vorangegangenen Kapiteln herausgearbeitet haben: Der Verkaufserfolg eines jeden Einzelnen hängt stark mit den bestehenden Rahmenbedingungen innerhalb der Organisation, der Art der äußeren Einflüsse und dem Charakter der verantwortlichen Führungskraft zusammen. Dieses Umfeld ist neben den individuellen Fähigkeiten und Einstellungen der Person entscheidend. Wie im Sport: Wechselt der Trainer, wird das Spielsystem angepasst und es werden neue Spieler verpflichtet. Dies sind alles Einflüsse, die sich auf die Leistung der einzelnen Spieler durchaus unterschiedlich auswirken werden. Und nur nebenbei: Selbst Spitzenspieler wie Zlatan Ibrahimović waren mit diesem Szenario konfrontiert und hatten damit zu bestimmten Zeiten in ihrer Karriere zu kämpfen.

Um also eine brauchbare Antwort auf die obige Frage zu geben, sollte sie umformuliert werden: „Welcher Verkäufertyp ist der richtige für unser Unternehmen?" Oder: „Was sind heutzutage die wesentlichen persönlichen Anforderungen an einen erfolgreichen Verkäufer?"

Wenn ein Vertriebsmanager einen IT-Spezialisten fragt, wie er das Netzwerk zum Laufen bringen kann, wird dessen Antwort lauten, dass er sich die verschiedenen Systeme und Schnittstellen genauer ansehen muss. So ist es entsprechend auch in diesem Fall. Was wir hier anbieten können, ist eine Definition von Must-have-Fähigkeiten und einer entscheidenden Denkweise.

5.2.1 Allgemeine Erfolgsfaktoren

Selbstmotivation ist einer der zentralen Schlüssel zum Verkaufserfolg (Rozell et al., 2006). Verkäufer, die Probleme haben, sich zu motivieren und dies auch auf hohem Niveau kontinuierlich beizubehalten, werden nicht sehr lange überdauern. Der ideale Vertriebsmitarbeiter ist intrinsisch motiviert und hat viel Eigenantrieb und „Feuer". Diejenigen, die ihre persönlichen Ziele nicht erreichen, und beginnen an sich zu zweifeln, werden eher früher als später durch ihre mangelnden Ergebnisse „aussortiert". Viele Verkäufer, die glauben, dem Druck des Verkaufens nicht gewachsen zu sein, verlassen den Job von sich aus. Tatsächlich müssen Vertriebler in der Lage sein, mit den Höhen und Tiefen des Geschäfts umzugehen, damit sie nicht entmutigt werden und aufgeben. Sie müssen zielorientiert sein und immer einen Schritt voraus denken, um neue Kunden zu gewinnen und bestehende Kunden zu binden und weiterzuentwickeln.

Der andere elementare Schlüssel ist das *Einfühlungsvermögen*. Dies ist wahrscheinlich eine der am intensivsten untersuchten Persönlichkeitseigenschaften in der Literatur. Empathie bezieht sich auf die Fähigkeit, sich in die Lage anderer

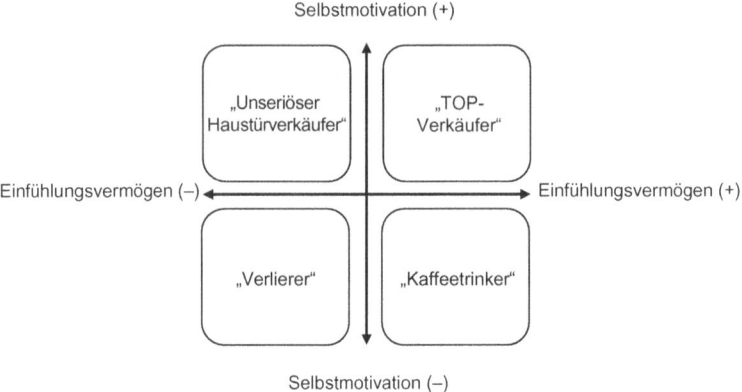

Abb. 5.3 Vier Arten von Verkäufern

Menschen zu versetzen, Situationen aus der Perspektive anderer zu betrachten und die Probleme und Bedürfnisse der Mitmenschen zu verstehen. Verkäufer mit Empathie berücksichtigen die Perspektive des Kunden, wenn sie ein Produkt verkaufen. Sie hören dem Ansprechpartner zu und bauen ihre Argumente auf einem bestimmten Nutzen auf, den der Interessent sucht, und nicht auf einem Produktmerkmal. Empirische Studien haben eine positive Korrelation zwischen Empathie und Verkaufserfolg nachgewiesen [z. B. Pilling und Eroglu (1994); McBane (1995)].

Ausgehend von diesen beiden zentralen Persönlichkeitsmerkmalen lassen sich *vier verschiedene Typen von Verkäufern* ableiten (Abb. 5.3):

Beginnen wir unten rechts und arbeiten uns im Uhrzeigersinn vor. Der so genannte *„Kaffeetrinker"* verfügt über viel Einfühlungsvermögen. Dieser Verkäufertyp hört anderen Menschen mit großem Interesse zu. Er versucht aufrichtig, die Anderen zu verstehen und sich um sie zu kümmern. Diese Person ist sehr gut darin, eine tragfähige emotionale Ebene mit einem Kunden oder Interessenten aufzubauen. Was ihm fehlt, ist seine geradlinige, zielorientierte Einstellung. Er ist ein sehr guter Return-Spieler, der auf die Themen und Fragen des Gegenübers eine Antwort findet. Er hat allerdings ein deutliches Defizit bei der Vereinbarung von konkreten Folgeaktivitäten und der Abschlussorientierung. Wenn er von einem Kundengespräch zurückkommt und der Vertriebsleiter nach den nächsten Schritten fragt, sagt der Kaffeetrinker exemplarisch: „Es war ein gutes Treffen; wir haben über Alles gesprochen. Der Interessent wird uns in ein paar Monaten anrufen." Diese Art von Vertriebsmitarbeiter ist nicht zielorientiert. Ein Kaffeetrinker hat nicht genug Selbstmotivation, um proaktiv den nächsten Schritt zu tätigem. Und den übernächsten Schritt. Es ist anzumerken, dass dieser Typ nicht generell ein „schlechter" Verkäufer ist. Bei der Neukundenakquise sind sie sogar gute (Team-)Spieler in der zweiten Reihe, da sie in der Lage sind, buchstäblich „die Nuss zu knacken" und das sogenannte „Farming" zu betreiben (siehe DeCarlo & Lam, 2016 für weitere Details). Es gibt jedoch „bessere" Verkäufer, wie wir gleich noch erfahren werden.

Ein Verkäufertyp, der weder über Einfühlungsvermögen noch über Eigenmotivation verfügt, wird von unseren Schulungsteilnehmern in der Regel als *„Verlierer"* bezeichnet. Dieser Verkäufer ist weder flexibel genug, um mit verschiedenen Arten von Menschen umzugehen, noch ist er darauf ausgerichtet, proaktiv den Abschluss zu tätigen. Das Ergebnis ist demzufolge, dass der Verlierer keinen guten Umsatz macht. Wenn Vertriebsleiter einen solchen Typ beschäftigen, empfehlen wir, dass der Vertriebsleiter eine Motivationsanalyse durchführt (Abschn. 6.1). Wenn der Verkäufer nicht so arbeitet, wie die Führungskraft es gerne hätte, *will* er die betreffende Aufgabe vielleicht *nicht* erfüllen. In diesem Fall ist es wichtig, mit ihm ein „motivationales Leistungsgespräch" zu führen, um die Ursachen der Motivation und Demotivation zu klären (Abschn. 6.4.5). Eine enge Führung sowie die Kommunikation und Umsetzung von Konsequenzen sind dann notwendig. Es sei angemerkt, dass diese Personen keineswegs „schlechte" Menschen sind und dass sie sogar recht nützliche Produktspezialisten sein können. Aber sie sind definitiv keine Vertriebsfrontleute.

Wahrscheinlich hat jeder von uns schon (schlechte) Erfahrungen mit dem folgenden Verkäufertyp gemacht, dem so genannten „*Haustürverkäufer*" (oder auch Drücker oder Hard-Seller). Verkäufer in diesem Quadranten haben einen zweifelhaften Ruf. Sie besitzen kein Einfühlungsvermögen: Ihre Ansprechpartner, deren Themen, Bedürfnisse und Wünsche sind ihnen prinzipiell egal. Das Einzige, was sie interessiert, ist, Provision zu verdienen. Sie sind hochgradig eigenmotiviert und verkaufen alles – ganz gleich, ob das Produkt oder die Dienstleistung den Bedürfnissen des Gegenübers entspricht oder nicht. Einige von ihnen handeln getreu dem Motto: „Finde sie, täusche sie, vergiss sie". Tatsächlich sind einige dieser Hard-Selling-Vertriebler sehr erfolgreich.

Aufgrund ihrer starken Eigenmotivation sind sie gut darin, neue Kunden zu gewinnen, was ihnen hilft, die Tatsache zu kompensieren, dass sie viele Einmalgeschäfte tätigen. Da sie sich nicht auf die emotionale Chemie konzentrieren, gibt es normalerweise keine starke persönliche Bindung. Daher wird das Gros der Kunden mittelfristig wahrscheinlich nicht mehr mit ihnen zusammenarbeiten wollen. Dennoch sind sie als so genannte „Hunter" oft sehr erfolgreich (siehe DeCarlo & Lam, 2016 für weitere Einzelheiten).

Zum Schluss stellen wir den „*Top-Verkäufer*" vor, wie wir diesen Quadranten nennen. Dieser Verkäufer ist hoch motiviert und einfühlsam. Er hat sich dem Verkaufen verschrieben und macht es zu einem Teil seines Lebens. Diese Person führt Telefonate, initiiert Meetings, fordert Entscheidungen und schließt systematisch seine Projekte ab. Alles wird proaktiv getan, um die persönlichen und die Unternehmensziele zu erreichen. Und ja, es ist völlig legitim, dass Spitzenverkäufer diese Arbeit auch machen, weil sie gutes Geld verdienen wollen. Sie verkaufen jedoch nicht um jeden Preis. Diese Verkäufer haben Einfühlungsvermögen in den Interessenten und Kunden. Sie bauen Vertrauen auf, sie kümmern sich, nehmen sich Zeit und hören aktiv zu – mit dem Ziel, ein maßgeschneidertes Angebot zu erstellen, das dem Anliegen und Problemen des Anderen gerecht wird. Und wenn es nicht ins Konzept passt, kann der Top-Verkäufer auch sagen: „Nein, unter diesen Umständen kann ich Ihnen dieses Mal nicht helfen." Das macht den Unterschied zum Hard-Seller aus und hilft ihm, eine Glaubwürdigkeit und stärkere Verhandlungsposition für die Zukunft zu schaffen. Der Spitzenverkäufer ist an einer langfristigen Kundenbeziehung interessiert. Und das macht ihn erfolgreich.

5.2.2 Positive Einstellung

Wir möchten einen weiteren wichtigen Punkt hervorheben, der eng mit der Selbst-motivation zusammenhängt: Die *positive Einstellung*. Der Grund liegt auf der Hand: Ist die Einstellung des Verkäufers negativ, sieht er viele Hindernisse und ist in sei-nen Aktivitäten deutlich gehemmter und unternimmt weniger oder gar nichts. Ist seine Einstellung hingegen positiv und erwartungsvoll, sieht der Verkäufer Chancen und hält das Beste von einer Idee, den Menschen und den Situationen. Er ergreift selbstständig Maßnahmen, um die Chancen zu nutzen und ein vorteilhaftes Ergeb-nis zu erzielen, z. B. neue Termine mit potenziellen Kunden zu vereinbaren, gute Preise auszuhandeln oder Projekte abzuschließen. Besitzt der Verkäufer eine posi-tive Einstellung, bewahrt sie ihn – selbst in schwierigen Situationen – davor, den Er-folg eines potentiellen Verkaufsabschlusses in Frage zu stellen. Obwohl ein positiv denkender Verkäufer oft „Nein, danke" hört und auf viele Kundeneinwände reagie-ren muss, glaubt er weiter an den Auftrag. Dieses positive Mindset hilft ihm, nega-tive Erfahrungen mit Kunden viel schneller zu verarbeiten. Dieser Verkäufertyp zeichnet sich durch eine hohe Resilienz aus.

Viele Menschen denken, dass eine positive Einstellung zum Verkauf eine ange-borene Haltung ist. Zum Teil ist sie das, ja. Aber: Viele Menschen wehren sich gegen die Vorstellung, dass eine positive Einstellung auch eine Entscheidung ist. Denken Sie an sich selbst, als Sie zwischen 5 und 10 Jahre alt waren. Was haben Sie alles Ihren (Groß-)Eltern, Freunden oder anderen Menschen verkauft? Vielleicht haben Sie Limonade oder Ihr altes Spielzeug auf einem Flohmarkt verkauft oder Briefmarken getauscht?! Denken Sie an Ihre Erfahrungen von damals. Als Kinder haben wir nicht über das Verkaufen nachgedacht. Wir haben es einfach getan. Wir verbanden mit dem „Verkaufen" positive Gefühle wie Spaß, Neugier und Erfolg („Wie weit kann ich gehen, um meinen Willen zu bekommen?!"). Wenn wir das heute betrachten, haben die Erwachsenen in der Regel sowohl positive wie auch ne-gative Assoziationen damit. Der Grund dafür ist, dass wir alle unsere eigenen Erfah-rungen gemacht haben, zum Beispiel:

- *Erfahrung mit anderen Verkäufern*: Aufdringliche und manchmal unehrliche Vertriebsmitarbeiter, die sich nur an ihren intransparenten Richtlinien orientieren
- *Erfahrung als Verkäufer mit schwierigen Interessenten oder Kunden*: Ein „Nein, ich bin nicht interessiert" wieder und wieder und wieder zu hören, kann zu tief-sitzender Frustration und Demotivation führen
- *Negativer Einfluss des sozialen Umfelds*: Der Verkauf hat in einigen Teilen immer noch eine negative Reputation. Einige Leute sagen: „Wie kann man nur im Verkauf arbeiten? Das würde ich für nichts in der Welt machen!"

Diese und andere Erfahrungen können unbewusst die eigene Einstellung zum Ver-kauf beeinflussen. Es ist jedoch die eigene Entscheidung, ob man ein Opfer der Um-stände bleibt, oder ob man eine positive Haltung einnimmt und ein Schöpfer von Möglichkeiten werden will. Einstellungen lassen sich ändern und kontrollieren. Was es dazu braucht, sind Disziplin und Willenskraft. Eine innere Veränderung er-fordert Konzentration, Disziplin und unermüdliches Üben. Es ist von großer Bedeutung, dass Vertriebler an ihrer inneren Einstellung arbeiten. Nicht nur das Outfit des Verkäufers hat einen Einfluss auf die Wahrnehmung des Interessenten, sondern auch innere Einstellung des Vertrieblers. Wir nennen dies korrespondierend das „Infit" in unseren Vertriebstrainings. Ein Verkäufer ist nur dann erfolgreich in seinem Beruf, wenn er über die richtigen Fähigkeiten *und* die richtige Einstellung verfügt. Beides ist gleichermaßen notwendig.

5.2.3 Verkaufsfähigkeiten

Verkaufen ist nicht nur „nettes Blabla", wie viele Außenstehende des Öfteren denken. Es ist ein sehr anspruchsvoller Beruf. In einer Studie von Marshall, Goebel und Moncrief (2003) wurden 215 Vertriebsleiter befragt, welche Fähigkeiten, Kenntnisse und Eigenschaften erforderlich sind, um im Verkauf erfolgreich zu sein. Die zehn wichtigsten Erfolgsfaktoren – denen wir zustimmen – sind:

- *Fähigkeit zum Zuhören*: Durch aktives Zuhören, wie z. B. Nicken und verbale Bestätigung, vermittelt der Verkäufer dem Kunden nicht nur das Gefühl, dass er ihm interessiert zuhört. Er kann so auch Probleme und Schmerzpunkte identifizieren, um seine Argumente auf einen bestimmten Nutzen aufzubauen.
- *Fähigkeiten zur Nachbereitung*: Ja, in der Tat! Verkäufer versuchen immer, den Verkauf zum nächsten Schritt des Vertriebsprozesses zu bringen. Die Bemühungen gelten der laufenden Pflege und Verwaltung der Kundenbeziehung.
- *Fähigkeit, den Verkaufsstil von Situation zu Situation anzupassen*: Wie erwähnt, ist Einfühlungsvermögen der Schlüssel zu anderen Menschen. Verkäufer müssen wissen, wie sie mit verschiedenen Arten von Ansprechpartnern umgehen können, vom Zahlenakrobaten bis hin zu technischen Experten.
- *Hartnäckigkeit – Durchhaltevermögen bei einer Aufgabe*: Der Verkäufer hat einen langen Atem, wenn es zum Beispiel um weitere Entscheidungsrunden geht. Er weiß, dass es Mühe kostet, aber auch, dass es Wert ist, diese Hürden zu überwinden.
- *Organisationstalent*: Gute Vertriebler verlieren nicht den Überblick, auch wenn es komplex oder vage wird. Sie sind multitaskingfähig, antworten pünktlich, bewältigen ein hohes Arbeitsaufkommen, halten Fristen ein und führen Protokoll. Auch die Besuchsberichte werden aktualisiert.
- *Mündliche Kommunikationsfähigkeit*: Erfolgreiche Verkäufer haben gute sprachliche Fähigkeiten. Er kommuniziert immer aus der Sicht des Kunden, anstatt zu sagen: „Wir sind … Wir haben … Wir können …". Er ist auch in der Lage, eine systematische Bedarfsanalyse durchzuführen und bietet Lösungen in klaren Nutzenaussagen an, wie in Kap. 3 besprochen.
- *Fähigkeit, mit Menschen auf allen Ebenen innerhalb einer Organisation umzugehen*: Top-Vertriebsmitarbeiter sind in der Lage, mit verschiedenen Hierarchieebenen kompetent zu kommunizieren. Falls nötig, können sie mit Personen der C-Suite-Ebene (CEO, CFO, …) oder auch mit Auszubildenden umgehen. Sie haben ein überzeugendes Auftreten in verbaler und nonverbaler Hinsicht. Und außerdem: Sie strahlen eine positive Einstellung und Zuversicht aus.

- *Nachgewiesene Fähigkeit, Einwände zu überwinden*: Die Arbeit eines Verkäufers beginnt, wenn der Gegenüber „Nein" sagt. Der Umgang mit akquisitorischen und preislichen Einwänden ist daher eine elementare Fähigkeit. Sie ist heutzutage ganz klar ein sicherer und erwartbarer Teil des Spiels.
- *Persönliche Planungs- und Zeitmanagementfähigkeiten*: Nur wenige Berufe erfordern mehr Selbstmanagement als der Verkauf von Angesicht zu Angesicht. Diesem Thema ist das nächste Unterkapitel gewidmet.
- *Abschlussfähigkeiten*: Es ist zentraler Teil der Aufgabe, Verträge mit Kunden abzuschließen. Daher muss ein Verkäufer fähig sein, letzte Zweifel auszuräumen und die Gesprächspartner zu überzeugen, dass sie auch angesichts vorliegender Wettbewerbsangebote die richtige Entscheidung für sein eigenes Produkt treffen.

Der Schlüssel zum Erfolg bezieht sich auf wesentliche Überlegungen. Vertriebsleiter und -manager können dieses Wissen nutzen, um (1) einen Maßstab für die Rekrutierungsbemühungen zu setzen, (2) Bewerbern einen Hinweis auf Fähigkeiten und Fertigkeiten zu geben, die wichtig sind, (3) wirksame Schulungsmaßnahmen zu entwickeln und (4) die Leistung des Verkäufers zu bewerten.

5.2.4   Zeitmanagement

Vertriebsmitarbeiter müssen ein gutes *Zeitmanagement* haben, um (1) die Gebietsabdeckung zu verbessern, (2) die Effizienz ihrer Aktivitäten zu steigern und so (3) die Produktivität zu maximieren. Durch ein gutes Zeitmanagement können sie ihre Ressourcen für die Interaktion mit Interessenten und Kunden ausbauen.

Wie von Hair, Anderson, Mehta und Babin (2010) erörtert, besteht eine Möglichkeit, produktiv zu sein, in der *Vermeidung von Zeitfallen*, die die eigene Effektivität untergraben. Vertriebsmitarbeiter können zum Beispiel leicht in diese Falle tappen, wenn sie unqualifizierte oder nicht passende Interessenten anrufen, Wartezeiten schlecht nutzen oder ihre Arbeit nicht nach Prioritäten ordnen. Typische Zeitfallen sind in Tab. 5.1 zusammengefasst. Am besten ist es, wenn Vertriebler über ein System oder Verfahren zur Planung verfügen, um ihre Zeit effektiv zu nutzen.

Um produktiver zu sein, schlagen Hair et al. (2010) außerdem vor, die *Zeit einzuteilen*. Das bedeutet, dass Vertriebler die wichtigsten Aufgaben oder Aktivitäten festlegen, die sie erledigen müssen. Im zweiten Schritt bestimmen sie die Zeit, die

Tab. 5.1 Typische Zeitfallen

Anrufen von unqualifizierten oder unrentablen Interessenten	Schlechte Ausnutzung der Wartezeiten
Fehlendes Setzen von Prioritäten bei der Arbeit	Aufschieben von Großprojekten
Schlechte Routenplanung	Schlechte Reisepläne machen
Unzureichende Planung der täglichen Aufgaben und Aktivitäten	Erledigung von Aufgaben, die delegiert werden könnten
Durchführung unnötiger Treffen, Besuche, Anrufe	

sie für jede Aufgabe/Tätigkeit benötigen. Um festzustellen, wie viel Zeit ein Verkäufer für jede Tätigkeit aufwendet, ist es sinnvoll, ein Protokoll für mehrere
repräsentative Tage zu führen, in der Regel 1–2 Wochen. Zu den typischen planba-
ren Verkaufstätigkeiten gehören das Führen von Gesprächen mit Interessenten, der
persönliche Verkauf, die Erledigung von Verwaltungsarbeiten, Serviceanrufe sowie
Reisen und Wartezeiten. Nachdem der Verkäufer die Zeiten auf einem Aktivitäts-
analyseblatt festgehalten hat, arbeitet er mit seinem Vorgesetzten zusammen, um
den Zeitaufwand für produktive Tätigkeiten zu erhöhen.

Die Festlegung von Tages-, Wochen- und Monatszielen ist eine dritte Möglichkeit
zur Produktivitätssteigerung (Hair et al., 2010). Die monatlichen Ziele legen die
Anzahl der zu tätigenden Anrufe, die Anzahl der persönlichen Termine und die Art
der Kundenbetreuung fest. Der Vertriebsplan kann die Vorgehensweise für die
nächsten 4 Wochen oder auch jeweils für einen Tag festlegen. Es ist wichtig zu beachten, dass die Vertriebsmitarbeiter ihre Aktivitäten auf den Zeitrahmen des Kunden abstimmen sollten. Nicht verkaufsbezogene Tätigkeiten wie Reisen, Wartezeiten und Verwaltungsarbeit sollten daher außerhalb der Hauptgeschäftszeiten er-
ledigt werden, während Verkaufs- und Serviceaktivitäten für Tageszeiten geplant
werden sollten, zu denen Interessenten und Kunden verfügbar sind.

Vertriebsmitarbeiter sollten auch die Art der Kundenbetreuung ermitteln. Die
Einstufung der Gesprächspartner nach Geschäftsvolumen und Margengenerierung
ermöglicht es ihnen, sich auf wichtige Unternehmen zu konzentrieren und die Zeit,
die sie mit relativ unwichtigen und wenig aussichtsreichen Interessenten und Kunden verbringen, zu minimieren. Die Anwendung der ABC-Kundenanalyse, die die
Kunden eines Unternehmens nach einem relevanten Faktor (z. B. Umsatz) in A-, B-
und C-Kategorien einteilt, wird in Abschn. 6.1.3 erläutert.

5.2.5 Routenmanagement

Die Planung effizienter Routen, die ein Gebiet abdecken, ist eines der wertvollsten
Instrumente des Zeitmanagements. Unter Gebietsplanung versteht man die Ausar-
beitung eines Reiseplans für Verkaufsgespräche. Vertriebler entwickeln ein Rou-
tingsystem oder ein Grundmuster, indem sie Interessenten und Kunden auf einer
Karte lokalisieren und dann die optimale Reihenfolge und schnellste Route für den
Besuch dieser Kunden ermitteln. Ein gut durchdachtes Routingsystem reduziert die
Reisezeit und Opportunitätskosten und führt zu einer besseren Gebietsabdeckung.
Der größte Nachteil ist, dass das Routing die Initiative des Verkäufers einschränkt
und ihn in ein Muster zwingt, das unflexibel werden kann.

Die Routenplanung ist für die meisten Vertriebsmitarbeiter eine schwierige Aufgabe, selbst wenn sie mit ihrem Gebiet vertraut sind. Das Ausmaß, in dem Unternehmen das Routing nutzen, hängt in der Regel von zwei Aspekten ab (Hair
et al., 2010):

1. Die *Art des Produkts*: Wenn das Produkt regelmäßige Anrufe, Wartungsarbeiten
   und häufige Besprechungen erfordert, ist definitiv ein Routing erforderlich.

2. Die *Art des Auftrags*: Wenn es sich um Routineaufträge handelt, ist auch eine
   Routenplanung erforderlich. In Situationen, die ein hochqualifiziertes Vertriebs-
   personal und überzeugende Verkaufstechniken erfordern, ist jedoch ein flexible-
   rer Dienstplan erforderlich. Feste Pläne schränken die Fähigkeit ein, sich an Situationen anzupassen.

Die gebietsbezogene Routenplanung wird allen Unternehmen mit Außendienst
empfohlen. Bei der Umsetzung sollte auf Flexibilität geachtet werden. Routing-
Pläne müssen Verkaufsanrufe so flexibel strukturieren, dass die Vertriebsmitarbeiter
auch bisher unbekannte Interessenten ansprechen können. Dies ist besonders wichtig, wenn ein Unternehmen ein neues geografisches Gebiet betritt.

5.3   Ein erfolgreiches Vertriebsteam

Die Effizienz des Vertriebsteams ist ein entscheidender Erfolgsfaktor für das Erreichen oder Übertreffen der Unternehmensziele. Es gibt vier verschiedene Rollen, die
beim Aufbau eines erfolgreichen Vertriebsteams unbedingt berücksichtigt werden
müssen (siehe Abb. 5.4 für einen Überblick): Der Vertriebsleiter (im Fußball: der
Trainer) ist gefordert, auf Ereignisse innerhalb der Mannschaft, des Unternehmens
und des Umfelds zu reagieren und gleichzeitig eine kontinuierliche Verbesserung
der Vertriebsleistung anzustreben. Der Vertriebsmitarbeiter (Mittelfeldspieler) arbeitet an der Entwicklung langfristiger und für beide Seiten vorteilhafter Kundenbe-

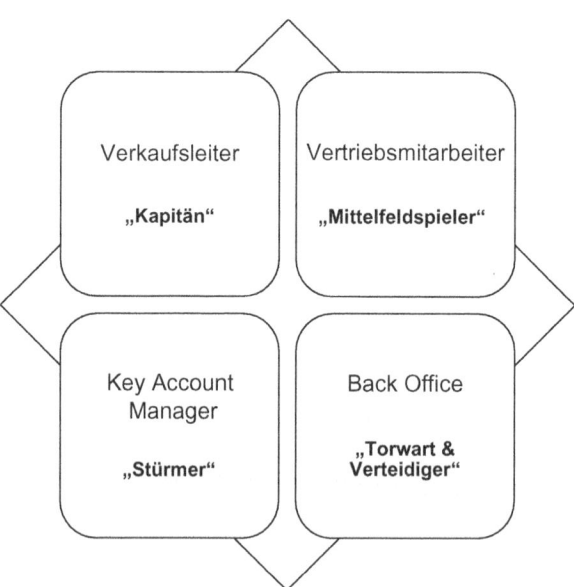

Abb. 5.4 Die vier Akteure

ziehungen, während der Key Account Manager (Stürmer) einige wenige Kunden mit großem wirtschaftlichem Potenzial betreut. Und schließlich gibt es die Backoffice-Mitarbeiter (Torwart und Verteidiger), die dafür sorgen, dass im Hintergrund alles reibungslos abläuft. Der Prozess des Aufbaus und der Entwicklung eines „Gewinner-Verkaufsteams" wird in Abschn. 6.1.3 skizziert. Schauen wir uns zunächst die vier Rollen genauer an.

5.3.1 Die vier Akteure

Vertriebsleiter
Der zunehmende (Preis-)Druck auf dem Markt, die wachsenden Anforderungen der Kunden und die ehrgeizigen eigenen Unternehmensziele sind für den *Vertriebsleiter* täglich spürbar. Seine Tätigkeit hat sich stark verändert. Die internen Anforderungen des Managements und der eigenen Mitarbeiter steigen und wollen effizient bearbeitet werden, was diese Sandwichposition anspruchsvoll macht. So werden die Ziele oft nach oben korrigiert, persönliche Abschlüsse mit Schlüsselkunden werden demzufolge noch wichtiger und die Einarbeitungszeit neuer Kollegen werden regelmäßig weiter verkürzt. Vertriebskennzahlen, Controlling und Informationssysteme werden gleichzeitig immer relevanter.

Ein Wandel findet auch im Personalbereich statt. In den letzten Jahren hat sich das Angebot an Vertriebspositionen deutlich erhöht. Gute Verkäufer sind rar gesät und diese sind sich ihrer starken Verhandlungsposition durchaus bewusst. Daher müssen neue Talente gefunden und professionell in das Team integriert werden. Daraus ergeben sich neue Anforderungen an die Führung. Es ist nicht einfach, den Spagat zwischen internen Zielen, vorhandenen Ressourcen und den unterschiedlichen Bedürfnissen und Wünschen der Verkäufer zu schaffen. Auf dieser Basis schlagen wir vor, dass Vertriebsleiter das folgende Profil haben (Tab. 5.2).

Tab. 5.2 Das Profil eines Vertriebsleiters

Vertriebsleiter		
Profil	- Ist glaubwürdig - Hat eine starke Vision für die Zukunft - Kommuniziert souverän, inspiriert andere und bezieht sie in seine Vision ein - Hat Klarheit darüber, was er erreichen will - Vermittelt dem gesamten Team eine „Sieger"-Mentalität - Achtet auf Probleme bei der Teamentwicklung (und versucht, diese schnell zu beheben) - Fördert positive, informelle Interaktionen zwischen den Gruppenmitgliedern	
Dos	- Geht als Vorbild voran - Ist konsequent in seinen Entscheidungen	- Begründet seine Aussagen
Dont's	- Nur der beste Verkäufer wird gefördert (besser: Jemand, der auch andere Vertriebler führen kann) - Verliert das Vertrauen der Mitarbeiter	- Will keine Menschen führen und keine Verantwortung für andere übernehmen - Ist nachtragend

Vertriebsmitarbeiter

Jedes Unternehmen wird von seinen Kunden bezahlt. Und da sich die Zeiten ändern, erwarten diese nun im Allgemeinen einen höheren Wert zu niedrigeren Preisen und verlangen gleichzeitig einen besseren Service. Das hat zur Folge, dass die Vertriebler von gestern, die sich durch eine klare Produktorientierung und geradlinige, manchmal gar manipulative, Verkaufstechniken auszeichneten und wenig Interesse daran hatten, die Probleme der Kunden zu verstehen, tatsächlich aus der Zeit gefallen sind. Da die Verkäufer mit vielfältigen und anspruchsvollen Kunden konfrontiert sind, deren Erwartungen ständig steigen, müssen die *Vertriebsmitarbeiter* von heute Interessenten und Kunden wie ein Beziehungsmanager oder vertrauenswürdiger Berater betreuen.

Die heutigen Vertriebsmitarbeiter zeichnen sich durch ihre Kundenorientierung aus. Sie hören zu, kommunizieren überzeugend mit Interessenten und Kunden, betonen Vorteile und Service und versuchen gezielt Probleme zu lösen. Ihr Ziel ist es, neue Kunden zu gewinnen und langfristige, für beide Seiten vorteilhafte Beziehungen zu bestehenden Kunden aufzubauen. Daher müssen sie sich ständig mit den Kundenerwartungen, den Unternehmenszielen und den Veränderungen im Marktumfeld auseinandersetzen. Tab. 5.3 zeigt das Profil eines guten Vertriebsmitarbeiters.

Key Account Manager (KAM)

Key Account Manager (KAM) werden den wichtigsten Kunden des Unternehmens, den Großkunden, zugewiesen. Diese Unternehmen erhalten eine „Vorzugsbehandlung" aufgrund ihres beeindruckenden Umsatzes mit dem Unternehmen oder aufgrund ihres (Cross-Selling-)Potenzials. Die Key Account Manager gehören also oft zu einer kleinen „Elite-Einheit" und beeinflussen mit ihrem Handeln massiv die Ergebnisse des Unternehmens.

Sie betreuen in der Regel nur eine sehr kleine Anzahl von Kunden mit hoher Intensität. Ihre Aufgabe ist es, spezielle produkt- oder regionen-übergreifende Strategien und Zukunftsprojekte für ihre Kunden zu entwickeln. Diese Aktivitäten finden

Tab. 5.3 Das Profil eines Vertriebsmitarbeiters

Vertriebsmitarbeiter		
Profil	- Ist aktiv an der gezielten Kaltakquise von potenziellen Kunden beteiligt - Nimmt selbstständig Kontakt mit Entscheidungsträgern auf - Hat regelmäßig persönlichen Kontakt mit diesen Entscheidern - Kennt seine überzeugenden „Aufhänger" (Welchen Vorteil hat der Kunde davon?) - Ist einfühlsam und stark in der Analyse von Kundenbedürfnissen (Schmerzpunkte!) - Findet logische Erweiterungen des Leistungsportfolios	
Dos	- Ist immer einen Schritt voraus	- Kommuniziert gute Geschäftsbeziehungen: Benutzt Referenzen
Dont's	- Hat eine negative Denkweise (Mindset) - Ist hauptsächlich reaktiv	- Ist nicht vorbereitet und unstrukturiert

in der Regel mehrmals pro Woche oder Monat statt und gehen weit über die regulären Verkaufsaktivitäten hinaus. KAM sind die zentrale Anlaufstelle und versuchen, die Geschäftspolitik mittels „one face to the customer" voranzutreiben. Sie tragen daher eine große kaufmännische Verantwortung.

Key Account Manager benötigen ein deutlich breiteres Spektrum an Kompetenzen als der Rest des Vertriebsteams, da große Kunden, mit vielen Standorten und Geschäftsbereichen, anspruchsvollere Verkaufsargumente und vielfältigere Tätigkeiten erfordern als kleinere Kunden. Ihr Tagesgeschäft umfasst den Umgang mit Gremien und sogenannte „Elefantenrunden", d. h. Termine mit den wichtigsten Mitarbeitern auf Kundenseite, den Aufbau großvolumiger Partnerschaften, die gezielte Ansprache der Top-Entscheider (C-Level), die strategische Entwicklung und Durchdringung der Schlüsselkunden und den Aufbau strategischer Partnerschaften. Ein abgeleitetes KAM-Profil findet sich in Tab. 5.4.

Service und Back Office-Mitarbeiter
Ein Unternehmen kann hervorragende Vertriebler und KAM beschäftigen, aber dieses Team wird nie zu 100 % erfolgreich sein, wenn das Back Office nicht gut funktioniert. Das Serviceteam erwirtschaftet zwar keine direkten Einnahmen für das Unternehmen, leistet aber eine enorm wichtige Unterstützungs- und Verwaltungsarbeit. Es sorgt dafür, dass im Hintergrund alles reibungslos abläuft, sei es bei der Vorbereitung von Dokumenten und Verträgen oder bei der Bearbeitung von Kundenanfragen oder Beschwerden.

Im Back Office werden eine Reihe von Schlüsselqualifikationen benötigt. Die Mitarbeiter des Innendienstes zeichnen sich durch gute Kommunikationsfähigkeit am Telefon, hohes Einfühlungsvermögen und einem echten Interesse an den Menschen aus. Außerdem besitzen Sie ein hohes Engagement für ihren Servicebereich. Ein Profil ist in Tab. 5.5 dargestellt.

Tab. 5.4 Das Profil eines Key Account Managers (KAM)

Key Account Manager (KAM)		
Profil	- Ist sehr ehrgeizig und zielorientiert - Ist in der Lage, komplexe Sachverhalte zu bearbeiten - Liebt „BIG BUSINESS" - Bleibt unter Druck ruhig - Ergreift die Chancen auf kompetente Weise (und hat eine hohe „Trefferquote") - Ist beharrlich und denkt mittel- bis langfristig - Kommuniziert klar und ist in der Lage, ein unterstützendes Team zu führen - Dokumentiert gut seine Arbeitsschritte	
Dos	- Hat eine überzeugende Einstellung - Souveräner Umgang mit Gruppen von Entscheidungsträgern (Ausschüsse/Gremien)	- Ist stark in Abschlusstechniken - Preisstabilität
Dont's	- Verspricht zu viel - Gewährung von Rabatten ohne Grund und Gegenleistung	- Wirkt arrogant

Tab. 5.5   Das Profil des Service und Back Office

Service und Back Office		
Profil	- Sorgt dafür, dass alles zu 100 % im Hintergrund funktioniert - Arbeitet Hand in Hand mit dem Außendienst - Bereitet Dokumente, Verträge und vieles mehr vor - Bearbeitung von Kundenanfragen und -beschwerden am Telefon - Kontinuierliche Verbesserung der Dienstleistungen - Ist flexibel und hat Spaß an täglichen Routinen - Bewältigung hoher Arbeitsbelastungen (da sie oft einen klassischen Engpass darstellen können)	
Dos	- Ruft jeden Anrufer umgehend zurück und - Beantwortet jede Mail – schnell (!)	- Kennt die wichtigsten Verkaufsargumente - IT-affin
Dont's	- Antwortet nur per E-Mail (besser: ruft den Kunden zurück, anstatt nur schriftlich zu kommunizieren)	- Ist unfreundlich, unzuverlässig, … - Vorenthaltung von Informationen gegenüber Kunden und Vertriebsmitarbeitern

5.3.2   Schlüsselfaktoren für erfolgreiche Teamarbeit

Die Bedeutung von Teamarbeit im Vertrieb nimmt zu; selbst virtuelle Teams sind keine Seltenheit mehr. Teamarbeit bedeutet aber auch neue Herausforderungen, sowohl für den Leiter wie auch für die Mitglieder. Anhand der folgenden Schlüsselfaktoren können Vertriebsleiter erkennen, worauf es bei der Teamarbeit wirklich ankommt. Je erfolgreicher das Vertriebsteam ist, desto besser:

- *Führungsqualitäten*: Das Team braucht jemanden, der eine klare Richtung vorgibt. Jemanden, der die Hauptverantwortung trägt, Anleitung gibt, Fragen beantwortet und so weiter. Auf die Führung wird in Abschn. 6.1 noch näher eingegangen.
- *Ziele*: Ein erfolgreiches Team braucht klare Ziele. Es kann nur dann selbstständig arbeiten, wenn alle Mitglieder wissen, was konkret erreicht werden soll. Klare Ziele vermeiden Missverständnisse und geben Orientierung. Die Zielsetzung wird in Abschn. 6.4.3 behandelt.
- *Aufgaben*: Mindestens ebenso wichtig wie klare Ziele sind klare Aufgaben. Erfolgreiche Teamarbeit setzt gute Strukturen voraus. Es empfiehlt sich, dass der Teamleiter klärt, wer welche Aufgaben übernimmt. Er sollte auch dafür sorgen, dass jeder genau weiß, was seine Aufgaben sind und welche Erwartungen damit verbunden sind. Idealerweise sorgt die Führungskraft auch dafür, dass alle Teammitglieder wissen, wie die eigene Arbeit, mit der der anderen Kollegen zusammenhängt, um effektiver und effizienter koordinieren zu können.
- *Verantwortung*: Wenn jedes Teammitglied für die Erfüllung seiner Aufgaben verantwortlich ist, um das gemeinsame Ziel zu erreichen, sollte es daher in der Lage sein, die nötigen Entscheidungen zu treffen. Nur so kann die Person nach bestem Wissen und Gewissen handeln. Daher sollte der Teamleiter nicht nur dafür sorgen, dass jeder weiß, was er zu tun hat, sondern auch den Entscheidungsspiel-

raum der Mitglieder festlegen. Jedes Teammitglied sollte genau wissen, wie weit seine Entscheidungsbefugnis und Verantwortung reicht.

- *Kommunikation*: Ohne Kommunikation gibt es keine Teamarbeit. Egal, wie gut jeder seine eigenen Aufgaben und Ziele erfüllt, das Team ist als Ganzes für seine Ergebnisse verantwortlich. Daher muss der Vertriebsleiter die Kommunikation innerhalb des Teams fördern. Zum Beispiel, indem er (1) *regelmäßige* Treffen organisiert, um Probleme und Fortschritte zu besprechen (ohne endlos zu diskutieren!), (2) eine positive Atmosphäre fördert und (3) Missverständnisse und Konflikte so schnell wie möglich aktiv ausräumt.
- *Teamgeist*: Nichts ist mehr für den Erfolg eines Teams verantwortlich als ein gutes, vertrauensvolles Arbeitsumfeld, gegenseitige Hilfe und Unterstützung. Der Zusammenhalt eines Teams ist daher entscheidend. Es ist hilfreich, wenn die Teammitglieder eine positive Einstellung zueinander haben, damit sich – zusätzlich zur bestehenden Unternehmenskultur – eine echte Teamkultur entwickeln kann. Gemeinsame Werte wie Engagement, Rücksichtnahme, Höflichkeit, Geben und Nehmen, Offenheit und Hilfsbereitschaft sollten Teil des Selbstverständnisses des Teams sein. Gerade dies hilft oft, um organisatorische Schwächen abzumildern oder zu beheben.

Literatur

Anderson, R. E., Dubinsky, A. J., & Mehta, R. (1999). Sales managers: Marketing's best example of the Peter principle? *Business Horizons, 42*(1), 19–26.

DeCarlo, T. E., & Lam, S. K. (2016). Identifying effective hunters and farmers in the salesforce: a dispositional-situational framework. *Journal of the Academy of Marketing Science, 44*(4), 415–439.

Deeter-Schmelz, D. R., Goebel, D. J., & Kennedy, K. N. (2008). What are the characteristics of an effective sales manager? An exploratory study comparing salesperson and sales manager perspectives. *Journal of Personnel Selling and Sales Management, 28*(1), 7–20.

Hair, J. F., Anderson, R. E., Mehta, R., & Babin, B. J. (2010). *Sales management. Building customer relationships and partnerships*. South Western Cengage Learning.

Marshall, G. W., Goebel, D. J., & Moncrief, W. C. (2003). Hiring for success at the buyer-seller interface. *Journal of Business Research, 56*(4), 247–255.

McBane, D. (1995). Empathy and the salesperson: A multidimensional perspective. *Psychology and Marketing, 12*(4), 349–371.

Pilling, B. K., & Eroglu, S. (1994). An empirical examination of the impact of salesperson empathy and professionalism and salability on retail buyers' evaluations. *Journal of Personal Selling and Sales Management, 14*(1), 55–58.

Rozell, E. J., Pettijohn, C. E., & Parker, R. S. (2006). Emotional intelligence and dispositional affectivity as predictors of performance in salespeople. *Journal of Marketing Theory and Practice, 14*(2), 113–124.

Tracy, B. (2015). *Sales management*. American Management Association.

WeltN24. (2013). Mit diesem Team formt Guardiola die neuen Bayern. https://www.welt.de/sport/fussball/bundesliga/fc-bayern-muenchen/article117291152/Mit-diesem-Team-formt-Guardiola-die-neuen-Bayern.html. Zugegriffen am 10.01.2017.

Das Vertriebsmanagement

Nachdem ein klarer Vertriebsprozess definiert ist, die Bedeutung einer geeigneten Organisationsstruktur erörtert und die Teamkomponenten vorgestellt wurden, ist dies nun das letzte Kapitel. Der Showdown, der bedeutet: Alle vorgestellten Zutaten zu mischen – was im Tagesgeschäft das Verbinden vermeintlich gegensätzlicher Aktivitäten sein kann – und sie in einen ganzheitlichen Ansatz zu verwandeln, um maximalen Output zu erzielen. Um ein anderes Bild zu verwenden: Das Unternehmen kontinuierlich auf „Umsatz-Kurs" zu steuern, ist wie ein Schiff zu navigieren bei stürmischem Wetter.

Führung und allgemeines Management sind sehr beliebte Themen. Weitaus weniger beachtet wird das spezifischere „Vertriebsmanagement". Wie in den folgenden Abschnitten zu sehen ist, handelt es sich bei diesem Themenkomplex jedoch nicht um eine einfache Mischung aus Verkaufs- und Managementaufgaben.

Daneben: Was in der Literatur ebenfalls kaum thematisiert wird, sind, aus unserer Sicht, die Rahmenbedingungen und Leitlinien, auf die sich das Vertriebsmanagement bezieht. In einem klassischen Organisationsansatz handelt das (Top-)Management nach der Unternehmensvision. Aus dieser Logik heraus sollte sich das Vertriebsmanagement an der Vertriebsvision oder zumindest an einem vertriebsorientierten „Spin-off" der Unternehmensvision orientieren (siehe Abschn. 4.4 zur vertriebsorientierten Organisation – einschließlich der Ethik). Diese generelle Orientierung fehlt im Tagesgeschäft meist. Viele Unternehmen stehen heute an dieser Stelle auf „Terra incognita" und installieren lediglich einzelne Kennzahlen. Aber nur den Umsatz, die Marge oder xyz (hier fügen Sie bitte Ihre wichtigste KPI ein) um x % zu steigern ist keine dedizierte Vertriebsvision, sondern eher ein fragmentiertes Ziel und ein kurzfristiger Denkansatz.

Jede Aufgabe für sich, sie werden in den folgenden Abschnitten beschrieben, ist recht gut zu bewältigen. Einen Elfmeter im Training ohne Zuschauer zu schießen, ist etwas ganz anderes, als dasselbe vor 29.546 Zuschauern in einem wichtigen Pokalspiel mit gleichzeitiger Live-Übertragung im Fernsehen zu tun. Vergleichbares gilt für das Vertriebsmanagement. Wenn die Erfolgsbilanz der letzten Quartale

S. Hase, C. Busch, *Die Quintessenz des Vertriebs*,
https://doi.org/10.1007/978-3-031-43138-8_6

schlecht ist, die Motivation des Teams gering ist und die allgemeinen wirtschaftlichen Rahmenbedingungen rau sind, dann macht das jede einzelne Aktion viel schwieriger. In einem solchen Rahmen wird es zum Beispiel deutlich anspruchsvoller, ein Gespräch mit einem Low-Performer zu führen.

Schauen wir uns einmal genauer an, wie man ein vertriebszentriertes Unternehmen führt.

6.1 Ein erfolgreiches Vertriebsteam leiten

Menschen zu führen und ein Team zu leiten mag immer gleich erscheinen, ganz egal, welchen Hintergrund und Beruf die unterstellten Mitarbeiter haben. Tatsächlich aber ist die Leitung eines Vertriebsteams etwas anderes als das Führen einer Marketingabteilung. Es ist wie das Coaching einer Fußball- oder einer Basketballmannschaft. Wir sprechen hier über den Verkauf auf professioneller Ebene, und da gilt: Auf die Details kommt es an.

Jetzt gehen wir noch einen Schritt weiter: Die Leitung eines *erfolgreichen* Vertriebsteams. Je ehrgeiziger das Sportteam und der Verein sind, desto qualifizierter muss die Führungskraft sein. Das Führen eines Vereins in einer unteren Liga ist etwas anderes als die Führung der Nationalmannschaft. Mehr Menschen mit ausgeprägten Egos, mehr Erwartungen und mehr (Spieler-)Potenzial, was auch deutlich mehr Frustration bedeutet, wenn es nicht nach dem ambitionierten Plan läuft. Wenn man also die Messlatte höher legt, ist es klar: Ein erfolgreiches Vertriebsteam zu leiten ist wie im Fußball einen Champions-League-Club zu trainieren. Und das ist in der Tat ein sehr interessanter Job.

6.1.1 Zentrale Führungsprinzipien

Es gibt viele Theorien darüber, wie Führungskräfte ihre Untergebenen beeinflussen, darunter die Eigenschaftstheorie, die Verhaltenstheorie und die Kontingenztheorie der Führung. Während sich die Eigenschafts- und Verhaltenstheorien in erster Linie auf die Führungskraft konzentrieren, legen die kontingenten Führungstheorien den Schwerpunkt auf die Wechselwirkungen zwischen der Führungskraft, den Untergebenen und den situationsspezifischen Bedingungen. In Abgrenzung zu diesen theoretischen Überlegungen möchten wir einen eher praxisorientierten Ansatz vorschlagen. Genauer gesagt, folgen wir in den folgenden beiden Kapiteln dem pragmatischen Ansatz von Fredmund Malik, der als einer der international anerkannten Experten für die Praxis des Managements gilt.

Malik (2010, S. 80) stellt fest, dass Prinzipien zentral sind und dabei „der Kern der Effektivität von Führungskräften" und „die Essenz jeder tragfähigen Unternehmenskultur" sind. Er hat sechs Prinzipien effektiver Führung definiert, die die Grundlage für Professionalität im Management bilden (siehe Abb. 6.1 für einen Überblick). Diese bestimmen, wie (Vertriebs-)Führungsaufgaben wahrgenommen werden sollten. Wir stimmen mit ihm überein und schlagen vor, dass Vertriebsleiter

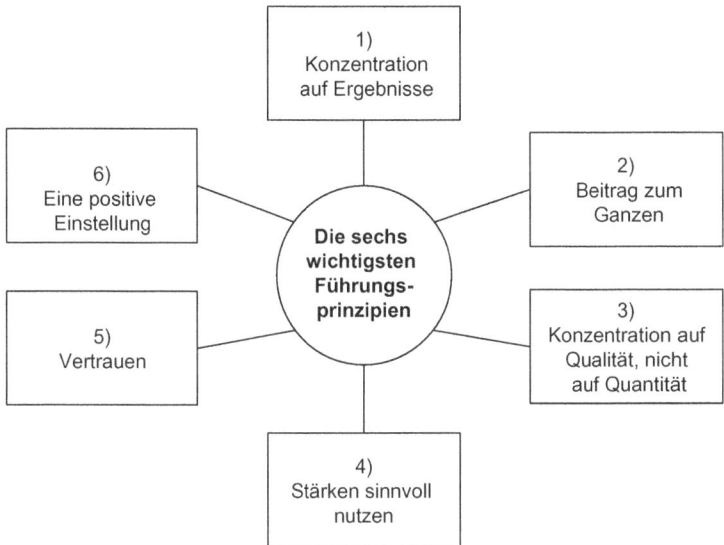

Abb. 6.1 Die sechs wichtigsten Führungsprinzipien

ihr Handeln von Maliks (2006) Schlüsselprinzipien leiten lassen, unabhängig von
den Persönlichkeitsmerkmalen oder dem Charakter der Führungskraft:

1) *Konzentration auf Ergebnisse*: Das Denken und Handeln von kompetenten Vertriebsleitern und Managern ist ergebnisorientiert. Schließlich sind Ergebnisse
   die entscheidende Beurteilungsgröße für Führungskräfte und ihre Wirksamkeit,
   gerade in Vertriebsorganisationen. Daraus folgt, dass Vertriebsleiter ihre Mitarbeiter in erster Linie bei der Zielerreichung unterstützen. Das bedeutet auch,
   dass Führungskräfte im Vertrieb Aufgaben wahrnehmen müssen, die keinen
   „Spaß" machen. So müssen auch regelmäßig Entscheidungen getroffen werden,
   die unangenehm sind.
2) *Beitrag zum Ganzen*: Natürlich müssen die erzielten Ergebnisse mit dem Zweck
   der Organisation im Einklang stehen. Je mehr Spezialisierung und je größer die
   Arbeitsteilung, desto größer ist die Gefahr, dass die Mitarbeiter das Gefühl für
   diesen Zweck verlieren. Aus diesem Grund müssen sich die Vertriebsleiter und
   Manager über ihren wesentlichen Beitrag zum Ganzen im Klaren sein. Im Ein-
   klang mit den obigen Ausführungen schlagen wir vor, dass die Verantwortlichen
   die folgenden Fragen beantworten:
   • Was sind die Geschäftsziele meiner Abteilung/meines Teams?
   • Was sind die fünf Haupttätigkeiten meines Teams?
   • Welche Entwicklungspotenziale hat mein Team?
   • Welchen Beitrag leistet mein Team bzw. leiste ich selbst zum Ganzen?
   • Wer profitiert von dem, was mein Team tut (z. B. Kunden, Abteilungen,
     Mitarbeiter)?

3) *Konzentration auf Qualität, nicht auf Quantität*: Wie die Redewendung sagt: „Weniger ist mehr"! Manager erledigen oft zu viele Aufgaben und Projekte gleichzeitig. Doch nur durch Konzentration und Fokussierung auf wenige, sorgfältig ausgewählte Schwerpunkte können sie echte Wirkung und Erfolg erzielen. Und genau das ist die Aufgabe einer Organisation: Sie wurde gegründet, um ein gemeinsames Ziel oder eine Reihe von Zielen zu erreichen. Es geht also darum, Leistung zu erbringen und Ergebnisse zu erzielen.

Nach diesen Ausführungen schlagen wir vor, dass sich Vertriebsleiter die folgenden Fragen stellen:
- Was möchte ich in den nächsten x Monaten vor allem erreichen?
- Was sind meine drei Schwerpunkte für die nächsten x Monate?
- Was sind meine wichtigsten operativen Aufgaben?
- Wie kann ich genügend Kapazität für eine effektive Führung erreichen?
- Wie organisiere ich meine Arbeit zielgerichtet und effektiv?

4) *Stärken sinnvoll nutzen*: Führungskräfte konzentrieren sich oft auf die Schwächen ihrer Mitarbeiter, anstatt sich auf deren Stärken zu fokussieren. Leistung ist aber nur in dem Maße zu erwarten, wie die Gestaltung der Aufgaben es den Mitarbeitern erlaubt, ihren Beitrag genau dort zu leisten, wo sie ihre natürlichen Talente und Stärken besitzen.

Aus unserer Erfahrung heraus empfehlen wir Vertriebsleitern, sowohl die Stärken als auch die Potenziale ihres Teams und aller einzelnen Mitglieder zu identifizieren:
- Welche individuellen Stärken hat jeder Mitarbeiter?
- Werden diese Kräfte entsprechend im Tagesgeschäft eingesetzt?
- Welche Möglichkeiten gibt es, dass das Unternehmen die Stärken noch mehr nutzen kann?
- Was sind die Potenziale der Mitarbeiter? Wer kann anders eingesetzt werden?
- Welche zentralen Schwachstellen müssen beseitigt werden?

5) *Vertrauen*: Wenn es den Vertriebsleitern und -managern gelingt, vertrauensvolle Beziehungen aufzubauen und aufrechtzuerhalten, dann ist ihre Autorität solide und zuverlässig. Wenn Vertrauen aufgebaut wurde, kann es Fehler abfedern. Sowohl der Vertriebsleiter als auch die Mitarbeiter wissen, dass sie sich auf den anderen verlassen können. Malik (2006) führt wirksame Regeln für den Aufbau von Vertrauen auf:
- Von außen und von oben nach unten betrachtet, sind Fehler des Mitarbeiters Fehler der Führungskraft. Bei der Betrachtung von innen müssen Fehler durch konstruktives Feedback und Strafen (falls erforderlich) behoben werden.
- Fehler des Managements sind ausnahmslos Fehler des Vertriebsleiters.
- Die Erfolge eines Mitarbeiters gehören dem Mitarbeiter. Führungskräfte schmücken sich nicht mit fremden Federn.
- Erfolge des Managers sind Erfolge des Teams, wenn sie gute Manager sind. Anstatt die Leistung für sich selbst zu beanspruchen, sagen sie: „*Wir* haben es geschafft."

6) *Eine positive Einstellung*: Gute Manager denken positiv und konstruktiv. Sie geben immer ihr Bestes und beschweren sich nicht darüber, *wie* es ist. Sie wissen, dass eine negative Einstellung ihrem Erfolg im Wege steht. Anstatt ihre Aufmerksamkeit auf das Problem zu richten, suchen sie gezielt nach den Chancen und Möglichkeiten, die dahinterstecken. Natürlich ist diese Sichtweise nicht immer einfach, aber die Wahrscheinlichkeit, so eine Lösung für das anstehende Problem zu finden, ist wesentlich höher. Allein diese positive Einstellung ist also ein Wettbewerbsvorteil.

6.1.2 Schlüsselaufgaben der Führung

Wir werden uns nun die verschiedenen Führungsaufgaben von Vertriebsleitern genauer ansehen. In Übereinstimmung mit Malik (2006) schlagen wir vor, dass sich Vertriebsleiter und -manager auf fünf Aufgaben konzentrieren müssen, um in ihrer Rolle effektiv zu sein:

1) *Ziele verwalten*: Die erste Aufgabe eines effektiven Managements besteht darin, dafür zu sorgen, dass Ziele gesetzt werden. Es müssen die richtigen Ziele sein, und sie müssen klar sein. Ein Management by Objectives (MBO) Programm kann in dieser Phase von unschätzbarem Wert sein. Dabei vereinbaren der Vertriebsleiter und der Vertriebsmitarbeiter gemeinsam die spezifischen Ziele oder Leistungsvorgaben des Mitarbeiters für den kommenden Zeitraum. Der MBO-Zyklus wird in Abschn. 6.4.3 behandelt. Ziele sind das zentrale Mittel zur Ausrichtung der Organisation. Sie üben auch einen entscheidenden Einfluss auf die Effektivität der Mitarbeiter aus – Ziele ermöglichen es uns, allem, was wir tun, Sinn und Zweck zu verleihen (Tracy, 2010).

   Zu den Fragen, die sich Vertriebsleiter stellen müssen, gehören unserer Ansicht nach:
   • Was sind die konkreten Ziele für mein Team und für jeden einzelnen Mitarbeiter?
   • Wie kann ich die Ziele überzeugend vermitteln?
   • Wie kann ich die Arbeitsprozesse unterstützen?
   • Was sind die derzeitigen „Engpässe" und „Hürden" bei der Erreichung der Ziele?

2) *Organisieren*: Die Führungskräfte müssen sicherstellen, dass die Mitarbeiter an dem Thema arbeiten, für das der Kunde sie bezahlt. Das gesamte Unternehmen, nicht nur die Vertriebsabteilung, muss so aufgebaut sein, dass alle Mitarbeiter ihre Fähigkeiten in das Ganze einbringen können.

   Wir schlagen vor, dass sich die Vertriebsleiter diese Frage stellen:
   • Hat jeder Mitarbeiter eine klar definierte Aufgabe?
   • Versteht jeder Mitarbeiter die Erwartungen des Managements?
   • Sind die Arbeitsabläufe explizit auf die Erreichung von Zielen ausgerichtet?
   • Gibt es Regeln für die Zusammenarbeit (inter- und intrafunktional)?

3) *Entscheidungsfindung*: Die Entscheidungsfindung ist das Kernstück der Führung. Dies ist die kritischste Managementaufgabe, „die Aufgabe, die die Führungskraft ausmacht oder zerstört" (Malik, 2006, S. 180, eigene Übersetzung).
Der Entscheidungsprozess umfasst nicht nur die genaue Spezifizierung des Problems, sondern auch die Ausarbeitung von Alternativen, die Analyse der Risiken, Folgen und Randbedingungen jeder Alternative und die endgültige Entscheidung. Effektive Manager setzen ihre Entscheidungen um und legen großen
Wert auf die Nachbereitung und Weiterverfolgung. Dadurch wird sichergestellt,
dass die wichtigen Dinge auch wirklich getan werden (Malik, 2011). In diesem
Zusammenhang empfehlen wir den Vertriebsleitern, sich die folgenden Fragen
zu stellen:
- Wer trifft die Entscheidungen auf welcher Ebene?
- Wie werden die Entscheidungen kommuniziert?
- Wer trifft die Entscheidungen für die einzelnen Schnittstellen?
- Wie konsequent werden die Entscheidungen umgesetzt?
4) *Beaufsichtigen*: Die Arbeit eines jeden Verkäufers muss gemessen und kontrol-
liert werden, damit die gewünschte Leistung erbracht werden kann. Wo eine
Messung nicht möglich ist, müssen die Beiträge bewertet und beurteilt werden.

Zu den Fragen, die sich Vertriebsleiter in diesem Kontext stellen müssen, gehören unserer Ansicht nach:
- Wie oft sollten Leistungsbeurteilungen durchgeführt werden?
- Wie werden die Ergebnisse regelmäßig kontrolliert?
- Was geschieht, wenn die Ergebnisse hervorragend sind?
- Was geschieht, wenn die Ergebnisse nicht zufriedenstellend sind?
5) *Mitarbeiterentwicklung*: Die Mitarbeiter sind der wichtigste Teil eines Unternehmens. Daher ist es eine Hauptaufgabe des Vertriebsleiters, seine Vertriebsmitarbeiter zu entwickeln, sie zu kennen und gezielt dort einzusetzen, wo sie ihre
Stärken einbringen können und wo ihre Schwächen weniger wichtig sind (dazu
später mehr).

Unserer Erfahrung nach müssen sich die Vertriebsleiter unter anderem fol-
gende Fragen stellen:
- Wie fördere ich meine High und Low Performer?
- Welche herausfordernden Projekte kann ich Leistungsträgern anbieten?
- Was sind die Ursachen für eine geringe Leistung (siehe Abschn. 6.1.3 zur
  Analyse der Motivation)?
- Welche konkreten Konsequenzen haben leistungsschwache Arbeitnehmer zu
  erwarten?

Der Ansatz von Malik (2006) ist eine sehr aufgabenorientierte Beschreibung des
Managements. Er schlüsselt die Verantwortungsbereiche und Schritte auf und ist in
vielen europäischen Organisationen zum Standardansatz geworden. Auf dieser
Grundlage haben wir einen Beurteilungsbogen entwickelt, in dem Vertriebsleiter
und Manager reflektieren können, wie effektiv sie die fünf Führungsaufgaben erfüllt haben (Abb. 6.2).

BEWERTUNGSBLATT (Auszug)

Zentrale Führungsaufgaben – Andere oder sich selbst bewerten

Bitte bewerten Sie die Leistung der betreffenden Führungskraft:

	+	o	-	Kommentare
Ziele managen				
Kommuniziert Verhaltenserwartungen an die Mitarbeiter				
Handelt konsequent				
Erreicht Ziele auch unter schwierigen Bedingungen				
Einigt sich auf gemeinsame Ziele				
Organisieren				
Hat effektive Strukturen entwickelt				
Hat gutes Organisations- und Zeitmanagement				
Anpassung der Organisation an die Bedürfnisse der Kunden				
Überwacht Prozesse, Fortschritte und Ergebnisse				
Entscheidungsfindung				
Entwickelt Alternativen				
Dritte sind an der Entscheidungsfindung beteiligt				
Kommuniziert Entscheidungen konsequent				
Unterstützt die Umsetzung von Entscheidungen				
Führen				
Hat grundsätzlich eine vertrauensvolle Haltung gegenüber den Mitarbeitern				
Kommuniziert offen kritische Dinge				
Bewertung basiert auf den Ergebnissen				
Fördert konstruktives Feedback				
Zieht Konsequenzen aus Fehlverhalten/schlechter Leistung				
Mitarbeiter entwickeln				
Übergibt Mitarbeitern herausfordernde Aufgaben				
Fördert aktiv die Motivation der Mitarbeiter				
Arbeitet konsequent an den Stärken der Mitarbeiter				
Baut systematisch die Schwächen der Mitarbeiter ab				

Abb. 6.2 Beurteilungsbogen – Zentrale Führungsaufgaben (Auszug)

6.1.3 Aufbau und Entwicklung eines erfolgreichen Vertriebsteams

Führungskräfte beeinflussen die Motivation ihrer Mitarbeiter sowie deren Arbeitsziele und Rollenverständnis in entscheidender Weise. Insbesondere im Vertrieb kann es durch Unklarheiten zu erheblichen Produktivitätsproblemen kommen. Daraus folgt: Was sind die wichtigsten Verhaltensweisen der Führungskraft, um ein produktives Vertriebsteam zu formen? Viele Vertriebsleiter sind auf der Suche nach einer Antwort auf diese Frage. Daher wurde in den letzten drei Jahrzehnten viel über Führungstheorien geforscht. Einige der Möglichkeiten, Führung zu verstehen, umfassen individuelle Eigenschaften, Verhaltensweisen, Rollenbeziehungen und Interaktionsmuster (Yukl, 2006). Abgesehen von den vielen theoretischen Ansätzen möchten wir einen eher praktischen Ansatz vorschlagen. Der Prozess des Aufbaus und der Entwicklung eines erfolgreichen Vertriebsteams wird in Abb. 6.3 skizziert.

1) Analysieren Sie Ihr Vertriebsteam genau
Der erste Schritt bei der Entwicklung eines erfolgreichen Vertriebsteams besteht in der Analyse der bestehenden Arbeitsgruppe. Die Vertriebsleiter prüfen dabei jedes Teammitglied genau, um seine persönlichen Stärken und Entwicklungspotenziale (wir mögen den Begriff „Schwächen" nicht) in Bezug auf seine innere Einstellung, sein Wissen und seine Verkaufsfähigkeiten zu ermitteln. Eine gängige Typologie, die sich in der Praxis bewährt hat, beinhaltet drei Kompetenzbereiche:

- *Technische Kompetenz*: Technisches Wissen und spezifische Erfahrung, z. B. Unternehmenskenntnisse, Produkt- und Dienstleistungskenntnisse sowie Markt- und Kundenkenntnisse
- *Methodische Kompetenz*: Fähigkeit, durch gezieltes Vorgehen Lösungen zu finden, z. B. Gesprächsführung, Präsentationsfähigkeit
- *Soziale Kompetenz*: Fähigkeit zur Teamarbeit und zur produktiven Kommunikation, d. h. zum Kontakt mit Kunden und Interessenten; emotionale Fähigkeit; Selbstmotivation

Für die Bewertung können verschiedene Instrumente eingesetzt werden: Bei der *Feldbegleitung* – der effektivsten Methode – begleitet der Vertriebsleiter oder ein

| 1) Analysieren Sie Ihr Vertriebsteam genau | 2) Entwickeln Sie Ihre Vertriebsmitarbeiter kontinuierlich weiter | 3) Setzen Sie Ihre Vertriebsmitarbeiter entsprechend ihren Fähigkeiten und Fertigkeiten ein | 4) Entwickeln Sie ein erfolgreiches Team |

Abb. 6.3 Prozess zum Aufbau eines erfolgreichen Vertriebsteams

Trainer jeden Verkäufer im Außendienst. Der Mitarbeiter vereinbart in der Regel 2–3 Termine mit Kunden und/oder Interessenten oder führt eine bestimmte Anzahl von Anrufen innerhalb eines Tages durch. Zwischen den verschiedenen Aktivitäten analysieren beide die jeweilige Leistung. Auf diese Weise kann der Vertriebsleiter die persönlichen Stärken und Entwicklungspotenziale in Bezug auf die wesentlichen Fähigkeiten bewerten.

Alternativ, oder zusätzlich zur Begleitung vor Ort, können die Vertriebsleiter *strukturierte Interviews* mit jedem Mitarbeiter führen. Dieser Ansatz trägt nicht nur dazu bei, ein gutes Verständnis für die Kenntnisse und die Einstellung des Kollegen zum Vertrieb zu bekommen. Es kann auch entscheidend sein, um die wichtigsten Alleinstellungsmerkmale des Unternehmens und die wichtigsten Herausforderungen im Vertriebsprozess für die kommenden Monate oder Jahre zu verstehen. Zu den Interviewfragen können gehören:

- Was verbinden Sie alles mit dem Begriff „Kundengewinnung"?
- Wie gut kümmern Sie sich Ihrer Meinung nach um Ihre Kunden/Interessenten?
- Wie würden Sie das „Erfolgsgeheimnis" unseres Unternehmens (oder auch: Ihrer eigenen Person) in einem Satz zusammenfassen?
- Welche besonderen Wachstumschancen sehen Sie im nächsten Halbjahr?

Zur Analyse der Vertriebsmitarbeiter können Manager auch *Berichtssysteme* und *Leistungsbeurteilungen* verwenden, wie in Abschn. 6.4 beschrieben. Nachdem der Vertriebsleiter entschieden hat, welches Instrument er einsetzt, bewertet er jedes Teammitglied in schriftlicher Form, wie in Tab. 6.1 dargestellt.

Anwendungsfragen für Vertriebsleiter
1. *Auf einer Skala von 1 bis 10, wie gut kennen Sie Ihre Mitarbeiter?*
2. *Welche Instrumente werden Sie einsetzen, um sich ein (mehr) ganzheitliches Bild von jedem Teammitglied zu machen?*
3. *Was sind die Stärken und Entwicklungspotenziale des Teammitglieds?*

2) Entwickeln Sie Ihre Vertriebsmitarbeiter kontinuierlich weiter
Auf der Grundlage der Analyse entwickelt der Vertriebsleiter das Verkaufspersonal kontinuierlich weiter. Ein geschätzter Nebeneffekt dieser Maßnahme ist, dass die Übernahme einer anspruchsvolleren Aufgabe oft als Ehre und Zeichen der Anerken-

Tab. 6.1 Mitarbeiterbewertung – Mitarbeiter Nr. 1

Stärken	Entwicklungspotenziale
- Überzeugender Auftritt - Stark im Aufbau von emotionalen Bindungen zu neuen Kontakten - Sprachliche Fähigkeiten: „Sie-Ebene" und Kundenfokus - …	- Struktur in Kundengesprächen - Analyse der konkreten Kundenbedürfnisse (Schmerzpunkte) - Abschlusstechniken - …

nung angesehen wird. Typische Entwicklungsmaßnahmen in Vertriebsorganisationen sind u. a.:

- *Mentoring-Systeme*: Eine in der Praxis bewährte Methode zur Entwicklung von Vertriebsmitarbeitern und Führungskräften ist das Mentoring. Ein Mentor ist in der Regel eine ältere, erfahrenere Person, die systematisch dabei hilft, die Fähigkeiten eines Untergebenen oder Kollegen zu entwickeln. Mentoren bieten in der Regel karrierebezogene Unterstützung (z. B. Sponsoring, Coaching, anspruchsvolle Aufgaben) und psychosoziale Unterstützung (z. B. Freundschaft, Beratung, Vorbildfunktion) (Kram, 1985). Vertriebsleiter, aber auch leistungsstarke Vertriebsmitarbeiter, sind eine wichtige Quelle für die Entwicklung von Vertriebsmitarbeitern.
- *„Bordstein-Coaching"*: Eine andere Form, die in letzter Zeit bei Vertriebsleitern an Beliebtheit gewonnen hat, ist das „Bordstein-Coaching" (Hair et al., 2010). Der Vertriebsleiter oder ein externer Trainer begleitet den Mitarbeiter zu mehreren Kundenterminen. Auf dem Weg zum nächsten Termin gibt der Manager ein konstruktives Feedback und präzise Informationen, wie man es beim nächsten Mal besser machen kann. Möglicherweise möchte der Vertriebsleiter auch selbst die Führung beim nächsten Kundentermin übernehmen. Auf diese Weise kann der Verkäufer beobachten, wie seine Führungskraft das praktiziert, was er einfordert. Dies steht im Einklang mit Bandura (1986), der behauptet, dass Menschen lernen, was zu tun ist und wie sie sich verhalten sollen, indem sie Vorbilder beobachten und ihnen nacheifern.
- *Sonderaufgaben im eigenen Bereich des Teammitglieds*: Die Vertriebsleiter übertragen den Vertriebsmitarbeitern spezielle Projekte (z. B. die Einarbeitung neuer Kollegen; Entwicklung eines Vertriebsplans), die auf ihre Kenntnisse, Erfahrungen und interne Motivation abgestimmt sind. Auf diese Weise können die Vertriebsmitarbeiter ihre Stärken noch weiter ausbauen.
- *Vorübergehende Delegation von Verantwortlichkeiten*: Dahinter steht das Konzept der Befähigung, das sich auf die Übertragung von Entscheidungsbefugnissen und Verantwortung von Führungskräften auf Mitarbeiter der unteren Ebene konzentriert (Ford & Fottler, 1995). Die Delegation von Verantwortung an Vertriebsmitarbeiter hat zwei entscheidende Vorteile. Erstens ist die gute alte Ausrede „Ich soll nur das tun, was mein Vorgesetzter mir sagt und nichts anderes" nicht mehr haltbar. Zweitens kann das Empowerment dazu beitragen, die Selbstwirksamkeit zu verbessern und die Ohnmacht der Mitarbeiter zu lindern – insbesondere bei leistungsstarken Vertriebsmitarbeitern, die auf der Karriereleiter aufsteigen wollen.

Der Vertriebsleiter erstellt eine Liste möglicher Entwicklungsmaßnahmen für jeden Mitarbeiter. Bevor er den Aktionsplan mit dem Vertriebsmitarbeiter bespricht, ist es wichtig, sich Gedanken über die mögliche Reaktion des Kollegen auf die gesamte Maßnahme zu machen. Auf diese Weise kann der Vertriebsleiter auf naheliegende Ausreden, Bedenken, Ängste und Fragen angemessen reagieren. Darüber hinaus sollte der Vertriebsleiter entscheiden, wer an der Entwicklungsmaßnahme beteiligt ist. Dies kann der Vertriebsleiter selbst, ein interner oder externer Trainer oder andere Kollegen sein. High-Performer, die eine anspruchsvollere Aufgabe erhalten sollen, können zum Beispiel für die Entwicklung neuer oder unerfahrener Vertriebsmitarbeiter eingesetzt werden, Low-Performer durch Mentoring oder „Bordstein-

Tab. 6.2 Aktionsplan – Mitarbeiter Nr. 1

Was ist die entwicklungspolitische Maßnahme?	Was ist die mögliche Reaktion des Mitarbeiters?	Wer ist an der Maßnahme beteiligt?	Bis wann wird die Maßnahme durchgeführt?
Bordstein-Coaching: 2–3 Kundengespräche an einem Tag	Ablehnung und Angst Vorsichtig sein	Externer Trainer	tt/mm/jjjj
…	…	…	…

Coaching" Unterstützung erfahren. Schließlich sollte ein Termin für die Umsetzung festgelegt werden. In Tab. 6.2 ist ein Aktionsplan zusammengefasst, der die Grundlage für das Gespräch mit dem/den Untergebenen bildet.

Anwendungsfragen für Vertriebsleiter
1. *Welche konkreten Verbesserungsmöglichkeiten sehen Sie, um jeden Ihrer Mitarbeiter zu fördern?*
2. *Welche Möglichkeiten werden den Leistungsträgern geboten? Wie entwickeln Sie diese systematisch?*
3. *Was ist der beste Aktionsplan für jeden Mitarbeiter?*

3) Setzen Sie Ihre Vertriebsmitarbeiter entsprechend ihren Fähigkeiten und Fertigkeiten ein
Wie bereits erwähnt, konzentrieren sich Führungskräfte häufig auf die Schwächen ihrer Mitarbeiter und nicht auf deren Stärken. Leistung kann jedoch nur in dem Maße erwartet werden, wie die Gestaltung der Aufgaben es den Mitarbeitern ermöglicht, ihren Beitrag genau dort zu leisten, wo sie ihre natürlichen Talente und Stärken haben. Wenn dies der Fall ist, werden plötzlich Spitzenleistungen erzielt und die Probleme durch Demotivation verschwinden. Wir schlagen daher vor, dass Vertriebsleiter sowohl *die vorhandenen Stärken und Potenziale ihrer Teammitglieder nutzen*. Vertriebsmitarbeiter, die über ausgeprägte analytische Fähigkeiten und einen strukturierten Ansatz zur Problemlösung verfügen, sind möglicherweise sehr gut darin, Kundenbedürfnisse und Schmerzpunkte zu analysieren. Allerdings fehlen diesen Mitarbeitern möglicherweise einige der Schlüsselkompetenzen und -fähigkeiten wie Flexibilität und Überzeugungskraft, die für einen erfolgreichen Geschäftsabschluss erforderlich sind.

Aus diesem Grund wenden zahlreiche Unternehmen die *ABC-Analyse (Kundenanalyse)* an, bei der die Kunden eines Unternehmens in A-, B- und C-Kategorien eingeteilt werden. Die Gruppe A macht nur 20 % aller Kunden aus, erwirtschaftet aber 80 % des Umsatzes. Die Gruppen B und C sind für die restlichen 20 % des Umsatzes verantwortlich. Im Key Account Management ist die ABC-Analyse der am häufigsten angewandte Ansatz zur Auswahl von Schlüssel- oder Großkunden (Wengler et al., 2006). In diesem Fall besteht das Team aus leitenden Verkäufern, die auf den Umgang mit Großkunden spezialisiert sind, die anspruchsvollere Verkaufsargumente und andere Entscheidungsprozesse verlangen als kleinere Unternehmen. Das Spektrum der erforderlichen Verkaufskompetenzen ist daher größer

als bei den übrigen Vertriebsmitarbeitern, die mit kleineren Kunden zu tun haben
(Jobber & Lancaster, 2012).

Eine andere Möglichkeit ist der Einsatz von *Teamverkäufen*, bei denen Vertriebsmitarbeiter, Vertriebsleiter und sogar Ingenieure und Produktspezialisten zusammenarbeiten. Bei der Bildung effektiver Teams sind unter anderem folgende Fragen
zu beantworten: Wie können die Teammitglieder bei der Zusammenarbeit voneinander profitieren, z. B. bei gemeinsamen Kundentreffen, Präsentationen, Verhandlungen? Wie können andererseits die Kunden von dem Teamspiel profitieren? Darüber hinaus bietet der Teamverkauf eine Methode, um auf die kommerziellen, technischen und psychologischen Anforderungen großer Einkaufsorganisationen
einzugehen (Jobber & Lancaster, 2012).

Sich auf die Stärken der Mitarbeiter zu konzentrieren und diese zu nutzen, be-
deutet nicht, dass die Manager deren Schwächen ignorieren können. Das wäre naiv.
Führungskräfte im Vertrieb sollten daher die *Potenziale der Verkäufer managen, die*
zur Erfüllung der Aufgabe *notwendig sind.* Richtig, wir haben absichtlich „mana-
gen" gesagt und nicht „versuchen, die Schwächen des Verkäufers zu minimieren".
Der Grund dafür ist, dass jemand niemals dort erfolgreich sein wird, wo er seine
Schwächen hat oder diese beseitigt hat. Dieser Ansatz bringt eine Person nur auf das
Niveau der Mittelmäßigkeit.

Bei der Verwaltung des Potenzials eines Verkäufers ist es wichtig, sich die Frage
zu stellen, ob der Mitarbeiter sein Verhalten oder seine Verkaufstechnik ändern
muss. Und warum er dies tun soll. Es ist im Vergleich viel schwieriger, ein Verhal-
tensmuster oder eine Einstellung zum Verkauf zu ändern, als bestimmte Verkaufstechniken zu übernehmen. Wenn Vertriebsmitarbeiter z. B. Kaltakquise betreiben, um neue Kunden zu gewinnen, kämpfen sie möglicherweise mit negativen Gedanken oder inneren Blockaden, die sie daran hindern, die notwendigen Anrufe zu
tätigen. Dafür kann es viele Gründe geben, z. B. den Druck, die Ziele erreichen zu
müssen, oder negative Erfahrungen mit potenziellen Kunden (z. B. wenn sie zum
x-ten Mal ein harsches „Nein" hören).

In Anlehnung an Wimmer, Wimmer, Buchacher und Kamp (2012) schlagen wir
daher vor, eine *Motivationsanalyse* des betreffenden Verkäufers durchzuführen, die
aus vier Fragen besteht: Er oder sie …

- *Weiß es nicht*: Dann werden Information, Aufklärung und Unterstützung helfen.
- *Kann es nicht:* Unterstützung und Schulung sind hier die angemessene Reaktion.
  Kontinuierliche Lernkontrolle ist im Folgenden notwendig. Die ultima ratio ist,
  dem Verkäufer einen anderen Arbeitsplatz anzubieten oder in Zukunft getrennte
  Wege zu gehen.
- *Darf es nicht*: Nach der Analyse des Arbeitsprozesses nimmt der Vertriebsleiter
  Änderungen am Prozess vor. Hinweis: Gruppenstandards und Gruppendruck
  („Das machen wir immer so") können manchmal dazu führen, dass Menschen
  nicht so handeln, wie sie wollen. Dies erfordert dann Arbeit an der Grup-
  pendynamik.
- *Will es nicht*: Dies ist die häufigste Annahme. Wenn Führungskräfte glauben, dass
  dies der Fall ist, ist es wichtig, mit dem Verkäufer ein Motivationsgespräch zu führen

(siehe Abschn. 6.4.5 für eine Anleitung). Dazu gehören auch Fragen nach den Werten, um die Ursachen von Motivation und Demotivation zu klären. Eine enge Führung sowie die Androhung und Umsetzung von Konsequenzen sind dann notwendig.

Anwendungsfragen für Vertriebsleiter
1. *Wählen Sie einen Ihrer leistungsschwachen Mitarbeiter aus (hoffentlich ist es nur einer …).*
2. *Analysieren Sie kurz seine Motivation: Er (a) weiß es nicht, (b) kann es nicht, (c) darf es nicht, oder (d) will es nicht.*
3. *Was sind die nächsten Schritte, die zu tun sind?*

4) Entwickeln Sie ein erfolgreiches Team
Die Aufgabe des Vertriebsleiters besteht nicht nur darin, jeden einzelnen Vertriebsmitarbeiter entsprechend seiner Stärken und Potenziale zu fördern und einzusetzen, sondern auch ein erfolgreiches Team zu entwickeln. Der Begriff „gute Teamarbeit" kann sehr leicht zu einer leeren Phrase werden. Aus diesem Grund haben Francis und Young (2012) einen Fragebogen entwickelt, der 12 Teamfaktoren abfragt. Je nachdem, wie stark oder schwach jeder einzelne Faktor ist, gibt das Kriterium Hinweise auf mögliche Schwierigkeiten in der Teamarbeit. Die Analyse hilft Vertriebsleitern, gezielte Maßnahmen zur Förderung der Teamarbeit einzuleiten.

Daher möchten wir im Folgenden die Erfolgsfaktoren von Francis und Young (2012) mit Ihnen teilen:

1. *Effektive Teamführung*: Der Vertriebsleiter hat das Talent und die Bereitschaft, eng mit seinem Team zusammenzuarbeiten und nimmt sich Zeit für dessen Entwicklung.
2. *Qualifizierung*: Die Mitarbeiter sind für ihre Aufgabe qualifiziert und bringen ihre Fähigkeiten in das Team ein, so dass eine ausgewogene Mischung aus Talent und Persönlichkeit entsteht.
3. *Verbindlichkeit*: Die Teammitglieder identifizieren sich mit den Zielen und Absichten des Teams. Sie sind bereit, ihre Energie in die Entwicklung des Teams zu investieren und andere Mitglieder zu unterstützen.
4. *Positives Klima*: Alle fühlen sich im Team wohl. Sie können offen und direkt miteinander kommunizieren und arbeiten.
5. *Teamleistung*: Das Team kennt seine Ziele und hat beschlossen, dass diese erstrebenswert sind. Alle Mitglieder setzen ihre Energie ein, um die vorgegebenen Ergebnisse zu erzielen.
6. *Einschlägige Rolle im Unternehmen*: Das Team ist in den Gesamtplan eingebunden und hat eine klar definierte und sinnvolle Funktion innerhalb der Vertriebsorganisation.
7. *Effiziente Sitzungen*: Das Team hat praktische, systematische und effektive Wege gefunden, um Probleme gemeinsam zu lösen.
8. *Klare Rollenverteilung*: Klar definierte Rollen, ein guter Informationsfluss und administrative Unterstützung sind wesentliche Säulen des Teams.

9. *Positive Kritik*: Wenn über Fehler und Schwächen gesprochen wird, greifen die Teammitglieder einander nicht persönlich an.

10. *Persönliche Entwicklung*: Alle Teammitglieder sind bewusst auf der Suche nach neuen Erfahrungen und stellen ihre ganze Persönlichkeit in den Dienst des Teams.

11. *Kreativität des Teams*: Das Team ist in der Lage, durch Teamarbeit Ideen zu entwickeln, innovative Risiken zu fördern und neue Ansätze von innerhalb oder außerhalb der Gruppe wohlwollend zu akzeptieren und umzusetzen.

12. *Teamübergreifende Beziehungen*: Das Team hat Beziehungen zu anderen Einheiten aufgebaut, um eine offene und optimale Zusammenarbeit zu gewährleisten. Die Teams stehen in regelmäßigem Kontakt zueinander und vereinbaren gemeinsam Aufgaben und Prioritäten. Die Beziehungen zwischen den Teams sind von besonderer Bedeutung, wie wir in Abschn. 5.3 erörtert haben. Reibungslos funktionierende Schnittstellen bieten viele Vorteile, wie z. B. das Schaffen eines höheren Kundenwerts durch eine effiziente Koordinierung der Marketingaktivitäten.

6.2   Ausbildung und Entwicklung

Schulung ist heutzutage zweifellos ein zentrales Thema im Vertrieb. Die Frage ist nur, wo es innerhalb der Organisation angesiedelt werden soll, damit es maximale Ergebnisse erzielt. Einige mögen darauf verweisen, dass es ein Teilbereich der Teamführung ist. Da wir dies gesamtheitlich betrachten, unterstützen wir nachdrücklich den Gedanken, dass Aus- und Fortbildung ein Managementthema ist. Denn für die verkaufsorientierte Organisation, wie in Abschn. 4.4 besprochen, muss es direkt mit den Top-Entscheidungsträgern verbunden sein und „von oben nach unten" klar kommuniziert und durchgeführt werden.

Die Ausbildung betrifft, wie in den folgenden Abschnitten gezeigt wird, das gesamte Unternehmen. Sie vermittelt nicht nur dem technischen Support und dem Vertriebsteam die erforderlichen Kenntnisse und Fähigkeiten. Sie befähigt vielmehr die gesamte Belegschaft, Entscheidungen des Top-Managements in überzeugende Aktivitäten umzusetzen. Das fängt bei Einarbeitungsprogrammen an, die auch die Zielgruppe der „Vertriebsassistenten" mit einbeziehen (auf die im folgenden Abschnitt eingegangen wird), und umfasst Aspekte der Weiterbildung, der individuellen Entwicklung, der Führung sowie der Teambildung. Und sie reagiert – wenn sie professionell durchgeführt wird – wirkungsvoll auf relevante Ereignisse im Tagesgeschäft, die vor allem durch neue gesetzliche Rahmenbedingungen oder den Wettbewerb bedingt sind. Insofern ist Ausbildung unserer Ansicht nach ein wesentlicher Bestandteil des Vertriebsmanagements.

6.2.1   Bedeutung und Nutzen von Vertriebsschulungen

Das Entwickeln wirksamer Schulungsprogramme für den Vertrieb ist zu einem wichtigen Aspekt der Arbeit eines Vertriebsleiters geworden. Aufgrund den raschen Veränderungen in der Informationstechnologie sind die Kunden heute besser informiert als je zuvor. Sie werden stetig anspruchsvoller in Bezug auf Qualität und Service. Und sie entwickeln klare Vorstellungen davon, was sie zu investieren bereit sind und was sie gern vertraglich durchsetzen möchten.

Diese erhebliche Verschiebung des Machtgleichgewichts zwischen der Verkaufs- und der Einkaufsseite hat das Selbstvertrauen vieler Verkäufer in Mitleidenschaft gezogen. Außerdem wird der Verkäufer als Einzelkämpfer – wie in Kap. 5 beschrieben – aufgrund der zunehmenden Aufgaben, die er zu erfüllen hat, zunehmend überfordert. Dies kann noch schwieriger werden, wenn es nicht nur einen Entscheidungsträger auf Kundenseite gibt, sondern eine Gruppe von Personen. Infolgedessen müssen sich die Vertriebler weiterbilden und lernen, wie sie mit den aktuellen Gegebenheiten und neuen Anforderungen erfolgreich umgehen können, um wettbewerbsfähig zu bleiben.

Durch qualifiziertes *Vertriebstraining* entwickelt das Verkaufspersonal eine positive Einstellung zu seiner Tätigkeit („innere Einstellung", wie in Abschn. 5.2.2 erörtert) und erweitert seine Kenntnisse, Fähigkeiten und Verkaufstechniken. Vertriebstraining umfasst sowohl

- *Formelle Programme:* d. h. strukturierte Trainings oder Kurse, die auf Lern- und Geschäftsziele ausgerichtet sind,
- *Informelle Programme:* d. h. im Allgemeinen von den Lernenden gesteuert und auf Ad-hoc-Basis oder nach Bedarf durchgeführt,

die darauf ausgerichtet sind, dass die *Vertriebsmitarbeiter* die allgemeinen, langfristigen Ziele des Unternehmens erreichen.

Der Zweck der Vertriebsschulung sollte sich nicht nur auf die Entwicklung des Vertriebsteams, der klassischen „Frontlinie des Unternehmens", beschränken, sondern alle Mitarbeiter (einschließlich Innendienst, Verwaltung und technischem Personal) ansprechen. Sie zu „*Verkaufsassistenten*" zu machen, stellt sicher, dass die Kunden die benötigte Hilfe schnell und von freundlichen, gut ausgebildeten Mitarbeitern erhalten, die offen auftreten und sich der Bedeutung guter Kundenbeziehungen bewusst sind.

Vor allem die Mitarbeiter des technischen Kundendienstes sind die glaubwürdigste Visitenkarte des Unternehmens. Jeder Kunde fragt lieber einen Techniker als einen Verkäufer, wenn er eine Ersatz- oder Neuinvestition erwägt. Das einzige Problem mit den Technikern aus Unternehmenssicht ist ihre oft tendenziell negative Einstellung zum Vertrieb. Wenn es gelingt, die Techniker von der Notwendigkeit einer stärkeren Verkaufsorientierung zu überzeugen, (1) indem man ihnen zeigt, wie sie selbst davon profitieren, (2) indem man sie systematisch in der Gesprächsführung schult und (3) indem man die Verbindung zu den eigenen Verkäufern intensiviert und so den gegenseitigen Gedankenaustausch fördert, kann der kundenorientierte Ansatz ein sehr positives Echo finden. Und das wird deutlich helfen, zu entdecken, dass der Preis (zum Glück!) „nicht alles" ist.

Wenn Unternehmen im Vertrieb erfolgreich sein wollen, sollten sie der Aus- und Weiterbildung ihrer Mitarbeiter größte Bedeutung beimessen. Sowohl Topmanager als auch Vertriebsleiter müssen sich für Schulungsinitiativen engagieren und ausreichende Investitionen bewilligen. Außerdem sollten sie bedenken, dass einige positive Effekte von Schulungen nicht sofort eintreten. Es kann einige Zeit dauern, bis sie sich bemerkbar machen, aber mittelfristig lohnt es sich auf jeden Fall.

Der *Nutzen* von Verkaufstrainings ist immens und reicht von höheren Unternehmensgewinnen, gesteigerter Produktivität, bis hin zu verbesserter Arbeitsmoral und größerem Selbstvertrauen in die eigenen Fähigkeiten, um gute Verkaufsleistungen zu erbringen. Eine beispielhafte Auflistung der Vorteile findet sich in Tab. 6.3:

6.2.2 Entwicklung von Schulungsprogrammen für den Vertrieb

Unabhängig davon, ob Vertriebsleiter und Ausbilder gezielte Programme für die Erstausbildung oder die Weiterbildung konzipieren, müssen sie mehrere Planungsentscheidungen treffen. Der in Abb. 6.4 dargestellte Entwicklungsprozess für Vertriebstrainings umfasst die wichtigsten Entscheidungsbereiche.

1) Trainingsbedarfsanalyse durchführen
Der erste Schritt bei der Entwicklung eines Schulungsprogramms für den Vertrieb ist die Durchführung einer *Analyse* des *Schulungsbedarfs* der Vertriebsmitarbeiter. Die Vertriebsleiter sollten das Team überprüfen, um Lücken zwischen den derzeitigen Qualifikationen und den erforderlichen Kenntnissen und Fertigkeiten zu ermitteln. Die verschiedenen Profile werden in Abschn. 5.3.1 erörtert. Die Vertriebsleiter können dann gezielt maßgeschneiderte Schulungsprogramme entwickeln, die auf die Entwicklungsbedürfnisse der einzelnen Vertriebsmitarbeiter abgestimmt sind.

Tab. 6.3 Vorteile von Vertriebstrainings

Verbesserte Entwicklung von Fähigkeiten	Gesteigerte Selbstwirksamkeit
Verbessertes Leistungsniveau	Gesteigerte Verkaufszahlen
Geringere Mitarbeiterfluktuation	Verbesserte Kundenbeziehungen
Erhöhtes organisatorisches Engagement	Gesunkene Vertriebskosten
Erhöhte Arbeitszufriedenheit	Verbesserte Kontrolle des Außendienstes
Verbesserte Kundenorientierung	Bessere Nutzung der Zeit

Quellen: Attia et al. (2005), Krishnan et al. (2002), Pettijohn et al. (2007)

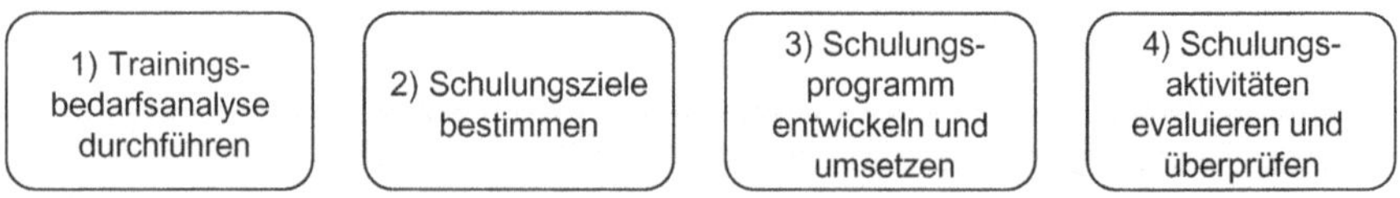

Abb. 6.4 Entwicklungsprozess der Vertriebsschulung

2) Schulungsziele bestimmen

Die spezifischen Ziele der Vertriebsschulung können von Unternehmen zu Unternehmen natürlich unterschiedlich sein. Was jedoch die allgemeinen Ziele betrifft, so besteht meist Übereinstimmung. Vertriebstrainings werden in der Regel aus einem oder mehreren der folgenden Gründe durchgeführt:

- *Verbesserung der Verkaufsfähigkeiten*: Es wird versucht, wichtige Fähigkeiten zu vermitteln und zu verbessern, um die Leistung im Außendienst zu steigern. Durch die Schulung werden das Know-how, die Fähigkeiten und die verschiedenen Verkaufstechniken der Vertriebsmitarbeiter verbessert.
- *Verbesserung der Moral*: Es wird angestrebt, das Selbstvertrauen zu stärken und die Bedeutung der Verkaufsfunktion für das Unternehmen zu verdeutlichen. Durch die Schulung entwickelt das Vertriebsteam eine positivere Einstellung zu seiner Arbeit und Motivation.
- *Geringere Mitarbeiterfluktuation*: Durch Vertriebsschulungen wird versucht, die Mitarbeiterbindung zu verbessern. Wenn ein Verkäufer kündigt, kann es sein, dass ein Kunde, der von dieser Person betreut wurde, sein Geschäft nun zu einem anderen Anbieter verlagert. Fluktuation ist kostspielig. Wenn ein Vertriebler ausscheidet, fallen Kosten für die Einstellung und Schulung eines neuen Teammitglieds an. Hinzu kommt ein potenzieller Umsatz- und Gewinnrückgang während des Übergangs- und Einarbeitungszeitraums.
- *Verbesserung der Kundenbeziehungen*: Es wird angestrebt, das Vertriebsteam in die Lage zu versetzen, die Bedürfnisse der Kunden zu erfüllen und Fragen, Einwände und Beschwerden der Kunden zu bearbeiten. Ziel ist es, die Beziehungen zu den Kunden zu verbessern und ihre Loyalität zu fördern.
- *Verbesserung der Teamarbeitsprozesse*: Es wird versucht, gute Teamplayer zu entwickeln. Vertriebsmitarbeiter sollten nicht nur die gewünschten Ergebnisse liefern. Sie sollen auch hinter ihren Kollegen und ihrem Team stehen, Spaß an der Tätigkeit haben, proaktiv kommunizieren und alle nötigen Mitarbeiter auf dem Laufenden halten (u. a.). Interaktive Gruppenarbeiten und Diskussionen, aber auch Erholungspausen ermöglichen es den Teilnehmern, sich besser kennen zu lernen und das Teamverhalten zu stärken.

3) Schulungsprogramm entwickeln und umsetzen

Es gibt im Allgemeinen zwei Arten von Programmen zur Vertriebsschulung. *Schulungsprogramme für neue Mitarbeiter* (auch „Onboarding" genannt) sind für gerade frisch eingestellte Vertriebsmitarbeiter konzipiert. Diese umfassenden Programme dauern in der Regel zwischen wenigen Wochen und mehreren Monaten. Ziel ist es, den neuen Mitarbeitern die grundlegenden Verkaufskonzepte sowie nötigen Kenntnisse über das Unternehmen, die Produkte, die Wettbewerber, die Märkte und die Zielkunden zu vermitteln.

Fortbildungsprogramme für den Vertrieb hingegen sind für erfahrene Vertriebler gedacht. Diese Programme sind in der Regel viel kürzer und intensiver und behandeln spezielle Themen. Bei der Entwicklung und Durchführung dieser Programme müssen mehrere Entscheidungen getroffen werden:

(A) *Inhalt bestimmen*: Was ist der konkrete Inhalt der Schulung?
(B) *Verantwortlichkeiten festlegen*: Wer wird das Verkaufspersonal schulen?
(C) *Schulungsmethoden auswählen*: Welche Methoden werden eingesetzt, um das Wissen effektiv zu vermitteln?
(D) *Teilnehmer vorbereiten*: Wie werden die Teilnehmer auf die Schulung vorbereitet?
(E) *Teilnehmer motivieren*: Wie werden die Teilnehmer zum Lernen motiviert?

Diese Fragen sollen im Folgenden beantwortet werden.

(A) Inhalt bestimmen
Je nach Kenntnis- und Fähigkeitsstand des Verkäufers sollten eines oder mehrere der folgenden Elemente in das Schulungsprogramm aufgenommen werden.

Schulung der Verkaufsfähigkeiten: Vertriebsmitarbeiter müssen den Vertriebsprozess des Unternehmens erlernen (siehe Kap. 3). Die wichtigsten Schritte dieses Prozesses sind (1) die Akquisition neuer Kunden, (2) der Aufbau von Vertrauen im ersten Gespräch, (3) die Ermittlung von Problemen und Bedürfnissen, (4) die Erstellung eines individuellen Angebots und die Präsentation überzeugender Lösungen, die auf den Eigenschaften des Produkts basieren, (5) die Führung eines selbstbewussten Preisgesprächs, (6) der Abschluss des Geschäfts und (7) die Nachbetreuung.

In jedem Schritt des Vertriebsprozesses lernen die Teilnehmer, die verschiedenen Verkaufstechniken anzuwenden. In einer Schulung zum Thema „Akquise" lernen die Teilnehmer beispielsweise, wie sie am Telefon Termine mit potenziellen Kunden vereinbaren können: Wie formuliert man überzeugende „Türöffner"? Wie geht man souverän mit Einwänden um (z. B. keine Zeit, kein Bedarf)? Neben der Wissensvermittlung beinhaltet das Training oft auch einen Teil über die nötige innere Einstellung (z. B. den Umgang mit dem „Nein" des Interessenten), da eine negative Sichtweise eine gute Verkaufsleistung stark behindert, wie in Abschn. 5.2.2 erläutert. Eventuell vorhandene negative Überzeugungen müssen abgebaut werden. Da Verkäufer oft nur eine einzige Chance haben, sich mit einem potenziellen Kunden zu treffen, wird auch Trainingszeit auf Präsentationsfähigkeiten verwendet, z. B. auf die überzeugende Darstellung der eigenen Person und den gezielten Einsatz verbaler wie nonverbaler Faktoren. Verkaufsfähigkeiten werden oft in Rollenspielen vermittelt, wie später in diesem Kapitel erläutert wird.

Kenntnisse über das Unternehmen Neu eingestellte Verkäufer sollten sich mit den allgemeinen Richtlinien des Unternehmens vertraut machen, z. B. mit den Leistungen der Organisation, den Verkaufsbedingungen, den Spesenregelungen, den Kommunikationskanälen und dem „Büroprotokoll" (d. h. Etikette-Regeln und Verhaltensrichtlinien, die die beste Art und Weise des Verhaltens bei der Arbeit umfassen). Sie sollten auch etwas über spezifische Verkaufsrichtlinien und -verfahren lernen:

z. B. Wie viele Kontakte sind pro Tag zu tätigen? Wie geht man mit eingehenden Kundenwünschen um, z. B. schnellerer Lieferung, anderen Zahlungsbedingungen, Preisanpassungen, Produktänderungen?

Produkt- und Servicewissen Das Ziel der Schulung dieser Wissenskategorien ist es, die Kunden besser zu bedienen. Da es von zentraler Bedeutung ist, das richtige Produkt oder die passende Dienstleistung für die individuellen Bedürfnisse eines jeden Kunden einzusetzen, sollten die Verkäufer nicht nur die genauen Produktspezifikationen erlernen, und wissen, wie das Produkt verwendet wird. Sie müssen auch verstehen, wie sie die Probleme der Kunden lösen können. Oft wollen die Kunden wissen, wie das Produkt ihre individuellen Anforderungen erfüllt und wie die Produkte der Wettbewerber in Bezug auf Preis, Aufbau, Leistung und Kompatibilität zueinander abschneiden.

Markt- und Kundenkenntnisse Vertriebsmitarbeiter müssen den Markt und ihre Branche kennen, einschließlich Trends sowie relevanter Konkurrenzprodukte und -taktiken. Dies ist nicht nur für Umsatzprognosen und die Festlegung von Quoten wichtig, sondern auch für den Vergleich verschiedener Anbieter, das Betonen der Vorteile der eigenen Produkte und zum Überwinden von Kundeneinwänden. Vertriebler müssen auch über detaillierte Kenntnisse über die Kunden verfügen. Dazu gehören unter anderem Informationen über (1) die Kontaktperson, (2) das Unternehmen, (3) die angebotenen Produkte und Dienstleistungen, (4) die Kunden des Kunden, (5) die Probleme und Herausforderungen sowie (6) die Strategie und Ziele des Unternehmens.

Technik-Schulung Vertriebsmitarbeiter müssen wissen, wie sie ihre Hardware und Software effektiv einsetzen können, um ihre Aktivitäten zu planen, Berichte zu schreiben (z. B. über Verkaufsgespräche und Kundenbesprechungen), Lagerbestände und Preise zu überprüfen, Bestellungen aufzugeben und Vorführungen der Produkt- und Dienstleistungen durchzuführen. Ziel der Technik-Schulung ist es, die Anwenderfähigkeiten zu verbessern und dem Unternehmen zu helfen, seine Ziele effizient zu erreichen.

(B) Verantwortlichkeiten festlegen
Je nach Größe des Unternehmens sind unterschiedliche Personen an der Auswahl des Ausbilders beteiligt. In großen Unternehmen ist in der Regel die Personalabteilung für diesen Prozess zuständig. In kleineren Unternehmen wählt der Geschäftsführer oder der Vertriebsleiter selbst einen Trainer aus, der dann das Schulungsprogramm entwickelt und durchführt. Die Verantwortung für die Durchführung der Schulung kann beim Vertriebsleiter, bei internen Trainern oder bei externen Schulungsspezialisten liegen.

Vertriebsleiter Vertriebsleiter schulen häufig selbst sowohl neue als auch erfahrene Vertriebsmitarbeiter. Aufgrund ihrer Funktion sind sie in der Regel gut angesehen, und ihre Botschaften haben im Vergleich zu denen der internen Personalausbilder und der externen Ausbildungsspezialisten mehr Gewicht. Sie sind auch besser in der

Lage, die Fähigkeiten und Leistungen der Verkäufer zu beurteilen als interne und externe Ausbilder, die die Mitarbeiter nicht in ihrem Tagesgeschäft gesehen haben. Wenn Vertriebsleiter nicht für die Ausbildung verantwortlich sind, sollten sie immer an der Planung und Entwicklung des Ausbildungsprogramms teilnehmen, da sie die Stärken und Bedürfnisse der Vertriebsmitarbeiter am besten kennen. Wir empfehlen nachdrücklich, dass die Vertriebsleiter zumindest auszugswiese an jeder relevanten Schulungsmaßnahme teilnehmen sollten.

Interne Trainer Einige Unternehmen unterhalten eine Schulungsabteilung mit Ausbildern, die speziell für Trainingszwecke eingestellt werden. Interne Trainer verfügen über die Ressourcen und pädagogischen Fähigkeiten, die für Verkaufs-schulungen erforderlich sind. Sie entwickeln Programme, um den Verkäufern bei-zubringen, wie sie die Produkte und Dienstleistungen des Unternehmens effektiv vermarkten können. Der Vorteil ist, dass sie ein tiefes Verständnis für die eigenen Produkte, internen Strukturen und Prozesse wie auch für das Unternehmen selbst haben. Der Nachteil ist, dass die Teilnehmer die internen Trainer manchmal nicht komplett akzeptieren, da sie nur „theoretisch schulen", aber „nicht mehr selbst im täglichen Verkauf tätig sind". Die Unterstützung des Managements kann helfen, dieses Problem zu überwinden.

Externe Schulungsspezialisten Diese Spezialisten bieten kleinen und großen Un-ternehmen Flexibilität, da sie sowohl komplette vertriebliche Trainingsprogramme durchführen oder auch nur bestimmte Teile daraus übernehmen können, die ein Un-ternehmen am stärksten benötigt. Da ihre Marktposition von der Zufriedenheit ihrer Kunden abhängt, verfügen externe Trainer in der Regel über einen fundierten Ver-kaufshintergrund und ausgeprägte praktische Kenntnisse, und damit über die nötige Glaubwürdigkeit, sowie über gute Kommunikationsfähigkeiten. Ein Nachteil ist, dass sie keine tiefgreifenden Markt- und Produktkenntnisse besitzen. Bei der Ent-wicklung eines Trainingsprogramms sollten externe Trainer ein gutes Verständnis des Vertriebsprozesses, der Probleme und der Terminologie des Unternehmens haben, sowie die Einstellungen und das Kompetenzniveau der Verkäufer – d. h. die individuellen Bedürfnisse, Einschränkungen und Voraussetzungen – kennen.

(C) Schulungsmethoden auswählen
Es gibt viele verschiedene Ausbildungsmethoden. Sowohl traditionelle als auch neuere Methoden werden von allen Arten von Ausbildern verwendet. Die wichtigs-ten davon werden im Folgenden beschrieben:

Schulungen Die Präsenzschulung, also das Training von Angesicht zu Angesicht, umfasst oft mehrere Methoden. Durch theoretischen Input kann der Trainer wesent-liche Informationen zum Verkaufen präsentieren, oder besser noch zusammen mit den Teilnehmern erarbeiten. Durch praktische Einzel- und Gruppenübungen können Teilnehmer die Theorie in die Praxis umsetzen. Wird beispielsweise eine Struktur für den Umgang mit Preiseinwänden erlernt, können die Teilnehmer gebeten werden, ty-pische Beispiele schriftlich zu formulieren, die dann in Feedback- und Abstimmungsrunden diskutiert und optimiert werden können. Die neu erlernten Strukturen können auch in Rollenspielen geübt werden (siehe unten). Andere Methoden sind Gruppendiskussionen und Erfahrungsaustausch, um Probleme zu analysieren, zu lösen oder um das Gespräch und die aktive Beteiligung der Teilnehmer anzuregen.

Rollenspiele Rollenspiele sind Lernen durch Handeln. Die Teilnehmer erhalten eine typische geschäftsbezogene Aufgabe. Sie versuchen zum Beispiel, einem hypothetischen Kunden oder Interessenten ein Produkt zu verkaufen – in der Regel dargestellt vom Trainer oder einem anderen Teilnehmer. Diese Aktivitäten helfen den Teilnehmern, den Umgang mit kritischen Ansprechpartnern und unvorhergesehenen Situationen zu lernen. Wenn sie per Video aufgezeichnet werden, haben die Teilnehmer die Gelegenheit, sich auch selbst zu sehen und die Situation zu reflektieren. Auf diese Weise hat der Trainer die Möglichkeit, mit den Teilnehmern an Verkaufstechniken (z. B. Inhalt und Struktur), verbaler Kommunikation (z. B. Stimme und Rhetorik) und Körpersprache (z. B. Gestik und Mimik) zu arbeiten.

Mentoring („Buddy-Systeme") Beim Mentoring wird in der Regel ein neuer oder jüngerer Vertriebsmitarbeiter für einen längeren Zeitraum – etwa 6 Monate bis 2 Jahre – mit einem erfahrenen Kollegen zusammengebracht, um Wissen weiterzugeben und Erfahrungen auszutauschen. Eine Liste der Vorteile von Mentoring-Programmen findet sich in Tab. 6.4:

Feldbegleitungen Bei der Ausbildung am Arbeitsplatz handelt es sich um eine individuelle Lernmethode, bei der der Trainee im Außendienst von einer erfahreneren Persönlichkeit begleitet wird. Dies kann der Vertriebsleiter, ein erfahrener Kollege oder ein Vertriebstrainer sein. In der Regel vereinbart der Trainee innerhalb eines Tages 2–3 Termine mit Kunden und Interessenten. Zwischen den Terminen werten

Tab. 6.4 Vorteile von Mentoring-Programmen

Für das Unternehmen	- Wirtschaftliche Investitionen in die Zukunft - Geringe Kosten durch die interne Besetzung künftiger freier Stellen - Stabile Kundenbeziehungen durch geringe Fluktuation des Vertriebsteams
Für den Vertriebsleiter	- Perspektive der individuellen Entwicklung - Erweiterung der persönlichen Qualifikationen - Einsatz von Mentoren schafft „Freiraum" für das Vertriebsmanagement
Für den neuen Vertriebsmitarbeiter	- Schnelle „Insider"-Informationen über Unternehmen, Kunden und Verkaufsprozesse - Höhere Produktivität im Kundenkontakt und schnellerer Erfolg - Signifikante Leistungsverbesserungen durch schnelles Feedback
Für den erfahrenen Vertriebsmitarbeiter	- Wertschätzung der bisher gezeigten eigenen Leistung - Fokus auf Führung - Generationenübergreifender Austausch

beide die Aktivitäten aus. Der große Vorteil besteht darin, dass der Trainee ein sofortiges Feedback zu seinen Stärken und Potentialen erhält. Er kann direkt daran arbeiten, seine Fähigkeiten beim nächsten Termin zu verbessern. Damit diese Methode wirksam ist, muss der erfahrene Verkäufer jedoch qualifiziert sein, Andere zu schulen und zu entwickeln. Ein großer Nachteil ist, dass diese Methode für beide Seiten kostspielig und zeitaufwendig ist.

Digitale Schulungsmethoden Es gibt natürlich auch viele internetbasierte Ansätze. Bei Webkonferenzen verwenden die Teilnehmer den Computerbildschirm, um über das Internet mit anderen zu kommunizieren. Durch Teilen des Bildschirminhalts können die Teilnehmer sehen, was auf dem Bildschirm des Vortragenden präsentiert wird. Sie können dann entweder per Chat, über die Tastatur oder eine bestehende Audioverbindung antworten. Ein Webinar, eine Variante der Webkonferenzen, ist auf eine stärkere Interaktion zwischen Moderator und Publikum ausgelegt. Die dafür verwendete Software umfasst sowohl Sprach- als auch Bildfunktionen. In der Regel können Webinare gut für Bildungszwecke eingesetzt werden, wenn es darum geht, Informationen zu teilen, Fragen zu stellen, Meinungen auszutauschen und Probleme zu lösen. Webinare können auch in Verbindung mit Präsenzschulungen eingesetzt werden.

Hinweis: Webinare werden in Zukunft weiter an Bedeutung gewinnen. Die Vorteile sind ressourcenbedingt: bessere Zeiteffizienz und einfache Teilnahme und Durchführung. Dennoch mangelt es ihnen an Qualität: es fehlt der elementare „Human Touch" in Form von praktischen Übungen, persönlichem Feedback und emotionaler Chemie.

(D) Teilnehmer vorbereiten
Wenn die Teilnehmer nicht verstehen, warum sie geschult werden und welchen Nutzen sie davon haben, ist die Wirksamkeit jeder Maßnahme wesentlich geringer. Um die positiven Ergebnisse von Schulungen zu steigern, sollten Manager ihre Vertriebsmitarbeiter im Vorfeld darauf vorbereiten. Dies kann auf eine oder mehrere Arten geschehen:

Vorschau auf den Inhalt Der Vertriebsleiter und der Trainer können die Agenda des Workshops an alle Teilnehmer weiterleiten. Dieser Ansatz hat drei wesentliche Vorteile. Erstens hilft es den Verkäufern, die schlichte Botschaft „Wir machen eine Schulung zum Erstgespräch!" zu entmystifizieren. Sie wissen dann genau, was in dem Workshop passieren wird. Zweitens: Da Diskussionen, Erfahrungsaustausch, praktische Übungen und Rollenspiele als „nah an der Geschäftsrealität" angesehen werden, hilft die Agenda den Teilnehmern, die Ernsthaftigkeit und Nützlichkeit einer Schulungsinitiative zu verstehen. Vertriebstraining ist nicht nur ein „Zeitfresser", sondern eine anspruchsvolle, gut strukturierte und praxisorientierte Methode zur nachhaltigen Verbesserung der Verkaufsfähigkeiten der Teilnehmer. Drittens und letztens hilft die Agenda den Teilnehmern, schneller „warm zu werden" und bereits zu Beginn der Trainingseinheit gut vorbereitet zu sein. Ein Beispiel ist in Abb. 6.5 dargestellt.

AGENDA (Auszug)

Verkaufs-Workshop: Erfolgreiches Erstgespräch & Bedarfsanalyse

Mittwoch, 25. Januar (Beginn: 9:00 Uhr):

- Begrüßungsrede des Vertriebsleiters: Meine Erwartungen an diesen Workshop = Praktische Tools
- Festlegung eines Key-Account-Profils entsprechend der aktuellen Marktsituation
- Übung: Einen überzeugenden ersten Eindruck machen (mit Video)
- Mein eigener Auftritt – wichtige Elemente und Wirkungsmechanismen der Körpersprache
- Video-Analyse mit individuellem Feedback durch Trainer und Kollegen
- …

Abb. 6.5 Beispiel einer Agenda (Auszug)

Arbeitsblätter vor dem Training Damit die Teilnehmer direkt zu Beginn der eigentlichen Maßnahme lernbereit sind, können der Vertriebsleiter und der Trainer den Teilnehmern auch ein Arbeitsblatt zur Vorbereitung geben. Mit dieser Übung können die Teilnehmer beispielsweise aufgefordert werden, praktische Übungen vorzubereiten und schulungsbezogene Fragen zu beantworten, die die Basis für die späteren Einzel- und Gruppenarbeiten sowie die Rollenspiele bilden. Da alle Teilnehmer gezielt vorbereitet werden, sorgt dieses Instrument für eine viel schnellere und steilere Lernkurve. Ein Beispiel zur Vorbereitung eines Rollenspiels ist in Abb. 6.6 dargestellt.

Kick-Off Wenn es sich um ein besonders wichtiges Thema handelt, kann der Vertriebsleiter – oder ein Mitglied der Geschäftsleitung – die Schulung persönlich eröffnen. Dies ist ein probates Mittel, um die Glaubwürdigkeit der Maßnahme zu erhöhen, sowie die Unterstützung des Unternehmens zu bestätigen und die „Aufmerksamkeit des Managements" zu demonstrieren. Um dies zu erreichen, sollte der Vertriebsleiter den Zweck und die Ziele der Schulung, den Nutzen für die Teilnehmer und seine spezifischen Erwartungen an den Workshop erläutern. Diese Informationen helfen auch dem Trainer im Folgenden, sich an der Ankündigung zu orientieren und wichtige Botschaften zu vermitteln.

(E) Teilnehmer motivieren

Wenn die Teilnehmer nicht motiviert sind, an der Schulung teilzunehmen, findet kein ausreichendes Lernen statt („emotional buy-in"). Es gibt verschiedene Möglichkeiten, wie Vertriebsleiter und Ausbilder ihre Mitarbeiter zum Lernen motivieren können. Spitzer (1995) schlägt unter anderem die folgenden Strategien zur Motivation von Schulungsteilnehmern vor:

- *Just-in-time-Schulung*: Die Teilnehmer sind dann motiviert zu lernen, wenn sie einen echten Bedarf an der Schulung erkennen. Der Vertriebsleiter kann dies sicherstellen, indem er erklärt, warum die Teilnehmer diese neuen Fähigkeiten dringend benötigen (z. B. die digitale Weiterentwicklung des Unternehmens).

ARBEITSBLATT VOR DEM WORKSHOP (Auszug)

Praktische Übung: Erstgespräch

Ihre Wahrnehmung:

Wie würde ein potenzieller Kunde auf einer Skala von 1 bis 10, wobei 10 die höchste Zahl ist, die Art und Weise bewerten, wie Sie einen überzeugenden „ersten Eindruck" vermitteln (denken Sie z. B. an Ihr letztes Treffen mit einem potenziellen Kunden)?

          1   2   3´   4   5   6   7   8   9   10

Begründung (zur Veranschaulichung Ihres Ergebnisses): _____

Ihre Aufgabe:

Am ersten Tag des Trainings werden Sie gebeten, mit zwei oder drei Ihrer Kollegen ein Rollenspiel vor einer Videokamera durchzuführen (ca. 2-3 Minuten). Dies ist Ihre Übung:

> Sie werden nun <u>zum ersten Mal</u> einen neuen Ansprechpartner treffen. Bitte hinterlassen Sie einen überzeugenden ersten Eindruck, um eine erfolgreiche strategische Zusammenarbeit zu gewährleisten.

Bitte wählen Sie im Voraus ein realistisches Szenario aus:

Wie lautet der Name des Unternehmens?_____
Um welche Art von Organisation handelt es sich (Branche, Größe, Standort)?_____

Wer nimmt an dem Treffen teil (Namen und Funktionen)? _____

Im Training haben Sie weitere 5 Minuten Zeit, Ihr Rollenspiel vorzubereiten. Später erhalten Sie ein individuelles Feedback zu Ihren Stärken und Potenzialen.

Abb. 6.6 Beispiel für ein Arbeitsblatt vor dem Training (Auszug)

- *Aktive Schulungsformate und Abwechslung*: Der Ausbilder sollte die Menge an theoretischem Input begrenzen und schriftliche Aktivitäten, Diskussionen, Demonstrationen, Spiele und Rollenspiele verstärkt in die Sitzung einbinden.
- *Soziale Interaktion*: Soziale Interaktion kann die Teilnehmer motivieren. Der Trainer sollte dies durch Simulationen, Diskussionen in kleinen Gruppen und gemeinsame Problemlösungsübungen fördern.
- *Sicheres Umfeld*: Damit Teilnehmer bereit sind, zu lernen und neue Fähigkeiten anzuwenden, muss die Angst minimiert werden. Dies kann durch die Ankündigung erreicht werden, dass alles, was während der Maßnahme gesagt wird, vertraulich bleibt und dass es keine Fehler gibt, sondern nur Lernmöglichkeiten.
- *Ausreichende Übung*: Die Menge an Wiederholungen, die nötig ist, um Fertigkeiten zu erlangen und zu beherrschen, wird sehr oft unterschätzt. Der Schulungsleiter sollte die Teilnehmer ermutigen, ihre neuen Fähigkeiten am Arbeitsplatz zu üben, indem er Folgeaktivitäten einplant.

4) Schulungsaktivitäten evaluieren und überprüfen

Nach der Durchführung eines Schulungsprogramms ist es unerlässlich, seine Wirksamkeit zu bewerten und festzustellen, wie gut die Schulungsziele erreicht wurden. Kirkpatrick (1979) schlägt ein vierstufiges Modell zur Bewertung von Schulungsprogrammen vor:

1. *Reaktion*: Bei den Reaktionen handelt es sich um Messungen der Einstellungen, Gefühle und Zufriedenheit der Teilnehmer mit dem Schulungsprogramm, um festzustellen, wie gut es angenommen wurde. Die Teilnehmer können zum Beispiel befragt werden oder Formulare, Umfragen und Kommentarbögen ausfüllen.

2. *Lernen*: Die Anwesenheit eines kompetenten Trainers führt nicht zwangsläufig auch direkt zum Lernerfolg. Die eingetretene Veränderung der Einstellung sowie der Erwerb und das Verstetigen von Wissen kann durch Tests vor und nach der Schulung und/oder durch Schulungsaktivitäten wie Demonstrationen, Rollenspiele und die individuelle Ausführung der zu vermittelnden Fertigkeit bewertet werden.

3. *Verhalten*: Bei der Bewertung von Verhaltensänderungen wird gemessen, inwieweit die Vertriebler ihr berufsbezogenes Verhalten infolge der Trainingsaktivitäten ändern. Der Vertriebsleiter kann die Teilnehmer am Arbeitsplatz beobachten und/oder sie im Außendienst begleiten.

4. *Ergebnisse*: Sowohl individuelle als auch unternehmensweite Leistungsbewertungen messen, inwieweit ein Verkaufstraining zum Erreichen der Ausbildungsziele beigetragen hat. Manager messen zum Beispiel die Veränderungen bei Umsatz und Marge, Vertriebskosten, Anbahnungszeit und Personalfluktuation.

6.2.3   Typische Fehler im Vertriebstraining

Es gibt klassische Schulungsfehler, die Investitionen fehlleiten und dazu führen, dass die Ziele nicht erreicht werden. Einige dieser Fehler sind eine Verschwendung von Zeit und Geld, nicht nur für das Unternehmen, sondern auch für jeden Teilnehmer, der in der Zwischenzeit hätte verkaufen können. Mögliche Lösungen zur Vermeidung dieser klassischen Fallen sind im Folgenden zusammengefasst.

1) *Mangelnde Vorbereitung*: Der größte Fehler, den Vertriebsleiter bei der Entwicklung von Schulungsprogrammen machen, ist die mangelnde Planung. Die Vorbereitung ist das sprichwörtliche „A und O". Dazu gehört eine gründliche Analyse der Ist-Situation, der Bedürfnisse und Ziele des Unternehmens, eine umfassende Analyse des Schulungsbedarfs und eine finanziell und betrieblich machbare Gestaltung der Schulungsmaßnahmen. Wichtige Fragen, die zu stellen sind, sind in Tab. 6.5 aufgeführt (Chase, 1997):

2) *Mangelnde Kommunikation mit den Teilnehmern im Vorfeld*: Allzu oft erkennen die Teilnehmer nicht den beabsichtigten Zweck der Schulung. Aber genau wie Kunden und Interessenten wollen auch sie wissen: „Was habe ich davon?" Die Teilnehmer möchten erfahren, welche Gründe zur Durchführung der Schulung bestehen. Diese Fragen sollten von der Unternehmensleitung bereits bei der Ankündigung der Maßnahme oder – allerspätestens – zu Beginn der Schulung beantwortet werden, damit sich alle Beteiligten darauf einstellen können.

3) *Mangelnde Einbeziehung der Teilnehmer*: Beim Vertriebstraining geht es darum, Menschen aktiv zu befähigen. Es reicht bei weitem nicht aus, nur theoretischen Input zu vermitteln, um eine Änderung in der Einstellung, dem Verhalten und in

Tab. 6.5 Planung von Vertriebstrainings-Maßnahmen

Analyse des Leistungsbedarfs	Analyse des Ausbildungsbedarfs	Durchführbarkeitsanalyse
- Was ist das Hauptproblem? - Was sollte stattdessen geschehen? - Welche Faktoren fördern und behindern die Leistung der Mitarbeiter? - Welche konkreten Verbesserungen erwarten Sie von den Teilnehmern? - Welche Verbesserungen erhoffen Sie sich für Ihr Unternehmen?	- Was soll gelehrt werden? - Was muss enthalten sein? - Wie wird es präsentiert? - Wer wird es präsentieren? - Was wissen die Mitarbeiter bereits über das Thema? - Was sollten sie danach tun können?	- Ist die Ausbildungslösung wirklich realisierbar? - Wird die Ausbildung von der Leitung unterstützt? - Ist das Budget verfügbar? - Was sind die technischen/ organisatorischen Voraussetzungen?

Quelle: Angepasst von Chase (1997, S. 28)

der Leistung zu erreichen. Stattdessen sollte Training so aufgebaut sein, dass die Teilnehmer sich die Themen praktisch erarbeiten können. Die Einbeziehung der Teilnehmer kann beispielsweise durch Brainstorming, Diskussionen, Rollenspiele und schriftliche Arbeiten erfolgen.

4) *Uninteressanter Inhalt und langweiliger Ansatz*: Fast jeder von uns hat schon einmal an einer Schulung teilgenommen, die vom Inhalt und der Durchführung her eher „trocken" war. Für ein positives Trainingserlebnis und eine lohnende Investition sollte der Coach Energie, Engagement und Spaß bei der Durchführung haben, damit der Funke überspringt. Außerdem sollte der Trainer gut vorbereitet sein, damit er flexibel auf unvorhergesehene Situationen reagieren kann. Zudem sollte der Inhalt auf das Publikum zugeschnitten sein. Je leichter die Teilnehmer den Zusammenhang mit ihrer täglichen Arbeit verstehen, desto eher lassen sie sich darauf ein. Auch Beispiele aus der Praxis, wie z. B. Erfolgs- und Misserfolgsgeschichten, werden das Interesse der Zuhörer wecken und aufrechterhalten.

5) *Mangel an positivem Feedback*: Warum ist es so oft schwierig, einen ersten Freiwilligen zu finden, der eine Praxisübung, wie z. B. ein Rollenspiel, durchführt? Die Teilnehmer haben oft Angst, die Antworten nicht zu kennen und damit als inkompetent dazustehen, oder sie haben Angst, dass der Trainer Sie „anzählt" und ihnen sagt, wie schlecht sie waren. Infolgedessen zögern die Teilnehmer oft, ihre Ideen mitzuteilen und aktiv praktische Übungen durchzuführen. Tatsächlich ist jeder Mensch in irgendetwas gut, und dies sollte durch positives Feedback anerkannt werden. Unsere Faustformel: Auf einen negativen Kritikpunkt sollten zwei positive Bemerkungen folgen. Darüber hinaus sollte die freiwillige Teilnahme gefördert und anerkannt werden, vor allem in Vertriebstrainings, da es beim Verkaufen darum geht, andere proaktiv zu beeinflussen.

6) *Fehlende Zielsetzung für das Tagesgeschäft und die Nachbereitung*: Viele Vertriebstrainings sind ineffektiv, weil sie abrupt mit dem Abschluss der Trainingseinheit enden. Die Folge ist, dass der Inhalt schnell vergessen wird und dieselben alten Verhaltensweisen und Gewohnheiten fortbestehen. Deshalb ist es

wichtig, dass zunächst ein klares Ziel festgelegt wird, was die Schulung erreichen soll. Danach sollte jeder Teilnehmer am Ende des Trainings eine persönliche Zielvereinbarung treffen, was und wie er in den nächsten Wochen in seinem
Tagesgeschäft konkret erreichen will (mit harten Zahlen und Fakten). Der Vertriebsleiter sollte dann Folgetermine für das Training vereinbaren und allen Teilnehmern mitteilen, was von ihnen erwartet wird, wie sie gemessen und auch bei
Erreichung belohnt werden.

6.3 Rekrutierung und Einarbeitung der richtigen Talente

Die besten Strategien sind nutzlos, wenn es niemanden gibt, der sie professionell
umsetzt und bei Interessenten und Kunden vorlebt. Was Verkäufer sagen und wie sie
mit ihren Ansprechpartnern umgehen, beeinflusst den Erfolg des Unternehmens
entscheidend. Das Problem ist, dass gute Verkäufer eine „seltene Spezies" und nur
sehr schwer zu finden sind. Außerdem hält jede Branche Ausschau nach diesen besonderen Persönlichkeiten. Die Situation ist gut vergleichbar zum Fußball, wo auch
nahezu jeder Verein fast ständig auf der Suche nach talentierten Stürmern ist.

Selbst ein scheinbar guter Kandidat mit einem überzeugenden Lebenslauf und
den nötigen Qualifikationen muss aber nicht unbedingt die ideale Besetzung für das
eigene Unternehmen sein. Die Einstellung des falschen Mitarbeiters kostet die Organisation jeweils Zehntausende von Euro für Gehalt, Sozialleistungen, Schulungen
und Produktivitätsverluste. Aus diesem Grund suchen fast alle Vertriebsorganisationen verzweifelt nach den richtigen *Vertriebstalenten*:

- die sich leicht in die Unternehmenskultur integrieren
- die in ihrer täglichen Arbeit selbstmotiviert sind
- die selbstständig in der Lage sind, Schwierigkeiten zu bewältigen
- die schnell alle Produkte und Kundentypen verstehen
- die zügig ihr 100 %-Ziel erreichen
- die konstant gute Leistungen erbringen
- die wahrscheinlich langfristig im Unternehmen bleiben werden

Da sich der „War for Sales Talents" in Zukunft noch verschärfen wird, sollte die
Marktbeobachtung (Scouting) zumindest für alle größeren Unternehmen eine ständige Einrichtung sein. Die *Personalbeschaffung* und -*auswahl* ist in diesen wettbewerbsintensiven Zeiten für jedes Unternehmen ein wesentliches Element zur Zielerreichung. Leider warten viele Unternehmen zunächst, bis sie eine tatsächliche Va-
kanz haben, um mit dem Einstellungsprozess zu beginnen. Ein Nachteil dieses
Ansatzes besteht darin, dass aufgrund des dann kurzfristigen Handelns nur ein begrenzter Pool an geeigneten Kandidaten zur Verfügung steht. Ein zweiter Nachteil
ist, dass die Vertriebsleiter aufgrund des Zeitdrucks regelmäßig in Nervosität verfal-
len und zu schnell Bewerber einstellen, die zwar die Stelle besetzen, aber nicht die
„richtigen" sind. Was die anspruchsvolle Phase der Neubesetzung weiter verschärft,
ist dass die die Vertriebseinheit offene Projekte an die Konkurrenz verlieren kann,
wenn in der Zwischenzeit niemand das Gebiet abdeckt.

Unternehmen sollten daher wie geschildert wirksame Einarbeitungsprogramme für neueingestellte Mitarbeiter einführen. Da es wahrscheinlich ist, dass talentierte Bewerber ebenfalls von konkurrierenden Unternehmen kontaktiert oder gescoutet werden, ist es wichtig, ihnen überzeugende Gründe für eine Einstellung im eigenen Betrieb zu liefern. Professionelle Onboarding-Programme sind oft solch ein überzeugendes Argument für die Einstellung von High Potentials. Außerdem braucht jede (Vertriebs-)Tätigkeit eine gewisse Einarbeitungszeit. Um das ehrgeizige Ziel von 100 % Umsatz innerhalb einer kurzen Zeitspanne (in der Regel innerhalb der Probezeit) zu erreichen, ist es daher erforderlich, ein hochwertiges Ausbildungsprogramm durchzuführen. So werden die Vertriebsmitarbeiter schnell befähigt und auf das nötige Niveau gebracht, um ihre Tätigkeit erfolgreich ausüben zu können.

6.3.1 Das Einstellungs- und Auswahlverfahren

Um sicherzustellen, dass neu eingestellte Mitarbeiter über die erforderliche Eignung verfügen, um in einer bestimmten Vertriebsposition erfolgreich zu sein, ist es am besten, einen systematischen Schritt-für-Schritt-Prozess für Einstellung und Auswahl zu befolgen. Der Prozess ist in Abb. 6.7 dargestellt:

Zu Beginn muss entschieden werden, wer die *Hauptverantwortung für die Personalbeschaffung und -auswahl* trägt. Die Art und Weise, wie diese Frage beantwortet wird, hängt in der Regel von der Größe des Unternehmens und des Außendienstes sowie von der Komplexität der Produkte und Dienstleistungen ab. In Unternehmen mit kleineren Vertriebseinheiten ist häufig der Vertriebsleiter für die Einstellung neuer Mitarbeiter zuständig. In größeren Vertriebseinheiten ist die Aufgabe der Ansprache und Auswahl von Vertriebskandidaten für eine einzelne Person zu zeit- und kostenaufwändig. In solchen Unternehmen helfen interne Rekrutierungsspezialisten (in der Regel als Teil der Personalabteilung) oder externe Berater bei der Gewinnung von geeigneten Bewerbern für den Vertrieb. Sie helfen auch bei der Auswahl und Bewertung der Kandidaten und beraten die Führungskräfte bei der Einstellung der richtigen Mitarbeiter. Die letzte Entscheidung liegt jedoch in der Regel beim Vertriebsleiter.

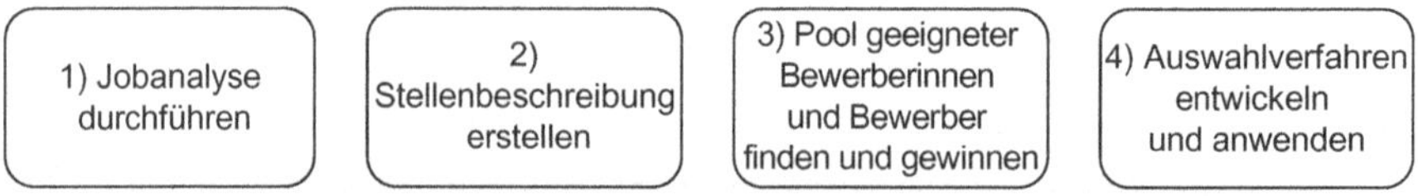

Abb. 6.7 Einstellungs- und Auswahlverfahren

1) Jobanalyse durchführen

Der erste Schritt in diesem Prozess ist die Durchführung einer gründlichen Jobanalyse. Dabei wird ermittelt, welche Tätigkeiten, Verantwortlichkeiten und Umwelteinflüsse mit dieser Position verbunden sind (Johnston & Marshall, 2013). Eine angemessene Jobanalyse umfasst in der Regel die folgenden Dimensionen:

(A) Qualifikationen und Arbeitsbedingungen:
  • Welche Kenntnisse, Fähigkeiten, beruflichen und schulischen Voraussetzungen sind für die Stelle erforderlich?
  • Welche persönlichen und sozialen Kompetenzen sind nötig?
  • Wie hoch ist der Reiseaufwand?
(B) Tätigkeiten und Verantwortlichkeiten:
  • Welche Kernaufgaben müssen vom Stelleninhaber erfüllt werden?
  • Welche spezifische Verantwortung wird dem Vertriebsmitarbeiter übertragen?
  • Welche Entwicklungsmöglichkeiten bestehen oder können sich ergeben?
(C) Beziehung zwischen Stelleninhaber, Vorgesetzten und anderen Stellen im Unternehmen:
  • Wem ist der Verkäufer unterstellt und bei welcher Gelegenheit?
  • Welche besonderen Pflichten hat der Verkäufer gegenüber seinem unmittelbaren Vorgesetzten?
  • Wie und wann interagiert der Vertriebsmitarbeiter mit anderen Abteilungen des Unternehmens?
(D) Unternehmensumfeld:
  • Welcher Art sind die zu verkaufenden Produkte oder Dienstleistungen?
  • Welche Art von Kunden wird der Mitarbeiter betreuen?
  • Welche Umweltfaktoren und -zwänge könnten die Arbeitsleistung beeinflussen?

Die erforderlichen Informationen können im Allgemeinen aus zwei Quellen gesammelt werden: (1) Die derzeitigen Verkäufer können beobachtet oder befragt werden (oder beides), um festzustellen, was sie tatsächlich tun. Dies kann für verschiedene Arten von Kunden und über einen repräsentativen Zeitraum hinweg geschehen; (2) der Vorgesetzte kann gefragt werden, was der Stelleninhaber tun sollte, insbesondere im Hinblick auf die strategischen Ziele des Unternehmens, und was in naher Zukunft voraussichtlich von großer Bedeutung sein wird (z. B. Markttrends).

2) Stellenbeschreibung erstellen

Das Ergebnis einer formalen Analyse ist eine präzise Stellenbeschreibung, die den Bewerbern und aktuellen Stelleninhabern die Aufgaben und Verantwortlichkeiten der Stelle sowie die dafür nötigen Kenntnisse, Erfahrungen und Fähigkeiten erläutert. Dies gibt für die folgenden Schritte im Einstellungsprozess, insbesondere für die Vorstellungsgespräche, eine gute Orientierung. Die Bewerber wissen dann genau, was von ihnen erwartet wird, bevor sie die Tätigkeit antreten (Hair et al., 2010).

Stellenbeschreibung

1) Berufsbezeichnung:

2) Hauptaufgaben:

3) Profil der Bewerberin/des Bewerbers:
   - Ausbildung (*z. B. technischer Hintergrund, kaufmännischer Hintergrund, Lehre, Studium*):
   - Erfahrung:
   - Kenntnisse und Fähigkeiten *(z. B. technische, methodische und soziale Kompetenz)*:

4) Besondere Merkmale *(z. B. Reisetätigkeit)*:

5) Struktur der Berichterstattung:

6) Bedingungen des Arbeitsvertrags:
   (z. B. Gehaltsspanne, Urlaubstage, Probezeit)

Abb. 6.8 Stellenbeschreibung

Die Stellenbeschreibung wird nicht nur für Einstellungs- und Auswahlverfahren verwendet, sondern auch als Leitfaden für die Durchführung regelmäßiger Leistungsbeurteilungen, zur Festlegung von Gehältern, Entscheidung über Beförderungen und die Gestaltung von Schulungsprogrammen. Insofern muss die Stellenbeschreibung natürlich schriftlich vorliegen, damit sich jeder Betroffene bei Bedarf darauf beziehen kann. Ein Beispiel ist in Abb. 6.8 dargestellt. Es ist wichtig, sie ständig zu überprüfen, um abzusichern, dass sie den aktuellen Umfang und die Tätigkeiten der jeweiligen Vertriebsposition korrekt wiedergibt.

3) Pool geeigneter Bewerberinnen und Bewerber finden und gewinnen

Es gibt grundsätzlich zwei Arten von Kanälen, um geeignete Bewerber zu finden. Wie in Abb. 6.9 dargestellt, bestehen die *internen Kanäle* aus Personen, die bereits für das Unternehmen arbeiten, während zu den *externen Kanälen* Personen aus anderen Unternehmen, Bildungseinrichtungen, Personalvermittlungsagenturen und Online- Plattformen gehören. Um dem bestehenden „War for Talents" erfolgreich begegnen zu können, sollten Unternehmen möglichst viele Quellen nutzen, nacheinander oder parallel. Es ist sinnvoll, dass Unternehmen die möglichen Quellen analysieren, um festzustellen, welche die besten Mitarbeiter für die zu besetzende Vertriebsposition generiert. Diese werden im Folgenden skizziert (Hair et al., 2010):

Innerhalb des Unternehmens Unternehmen können Mitarbeiter aus anderen Abteilungen befördern. Der Vorteil ist, dass diese Personen mit den Produkten, der Philosophie und den Abläufen des Unternehmens vertraut sind. Sie verfügen über eine fundierte Leistungsbilanz. Gleichzeitig kennen die Unternehmen die Stärken der Kandidaten und die Bereiche, in denen sie sich verbessern können. Darüber hinaus kann die interne Rekrutierung die Unternehmensmoral stärken, da andere Mitarbeiter auf diese Entwicklungsmöglichkeiten aufmerksam werden. Mitarbeiter aus anderen Abteilungen haben jedoch nur selten Erfahrung im Verkauf. Daher benötigen sie in der Regel eine zusätzliche spezifische Schulung ihrer Fähigkeiten und Kenntnisse.

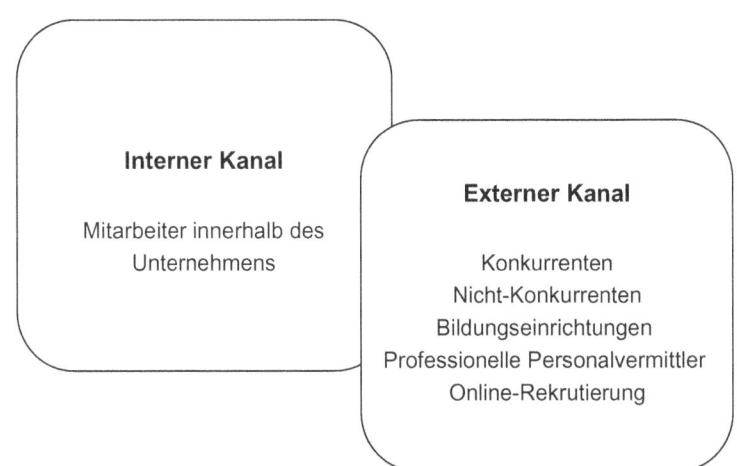

Abb. 6.9 Quellen für die Suche nach geeigneten Kandidaten

Konkurrenten Die Frage, ob ein Unternehmen Verkaufspersonal von konkurrie-renden Unternehmen einstellen sollte, ist umstritten. Der Vorteil ist, dass diese Mit-arbeiter fast sofort verkaufsbereit sind, da sie im Vertrieb vertrauter Produkte und Dienstleistungen auf ähnlichen Märkten geschult und erfahren sind. Außerdem bringen sie neue Sichtweisen und andere Ansätze in das Unternehmen mit ein und „stören" so positiv das bestehende Gleichgewicht im Vertriebsteam. Allerdings wird die Praxis der Anwerbung von Vertriebsmitarbeitern direkter Konkurrenten manch-mal als unethisch angesehen. Diese Probleme treten vor allem dann auf, wenn von diesen Mitarbeitern erwartet wird, dass sie einige ihrer derzeitigen Kunden „mit-bringen" oder wertvolle, geschützte Informationen des früheren Unternehmens preisgeben sollen. Die Einstellung eines Vertrieblers eines Konkurrenzunterneh-mens kann auch rechtliche Fragen aufwerfen, wenn dieser z. B. eine Vereinbarung eines Wettbewerbsverbots mit seinem früheren Arbeitgeber unterzeichnet hat.

Nicht-Konkurrenten Eng verbundene Unternehmen können eine gute Quelle für Kandidaten sein, insbesondere wenn sie relativ ähnliche Produkte und Dienstleis-tungen verkaufen oder dieselben Märkte bedienen. Auch Firmen, die entweder Lie-feranten oder Kunden der einstellenden Unternehmung sind, können eine gute Quelle für geschultes und erfahrenes Personal sein. In den meisten Fällen verfügen diese Bewerber auch über einige Kenntnisse über den potentiellen neuen Arbeitge-ber und sind mit der Branche vertraut, was wieder die Zeit verkürzt, die nötig ist, um sie produktiv einsetzen zu können.

Bildungseinrichtungen Unternehmen können Kandidaten auch direkt an Schulen, Abendschulen und Universitäten rekrutieren. Besonders vielversprechend ist dies bei Bildungseinrichtungen, die spezielle Vertriebsprogramme eingerichtet haben. Zwar fehlt es den meisten Absolventen an spezifischer Vertriebserfahrung, doch verfügen diese Bewerber über den erforderlichen Bildungshintergrund und die erforderliche Perspektive. Aufgrund ihres jungen Alters sind sie oft fähig, sich leichter anzupassen und haben noch keine „dogmatischen Gewohnheiten" entwickelt. Auch haben sie im Allgemeinen noch keine Präferenzen für ein bestimmtes Unternehmen oder Branche etabliert.

Professionelle Personalvermittler Unternehmen können gezielt Personalvermittler auswählen, die auf die Einstellung von Vertriebsmitarbeitern spezialisiert sind. Sie bieten in der Regel eine ganze Palette von Dienstleistungen an, von der Kandidatensuche bis hin zum Screening, den Vorstellungsgesprächen und der persönlichen Empfehlung der besten Mitarbeiter. Die Qualität der Ergebnisse hängt oft von der Arbeitsbeziehung zwischen dem Personalvermittler und dem Vertriebsleiter ab. Insbesondere durch den Aufbau einer zuverlässigen Beziehung und die Bereitstellung detaillierter Informationen über die zu besetzende Stelle kann die Agentur einen wertvollen Beitrag leisten. Wenn die internen personellen Ressourcen begrenzt sind, besteht ein wichtiger Vorteil externer Personalvermittler darin, dass die Führungskräfte spürbar weniger Zeit für die Beschaffung aufwenden müssen. Zudem verfügen die Agenturen über umfangreiche Datenbanken mit Kandidaten, die schnell angesprochen werden können.

   Eine zusätzliche Bemerkung: Die Suche nach hochqualifizierten Verkaufstalenten – mit besonderen Branchenkenntnissen – entspricht oft der Suche nach der sprichwörtlichen Nadel im Heuhaufen. In diesem Fall nutzen Unternehmen immer häufiger einen spezialisierten Personalvermittlungsdienst: die *Direktsuche*. Diese Personalvermittler recherchieren die Verfügbarkeit geeigneter Kandidaten, die für Wettbewerber oder verwandte Unternehmen arbeiten. Sie erstellen eine Auswahlliste mit qualifizierten Kandidaten, die den Anforderungen des Kunden entsprechen. In den meisten Fällen nehmen die Fachleute für Direktsuche selbst Kontakt zu potenziellen Kandidaten auf, um herauszufinden, ob diese an einem Wechsel zu einem neuen Arbeitgeber interessiert sind. Direct-Search-Firmen können auch den gesamten Einstellungsprozess, bis zur Unterzeichnung des Arbeitsvertrags, begleiten und z. B. bei den Gehaltsverhandlungen beraten.

Online-Rekrutierung Unternehmen nutzen zunehmend berufliche Netzwerkplattformen wie LinkedIn und Xing, um mit potenziellen Kandidaten in Kontakt zu treten. Diese Plattformen bieten den Unternehmen auch spezielle Lösungen für das elektronische Recruiting. Viele Unternehmen nutzen außerdem Karrieredienste wie Monster und StepStone, Datenbanken, in denen Stellenanzeigen von Unternehmen veröffentlicht werden. Die Online-Rekrutierung hat einige Vorteile: Sie eröffnet den Zugang zu deutlich mehr Kandidaten und einer breiteren Auswahl an Bewerbern, und sie ermöglicht den Unternehmen, genau die Art von Mitarbeitern zu finden, die sie brauchen. Einige Unternehmen sind dabei besorgt über die große Anzahl an Lebensläufen und korrespondierenden Daten in Anbetracht ihrer begrenzten Ressourcen, um diese erfolgreich zu sichten.

4) Auswahlverfahren entwickeln und anwenden

Nachdem sich Vertriebskandidaten auf die Stelle beworben haben, besteht die nächste Aufgabe darin, festzustellen, welche Bewerber die Anforderungen am besten erfüllen, die größte Eignung für die Stelle haben und am besten zur Unternehmenskultur passen (siehe Schneider, 1987 für den „Fit" zwischen Person und Organisation). Homburg, Schäfer und Schneider (2002) schlagen vor, dass abgesehen vom ersten Screening eines oder mehrere der folgenden Instrumente und Verfahren den Auswahlprozess unterstützen können. Manchmal werden sie auch in Assessment-Centern (AC) kombiniert, insbesondere für Führungspositionen. Lassen Sie uns diese kurz besprechen:

Erstes Screening Es dient dazu, ungeeignete Bewerber umgehend auszusortieren. Vertriebsleiter und Personalvermittler können dafür verschiedene Formen anwenden, z. B. (1) Sichtung des Lebenslaufs, (2) Durchführung eines ersten Telefon- oder Video-Interviews und (3) Aufforderung zur Teilnahme an einem kurzem Online-Test. Das Ziel ist es, in kurzer Zeit die richtigen Kandidaten für die nächste Runde zu finden (Hair et al., 2010). Hinweis: Je besser die Stellenbeschreibung, desto kürzer der Prozess.

Bewerbungsformulare Obwohl Bewerber den potenziellen Arbeitgebern häufig einen Lebenslauf vorlegen müssen, verwenden größere Unternehmen häufig zusätzlich einen weiteren Bewerbungsbogen. Durch diese Art der Standardisierung ist es einfacher, Profile zu beurteilen und zu vergleichen. In diesen, meist online auszufüllenden, Formularen werden in vielen Fällen Informationen über die Grunddaten des Bewerbers, seine Ausbildung, Berufserfahrung und persönlichen Interessen erfasst. Die so gewonnenen Informationen dienen nicht nur der Überprüfung der grundlegenden Qualifikationen, sondern helfen den Managern und Personalverantwortlichen auch zur Vorbereitung der persönlichen Gespräche mit den Bewerbern. Die Angaben können auch dazu verwendet werden, eine Datenbank aufzubauen und einen Pool von Kandidaten für künftige offene Stellen zu erstellen.

Überprüfung von Referenzen Hierbei handelt es sich um ein Screening-Instrument, das es Vertriebsleitern und Personalverantwortlichen ermöglicht, Informationen von ehemaligen Vorgesetzten, Kunden und anderen Fachleuten einzuholen, um die Angaben eines Bewerbers zu überprüfen. Zu diesem Zweck werden die Kandidaten gebeten, im Bewerbungsformular oder zu einem späteren Zeitpunkt des Verfahrens Referenzen anzugeben. Im Allgemeinen ist die Qualität dieser Referenzprüfungen jedoch fragwürdig, da die Bewerber keine Namen von Personen nennen würden, die schlecht über sie sprechen würden.

Persönliche Gespräche Diese Methode ist unseres Erachtens nach wie vor das wirksamste Instrument zur Auswahl geeigneter Bewerber für den Vertrieb. In Vorstellungsgesprächen können Vertriebsleiter und Personalverantwortliche den Be-

werber persönlich kennen lernen. Ein persönliches Gespräch wird dringend empfohlen und übertrifft die Validität von Telefoninterviews und virtuellen Meetings bei
weitem. Es bietet die Möglichkeit, die Kommunikationsfähigkeit, Kontaktfreudig-
keit, kognitiven Fähigkeiten, das Einfühlungsvermögen, den Ehrgeiz und andere
zentrale Eigenschaften des Bewerbers zu beurteilen, die für eine erfolgreiche Tätigkeit in der betreffenden Position erforderlich sind. In der Regel sollten 2–3 Ge-
sprächsrunden mit den interessantesten Kandidaten durchgeführt werden. Vertriebsleiter und Personalverantwortliche können drei verschiedene Methoden zur Durchführung persönlicher Gespräche anwenden.

- *Strukturierte Vorstellungsgespräche*: Jedem Bewerber wird dasselbe Repertoire
  standardisierter Fragen gestellt. Dies hat den Vorteil, dass sich die individuellen
  Stärken und Schwächen leichter vergleichen lassen. Ein Nachteil ist, dass der Interviewer die einzigartigen Qualitäten jedes Bewerbers nicht erkennen kann.
- *Unstrukturierte Interviews*: Bei solchen informellen, flexiblen Gesprächen wird
  versucht, die Bewerber dazu zu bringen, frei über eine Vielzahl von Themen zu
  sprechen. Der Interviewer stellt nur einige wenige Fragen, um das Gespräch auf
  die Themen von Interesse zu lenken. Der Vorteil dieses Ansatzes ist, dass man
  einen tieferen Einblick in die Persönlichkeit, die Einstellungen und Meinungen
  des Bewerbers erhält. Problematisch ist die Vergleichbarkeit der Antworten von
  zwei oder mehr Bewerbern sowie der Einfluss von Sympathie und Antipathie.
- *Halbstrukturierte Interviews*: Viele Unternehmen verwenden eine Kombination
  aus strukturierten und unstrukturierten Ansätzen. Der Interviewer stellt einen
  festen Satz von Fragen und lässt außerdem Zeit für Interaktion und Diskussion.
  Dies ist ein sehr flexibler Ansatz, der auf die Bedürfnisse von Bewerbern und In-
  terviewern zugeschnitten werden kann.

Alle drei Formen erfordern einen versierten Interviewer. Gutes Einfühlungsvermögen, professionelle Fragetechniken, tiefes Zuhören – vor allem „zwischen den Zeilen" – und ein fundiertes Vertriebswissen sind hier unerlässlich. Wir empfehlen,
dass Vorstellungsgespräche im Zweierteam geführt werden: Eine Person führt das
Gespräch, während die andere hauptsächlich beobachtet. Ein aus unserer Erfahrung
abgeleiteter Gesprächsleitfaden für Vertriebspositionen ist in Abb. 6.10 dargestellt.

Rollenspiel-Übungen Bewerber für Vertriebspositionen müssen in der Lage sein,
ein „spontanes" Verkaufsgespräch zu führen. Die Unternehmen können die Kandidaten beispielsweise auffordern, einem potenziellen Kunden zu erklären: „Warum
sollte ich Produkt x kaufen?" In diesem Moment ist der technische Inhalt natürlich
zweitrangig. Interessanter ist, dass sich der Interviewer ein Bild von zwei Dingen
machen kann: (1) wie der Bewerber mit einer ungewohnten Situation umgeht und
(2) wie er überzeugend die Präsentation durchführt. Der Interviewer kann den Kandidaten auch auffordern, sich selbst zu präsentieren: „Warum sind Sie der ideale
Bewerber?"

Interviewleitfaden für Vertriebspositionen (Auszug)

Erste Phase: Der Kandidat wird aufgefordert sich vorzustellen
z. B.: „Schildern Sie mir Ihren beruflichen Werdegang, der Sie zu Ihrer jetzigen Position geführt hat." Interessante Aspekte werden vom Gesprächspartner notiert und später nachgefragt. Die Zwischenfragen hängen vom „Standing" des Bewerbers ab.

Zweite Phase: Dem Kandidaten werden spezifische, rollenbezogene Fragen gestellt
Die folgenden Fragen veranschaulichen die Möglichkeiten eines gezielten Einsatzes von Fragetechniken während eines Interviews.

Beispielhafte Fragen für Bewerber in einer Vertriebsposition
„Welche Verkaufsziele hatten Sie im letzten Jahr?", „Wie hoch war Ihre Zielerreichung?"
„Haben Sie eine „Rennliste" in Ihrem Unternehmen? Welche Position haben Sie und warum?"
„Was lieben Sie an der Arbeit im Außendienst und was würden Sie gerne aufgeben?"

Weitere Fragen können gestellt werden zu (nur Beispiele)
Unternehmen: „Was wissen Sie über unser Unternehmen?"
Bildung: „Wenn Sie jetzt etwas anderes machen könnten, was wäre das?"
Karriere: „Bitte beschreiben Sie einen typischen Tag in Ihrer derzeitigen Position".
Arbeitseinstellung: Wie würden Sie Ihren Arbeitsstil beschreiben?
Ihre Persönlichkeit: „Was motiviert Sie, bei der Arbeit Ihr Bestes zu geben?"
Andere Fragen: „Was sind Ihre Gehaltsvorstellungen?"

Dritte Phase: Der Kandidat wird aufgefordert eine praktische Übung durchzuführen (optional)
Bewerber für den Vertrieb müssen in der Lage sein, ein „spontanes Verkaufsgespräch" zu führen.
Aufgabe: Der Kandidat soll erklären, warum Sie das Produkt des Unternehmens kaufen möchten.

Vierte Phase: Der Bewerber wird über das Unternehmen und die Stelle informiert
Nachdem sich der Bewerber einen umfassenden Eindruck von seiner Person verschafft hat, erhält er Informationen über das Unternehmen, die Produkte und Dienstleistungen, die Marktentwicklung, die Position, die Hierarchieebenen und die Einstufung der betreffenden Stelle sowie den Vertrag.

Fünfte Phase: Ende des Interviews
Der Interviewer überprüft, ob alle Fragen und Probleme geklärt wurden.
Der Bewerber wird über die nächsten Schritte im Auswahlverfahren informiert und erfährt, wann er mit einer Rückmeldung des Interviewers rechnen kann.

Abb. 6.10 Interviewleitfaden für Vertriebspositionen (Auszug)

Formale Tests Schriftliche Tests sind ein objektiver Weg, um die kognitiven Fähigkeiten und Persönlichkeitsmerkmale von Bewerbern für Vertriebspositionen zu messen und die Chancen für die Auswahl der richtigen Vertriebsmitarbeiter zu erhöhen. Die am häufigsten verwendeten Tests sind (Hair et al., 2010):

• *Intelligenztests* sind hilfreich, um festzustellen, ob ein Bewerber über ausreichende geistige Fähigkeiten verfügt, um die Stelle erfolgreich auszufüllen. Diese Tests messen zum Beispiel logisches Denken, Gedächtnis und verbale Fähigkeiten.

- *Verkaufseignungstests* bewerten die angeborenen und erworbenen sozialen Fähigkeiten und das Verkaufswissen eines Bewerbers.
- *Persönlichkeitstests* messen Verhaltensmerkmale, wie Durchsetzungsvermögen, Initiative und Einfühlungsvermögen, von denen der Testentwickler glaubt, dass sie für den Erfolg in einer bestimmten Vertriebsposition erforderlich sind.

Einstellungstests sind eines der umstrittensten Instrumente im Auswahlverfahren. Kritiker stellen nicht nur die Methodik in Frage, mit der diese Tests entwickelt wurden. Sie bezweifeln auch, dass die Tests geeignet sind, den künftigen Erfolg von Vertriebsmitarbeitern vorherzusagen. Eine damit zusammenhängende Sorge ist, dass einige talentierte Bewerber abgelehnt werden, nur weil ihre Persönlichkeit nicht den Testnormen entspricht. Ein weiteres Problem sind die möglichen Reaktionen der Kandidaten, die getestet werden. Sie könnten Antworten auswählen, von denen sie glauben, dass der Vertriebsleiter oder Personalverantwortliche sie hören möchte. Daher sollten Tests nie das einzige Kriterium für Einstellungsentscheidungen sein.

6.3.2 Einarbeitung neuer Vertriebsmitarbeiter

Die Einstellung eines neuen Vertriebsmitarbeiters beginnt mit dem Rekrutierungs- und Auswahlverfahren und endet mit der Einarbeitung in das Unternehmen. Ziel der Einarbeitungsprogramme ist es, den Vertriebsmitarbeitern zu helfen, sich so einfach und effektiv wie möglich an ihre neue Rolle, das Arbeitsumfeld und insbesondere an die Unternehmenskultur anzupassen. Diese Programme können auch eine entscheidende Rolle im Sozialisierungsprozess spielen. Zu den Vorteilen gehören eine größere Arbeitszufriedenheit, eine stärkere Beteiligung *(job involvement)* und ein stärkeres Engagement der Mitarbeiter (Dubinsky et al., 1986). Es bietet engen Kontakt zu erfahrenen Vertriebsmitarbeitern und soziale Unterstützung durch andere Mitglieder des Unternehmens. Um den vollen Nutzen für das Unternehmen und den Vertriebsmitarbeiter zu erzielen, müssen Einarbeitungsprogramme im Voraus professionell geplant werden und sollten – bis zu einem gewissen Grad – standardisiert sein. Für große Unternehmen ist es sinnvoll, diese Programme regelmäßig durchzuführen (z. B. in der ersten Woche jedes Quartals).

Zusammenstellung von Onboarding-Plänen
Nachdem der Bewerber seinen Arbeitsvertrag unterschrieben hat, erstellen die Personalabteilung oder der Vertriebsleiter einen Einarbeitungsplan für einen bestimmten Zeitraum. Ziel ist es nicht nur, Ineffizienzen und Missverständnisse zu beseitigen, sondern auch, den neuen Mitarbeiter schnell in die Tagesroutinen einzuführen. Dauer und Inhalt der Einführungsprogramme hängen von der Art der Rolle des neuen Verkäufers ab. Sie erstrecken sich in der Regel über mehrere Wochen oder Monate. Im Einarbeitungsplan sind alle Themen, der Zeitrahmen und die Mitarbeiter, die für die einzelnen Aktivitäten zuständig sind, aufgeführt. Der Plan wird an alle am Einführungsprozess beteiligten Personen, einschließlich des neuen Kolle-

Tab. 6.6 Onboarding-Plan: Woche 1 (Auszug)

Verantwortung	Thema	Datum	Zeit
Tag 1			
Vertriebsleiter	Herzlich willkommen! Allgemeiner Überblick	01/05	2 h
Personalabteilung	Einführung	01/05	1 h
	Organisatorische Angelegenheiten		1 h
	Mittagessen		1 h
	Infos über Unternehmen und Tätigkeit		3 h
Tag 2			
Produktmanagement	Überblick über die Produktpalette	02/05	2 h
	Produkt X		
	- Workshop über X		3 h
	- Pause		1 h
	- Präsentation zu X		2 h
Tag 3			
Produktmanagement	Marktanalyse	03/05	2 h
Produktion	Grundlagen der Produktion	03/05	2 h
	Montage des Produkts		4 h
Tag 4			
Vertriebsinnendienst	Allgemeines Verständnis von Verfahren und Prozessen Zuständigkeiten Fragen & Antworten	04/05	8 h
Tag 5			
Außendienst	Teilnahme am Tagesgeschäft	05/05	7 h
Neuer Außendienst	Nachbereitung der ersten Woche	05/05	1 h

gen, verteilt (siehe Bradt & Vonnegut, 2009 für ausführliche Informationen zum Onboarding). Ein Beispiel für einen Onboarding-Plan findet sich in Tab. 6.6.

Einführende Schulungen

Die meisten Unternehmen bereiten *detaillierte Präsentationen und Handbücher* vor, um neue Vertriebler über die Geschichte des Unternehmens, die Produktpalette, die interne Organisation und bestehende Leistungspakete zu informieren. Neue Vertriebsmitarbeiter, insbesondere diejenigen, die im Außendienst arbeiten werden, sollten auch in den Innendienst des Unternehmens eingeführt werden. Dazu gehören auch Informationen über Reisekosten, interne Prozesse und Richtlinien.

Frisch eingestellte Mitarbeiter sollten an *Schulungsprogrammen für Neueinsteiger* teilnehmen, die in der Regel mehrere Wochen bis Monate dauern. Ziel ist es, ihnen die grundlegenden Verkaufskonzepte sowie Kenntnisse über das Unternehmen, die Produkte, Wettbewerber, Märkte und die Kunden zu vermitteln. In den meisten Fällen findet eine Schulung im Trainingsraum und eine Begleitung im Feld durch erfahrene Vertriebskollegen statt, bevor sie eigenverantwortlich handeln. Wie man Vertriebsmitarbeiter schult, wird in Abschn. 6.2 ausführlich behandelt.

Vertriebler sind das wichtigste Bindeglied des Unternehmens zu Kunden und Interessenten. Daher sollten neue Mitarbeiter schnell die *abteilungsübergreifenden Schnittstellen und Prozesse* zwischen dem Vertrieb und den traditionell „vertriebsaversen" Abteilungen wie Produktion, Verwaltung, Technik und F&E verstehen (wie in Abschn. 4.2 erläutert). Durch eine aktive Begleitung dieser Abteilungen von je 1–5, natürlich abhängig von der jeweiligen Vertriebsfunktion, kann der neue Vertriebsmitarbeiter das große Ganze kennen lernen:

• Er vertieft sein Wissen über die angebotenen Produkte und Dienstleistungen
• Er trifft Kollegen, die einen Einfluss auf seine Rolle und sein Tagesgeschäft haben können, und vor allem: Er lernt sie persönlich kennen,
• Er kann Kunden und Interessenten besser beraten und proaktiv beeinflussen

Mentoring-Programme („Buddy-Systeme")
Neue Vertriebsmitarbeiter sollten einen Mentor an ihrer Seite haben. Unserer Erfahrung nach wird dies nur selten getan und ist nicht allgemein üblich. Ein Mentor, oder ein sogenannter „Buddy", macht einen großen Unterschied in Bezug auf die Geschwindigkeit und Qualität aus, mit der sich neue Kollegen in ihre Rolle, die neue Abteilung und ihr Unternehmen einleben. In den meisten Fällen ist es ein erfahrener Kollege, der für einige oder alle der folgenden Aufgaben zuständig ist:

• Hilfestellung für den neuen Mitarbeiter, sich in der Abteilung und im Unternehmen zurechtzufinden
• Zeigen dem neuen Kollegen, wie sie ihre Aufgaben erfüllen können, z. B. indem Sie sie vor Ort begleiten (z. B. Telefonate führen und gemeinsam Kunden besuchen).
• Vorstellung von Kollegen, die für die neue Rolle wichtig sind (z. B. aus dem Produktmanagement, der Technik, dem Backoffice oder der IT)
• Unterstützung von Neueinsteigern beim Verständnis der formellen und informellen Kultur und Strukturen sowie der internen Prozesse
• Neuen Mitarbeiter ermutigen, kritische Fragen zu stellen
• Soziales Miteinander (z. B. die Verabredung zum Mittagessen, damit sich die neuen Mitarbeiter als Teil des Teams fühlen)
• Verwendung von technischen Equipment gemäß den Unternehmensstandards (z. B. Software, Laptop)

6.4   Bewertung von Vertriebsmitarbeitern

Leistungsbeurteilungen
Der Vertrieb ist – wie der Profisport – sehr ergebnisorientiert. Eine häufig gestellte Frage von Führungskräften und leitenden Angestellten lautet: „Sind wir auf dem richtigen Weg?" Der Zweck regelmäßiger Leistungsbeurteilungen besteht daher

darin, den Vertriebsleitern einen Rahmen für die Steuerung ihrer Vertriebsmitarbeiter an die Hand zu geben. Diese Instrumente helfen dabei:

- Anerkennung von leistungsstarken Verkäufern (z. B. durch höhere Vergütung oder Beförderung) und Verweigerung dieser Vorteile für leistungsschwache Verkäufer oder, falls erforderlich, deren Entlassung
- Ermittlung des Schulungsbedarfs von Verkäufern
- Mitarbeiter zu motivieren und anzuleiten sowie konstruktives Feedback „von außen" zu geben
- Die künftige Leistung der Vertriebsmitarbeiter zu steigern
- Erstellung eines individuellen Leistungsnachweises im Laufe der Zeit
- Identifizierung von High Potentials für künftige Führungspositionen
- Entwicklung eines Vergütungsplans, der das Verkaufspersonal dazu anregt, bestimmte Produkte und Dienstleistungen stärker zu verkaufen (z. B. durch höhere Provisionssätze)

Aufgrund der Art der Vertriebstätigkeit gibt es mehrere Herausforderungen bei der Bewertung von Verkäufern. Erstens arbeiten sie in der Regel im Außendienst, sind viel unterwegs und haben so unter Umständen relativ wenig direkten Austausch mit ihrem Vertriebsleiter. Zweitens verfügen sie fast immer über mehr Informationen über ihr Gebiet als ihr Vorgesetzter. Sie können diesen Informationsvorsprung zu ihrem Vorteil nutzen oder auf Ausreden zurückgreifen, wie z. B. „Dafür habe ich leider keine Zeit!" oder „Das habe ich schon versucht." Drittens sind Vertriebsmitarbeiter mit vielen Aktivitäten beschäftigt. Es kann schwierig sein, zu entscheiden, welche Aufgaben zu bewerten sind, und dabei ihre relative Bedeutung nicht zu vergessen. Viertens können Vertriebsmitarbeiter nicht alle Faktoren kontrollieren, die zu ihrer individuellen Leistung beitragen. Dazu gehören zum Beispiel Unterschiede im Potenzial des Vertriebsgebiets, die Intensität des Wettbewerbs und die Dauer der Tätigkeit des Verkäufers im Gebiet.

Und schließlich, traurig aber wahr, leisten Vertriebsleiter bei der Bewertung ihrer Mitarbeiter auch teilweise schlechte Arbeit. In den meisten Fällen, weil sie diese Kontrollaufgabe nicht mögen und sich unwohl dabei fühlen. Die Mitarbeiter wiederum lassen sich auch nur ungern bewerten, vor allem, wenn das Endergebnis für sie wahrscheinlich negativ ausfällt. Unserer Beobachtung nach wird diese Aufgabe ziemlich oft aufgeschoben, weil, wie es dann oft zu hören ist, „die Arbeitsbelastung hoch ist und andere Prioritäten gelten".

6.4.1 Der Prozess der Bewertung von Vertriebsmitarbeitern

Die Leistungsbewertung der Vertriebsmitarbeiter ist der Vergleich der vorgegebenen Ziele mit den erreichten Ergebnissen. Der systematische Prozess für eine erfolgreiche Leistungsbewertung von Verkäufern ist in Abb. 6.11 dargestellt.

| 1) Verkaufsziele festlegen | 2) Verkaufsplan entwickeln | 3) Leistungs standards festlegen und Ressourcen zuweisen | 4) Ergebnisse anhand von Leistungs standards messen | 5) Maßnahmen ergreifen |

Abb. 6.11 Beurteilungsprozess des Verkäufers

1) Verkaufsziele festlegen

Nachdem die Unternehmensleitung die Ziele des Unternehmens für den kommenden Zeitraum bekannt gegeben hat, kann der Prozess der Leistungsbewertung der Vertriebsmitarbeiter beginnen. Die erste Aufgabe des Vertriebsleiters besteht darin, spezifische Ziele für seine Vertriebsmitarbeiter festzulegen. Dieser Schritt umfasst das Festlegen sowohl langfristiger Ziele, wie z. B. von den Kunden als die beste, service-orientierteste Organisation der Branche anerkannt zu werden, als auch kurzfristiger Ziele. Letztere sind eher quantifizierbare Ziele, die sogenannten Verkaufsziele. Zu den Jahreszielen könnten die Steigerung des Umsatzvolumens um x Prozent und die Begrenzung der Vertriebskosten auf das zugewiesene Budget gehören.

Verkaufsziele können bestimmten Vertriebseinheiten zugewiesen werden, z. B. der Verkaufsorganisation, Regionen, Bezirken, Gebieten, (neuen/aktiven) Kunden und einzelnen Verkäufern. Nachdem der Vertriebsleiter die Ziele und Vorgaben für sein Team festgelegt hat, muss er sicherstellen, dass jedes Teammitglied diese versteht, akzeptiert und unterstützt (z. B. durch ein unterschriebenes Genehmigungsblatt).

2) Verkaufsplan entwickeln

Als Nächstes muss ein schriftlicher Verkaufsplan entwickelt werden, der einen detaillierten „Fahrplan" für die Erreichung der, in der Regel recht ehrgeizigen, Verkaufsziele enthält. Dies geschieht in der Regel mit demselben Top-down-Ansatz wie in Schritt 1. Die Entwicklung des Verkaufsplans, in der Regel als „Prognose" oder „Forecast" bezeichnet, sollte fünf Fragen beinhalten, die beantwortet werden müssen:

1. Wo stehen wir jetzt? (d. h. Marktsituation, Wettbewerb, Marktanteil, Umsatz und Kundensituation)
2. Wo müssen wir hin? (d. h. Chancen und Probleme im internen und externen Umfeld)
3. Wie kommen wir dahin? (d. h. Strategien und Taktiken, Zielkunden, Einführung)
4. Bis wann sind wir am Ziel? (d. h. Meilensteine und Zeitplan)
5. Wer ist für welche Tätigkeiten zuständig? (d. h. Zuteilung der einzelnen Aufgaben)

3) Leistungsstandards festlegen und Ressourcen zuweisen
Der dritte Schritt besteht darin, Leistungsstandards festzulegen, die von den Verkäufern im Laufe des Jahres erreicht werden sollen. Sie stellen eine gegenseitige Vereinbarung zwischen Führungskraft und Vertriebsmitarbeiter darüber dar, welches Leistungsniveau im kommenden Zeitraum erwartet wird. Dies geschieht in der Regel in Zielvereinbarungsgesprächen, in denen sie sich gemeinsam auf konkrete Leistungsziele einigen.

Die wichtigsten Leistungskennzahlen (auf die später eingegangen wird), die sogenannten Key Performance Indicators (KPIs), werden dann zur Bewertung der Effektivität des Verkäufers herangezogen. Dabei sollten Vertriebsleiter nicht nur quantitative Vorgaben (z. B. Anzahl der gewonnenen Neukunden), sondern auch qualitative Messgrößen (z. B. Erstellen von Besuchsberichten) heranziehen, denn die Verkaufszahlen allein geben keine vollständige Bewertung der Arbeit des Verkäufers wieder. Dies gilt insbesondere für den B2B-Verkauf, bei dem es oft mehrere Monate oder sogar Jahre dauern kann, bis der Interessent eine finale Entscheidung trifft.

Nach der Entwicklung der Ziele, einschließlich der Leistungsstandards, sollten sowohl der Vertriebsleiter als auch der Vertriebler die Mittel zur Zielerreichung festlegen, z. B. durch Produktschulung, Begleitung vor Ort oder Selbststudium. Schließlich muss die Führungskraft die nötigen Ressourcen (d. h. Personal und Sachwerte) zuweisen, um die gewünschten Ziele zu erreichen.

4) Ergebnisse anhand von Leistungsstandards messen
Vertriebsleiter sollten die individuelle Leistung in Bezug auf die ihnen zugewiesenen Verkaufsquoten und weniger quantifizierbaren, vertriebsbezogenen Aktivitäten kontinuierlich überwachen und analysieren. Wie von Hair et al. (2010) erörtert, kann das MBO-Programm (auf das später eingegangen wird) in dieser Phase von großem Wert sein. Es umfasst (1) *Leistungsbewertungen*, die stetig durchgeführt werden, wobei die Vertriebsleiter den einzelnen Mitarbeitern sofortiges Feedback geben. Dabei kann es sich um Anerkennung, Korrektur und/oder Kritik zu bestimmten Aufgaben, Projekten oder Verkaufszielen handeln. Darüber hinaus umfasst ein MBO-Programm (2) eine *Leistungsbeurteilung*, die mit jedem Vertriebsmitarbeiter am Ende des Zeitraums durchgeführt wird. Dabei handelt es sich um eine Zusammenfassung aller *Leistungsbewertungen*, so dass der Mitarbeiter sehen kann, wo er konkret steht und wie es weitergehen soll. Hinweis: Je regelmäßiger die Besprechungen durchgeführt werden, desto wahrscheinlicher ist es, dass die Ergebnisse auf dem richtigen Weg sind.

5) Maßnahmen ergreifen
Nach einer detaillierten Bewertung muss der Vertriebsleiter auf der Basis der Leistungsbeurteilung und Leistungsüberprüfung spezifische Maßnahmen ergreifen. Es kann erforderlich sein, (1) die Ziele und Vorgaben für den Vertriebsmitarbeiter anzupassen, (2) den Vertriebsplan in Bezug auf die verwendeten Strategien und Taktiken zu überarbeiten und/oder (3) die Leistungen des Vertriebsmitarbeiters zu korrigieren, indem die persönliche Entwicklung des Einzelnen gefördert oder die Verfahren oder Arbeitsmethoden des Unternehmens geändert werden.

Bevor der Vertriebsleiter eine Bewertung vorlegt, kann der Verkäufer aufgefordert werden, eine Selbsteinschätzung vorzunehmen und eigene konkrete Verbesserungsvorschläge zu machen, z. B. zur Festlegung seiner weiteren Aktivitäten. Anschließend können beide Ansätze verglichen werden, um Diskrepanzen in der Wahrnehmung der Bewertung zu erörtern, die Ursachen für Leistungslücken aufzudecken und Korrekturmaßnahmen zu ergreifen (z. B. die Stärken des Verkäufers zu nutzen und Schwächen abzubauen). Ein Leitfaden für die Durchführung von motivierenden Leistungsbeurteilungen und konstruktiver Kritik ist in Abschn. 6.4.5 beschrieben.

6.4.2 Messgrößen im Vertrieb

Die Leistungsbewertung umfasst sowohl objektive (quantitative) als auch subjektive (qualitative) Maßnahmen. Diesen beiden Aspekten wird unterschiedliches Gewicht beigemessen. Der Vertriebsleiter sollte in der Regel sowohl schriftliches als auch mündliches Feedback geben und dabei den objektiven Maßstäben mehr Gewicht beimessen, da dies weniger Raum für kontroverse Diskussionen zulässt. Unserer Erfahrung nach wird das schriftliche Feedback jedoch nur selten genutzt und sollte viel häufiger eingesetzt werden.

Quantitative Kriterien
Quantitative Kriterien stützen sich auf einfache, objektive Ergebnisgrößen wie den durchschnittlichen Auftragswert, das Umsatzvolumen und die Anzahl der neu gewonnenen Kunden. Der Vorteil ist, dass sie in konkreten Zahlen messbar und daher eindeutig sind. Vertriebsleiter können die aktuelle Leistung eines Verkäufers leicht mit seiner früheren Leistung und mit der aktuellen Leistung von Kollegen vergleichen. Beispiele für weitere quantitative Messgrößen sind in Tab. 6.7 aufgeführt.

Tab. 6.7 Quantitative Messgrößen für den Vertrieb

Bestellungen	*Gewinn*
Durchschnittlicher Auftragswert	Brutto- oder Nettogewinn
Anzahl der erhaltenen Aufträge	Prozentuale Bruttogewinnspanne
Anzahl der stornierten Aufträge	Rentabilität der Investition
Volumen	*Kundenkonten*
Verkaufsvolumen (nach Kunde, Produkt, Auftrag)	Anzahl der neuen Kunden
	Anzahl der verlorenen Kunden
Marktanteil	Umsatz pro neuem oder aktivem Kunden
Prozentsatz der Verkaufsquote	
Aktivitäten	*Verkaufskosten*
Anzahl der Anrufe bei potenziellen Kunden	Durchschnittliche Kosten pro
Anzahl der Termine	Verkaufsgespräch
Anzahl der Angebote	Kosten in Prozent des Verkaufsvolumens
	Kosten nach Kundentyp oder
	Produktkategorie

Qualitative Kriterien

Qualitative Kriterien können bei jeder persönlichen Interaktion bewertet werden. Dies kann im Tagesgeschäft geschehen, z. B. bei gemeinsamen Gesprächen, Telefonaten und gemeinsamen Kundenaktivitäten. Vertriebsleiter neigen dazu, subjektive Kriterien zur Leistungsbewertung ihrer Vertriebsmitarbeiter zu vermeiden, da sie Beobachtungen und Meinungen widerspiegeln und nicht objektive Fakten und Zahlen. Qualitative Kriterien können sich jedoch erheblich auf die Leistung eines Verkäufers und den Ruf des Unternehmens auswirken. Vertriebsleiter sollten daher ein Beurteilungssystem entwickeln, das die Unternehmensziele widerspiegelt und die Vertriebsmitarbeiter zu den gewünschten Leistungen anspornt. Beispiele für qualitative Messgrößen sind in Tab. 6.8 aufgeführt.

Nur die Verwendung sowohl quantitativer als auch qualitativer Kriterien ermöglicht es dem Vertriebsleiter, sich ein umfassendes Bild von der Leistung zu machen und einen ganzheitlichen Eindruck zu gewinnen.

6.4.3 Instrumente für die Leistungsbewertung

Vertriebsleiter können eine Vielzahl von Bewertungstechniken anwenden. Jede von ihnen hat ihre Grenzen und Stärken. Bei der Auswahl von Bewertungsansätzen schlagen Edwards, Cummings und Schlacter (1984) die folgenden Kriterien für die Bewertung von Leistungsbeurteilungsmethoden vor:

- *Arbeitsbezogenheit*: Die Methode sollte das Verhalten widerspiegeln, das zur Leistung führt.
- *Verlässlichkeit*: Die Messung sollte konsistent und über die Zeit stabil sein.
- *Validität*: Die Messung sollte das widerspiegeln, was sie zu messen beabsichtigt.
- *Standardisierung*: Das Beurteilungssystem sollte unternehmensweit einheitlich sein.
- *Praktikabilität*: Die Methode sollte einfach zu verstehen und nicht zu kostspielig sein.

Tab. 6.8 Qualitative Messgrößen für den Vertrieb

Verkaufsfähigkeiten	*Selbstorganisation*
Identifizierung der Kundenbedürfnisse	Planungsfähigkeit
Fähigkeit, Preiseinwände zu entkräften	Zeitmanagement
Fähigkeit, Geschäfte abzuschließen	Erstellung und Einreichung von Berichten
Wissen	*Persönliche Merkmale*
Wissen über Produkte und Dienstleistungen	Eigene Einstellung zur Tätigkeit
Wissen über das eigene Unternehmen	Eigeninitiative
Kunden- und Marktkenntnisse	Ethischer Verhaltenskodex
Kundenbeziehungen	*Zusammenarbeit im Team*
Zufriedenheitsgrad (z. B. Service, Beratung)	Liefert die gewünschten Ergebnisse
Stärke der Kundenbeziehungen	Austausch von Informationen und Ideen
Verlässlichkeit des Verkäufers	Hilft anderen Teammitgliedern

- *Vergleichbarkeit*: Die Messung sollte einen einfachen Vergleich zwischen verschiedenen Verkäufern ermöglichen.
- *Unterscheidbarkeit*: Die Methode sollte zwischen den Leistungen der Verkäufer unterscheiden.
- *Nützlichkeit*: Das Beurteilungssystem sollte hilfreich sein, um Entscheidungen über Leistung, Beförderung, Fortbildungsinitiativen (siehe Abschn. 6.2) und Vergütung zu treffen.

Drei wichtige Evaluierungstechniken, die weit verbreitet sind, sind (1) Ziele setzen (2) Bewertungsskalen und (3) Feldbegleitung. Diese Ansätze werden im Folgenden erläutert:

1. Ziele setzen – Management by Objectives (MBO)
   Neben seiner Bedeutung für die Führung kann MBO auch als effizientes Instrument zur Zielsetzung eingesetzt werden, bei dem der Vertriebsleiter und der Verkäufer gemeinsam spezifische Ziele für den kommenden Zeitraum, in der Regel zwischen 3 bis 12 Monate, vereinbaren. Die Ziele können auf den oben genannten quantitativen und qualitativen Kriterien basieren. Da der Mitarbeiter seine Ziele als fair akzeptieren soll, ist es in der Regel sinnvoll, ihn an der Festlegung dieser Ziele zu beteiligen (Hair et al., 2010).
   In einigen Unternehmen müssen die Verkäufer schriftlich einen Plan ausarbeiten, der ihre Strategie zur Umsatzsteigerung mit neuen Interessenten und bestehenden Kunden darlegt. Dadurch wird sichergestellt, dass beide Seiten sich darüber einig sind, wie die Ziele erreicht werden sollen. Die Festlegung der Ziele liegt jedoch letztlich in der Verantwortung des Vertriebsleiters und wird zwangsläufig durch die Gesamtziele des Unternehmens bestimmt. Bei der *Festlegung von Verkaufszielen* sollten die Vertriebsleiter drei Grundsätze berücksichtigen:
   - Ziele müssen *realistisch* sein, aber auch eine *Herausforderung* darstellen. Leicht zu erreichende Ziele sind ebenso demotivierend wie unrealistische.
   - Die Ziele müssen von den Verkäufern *verstanden* und *akzeptiert* werden. Dies erfordert ein ausführliches, persönliches Gespräch über den Weg zur Erreichung dieser Ziele.
   - Die Ziele müssen *realisierbar* sein. Der Vertriebsleiter muss die notwendigen Rahmenbedingungen für den Erfolg schaffen (z. B. Personal und Sachmittel).
   In der Regel erhält jeder Vertriebsmitarbeiter einen schriftlichen Verkaufsplan, der in regelmäßigen Abständen (z. B. vierteljährlich oder monatlich) mit dem Vorgesetzten überprüft wird. Die kontinuierliche Leistungsüberwachung stellt sicher, dass die Vertriebsmitarbeiter spürbare Fortschritte bei der Zielerreichung machen. Sie liefert auch Anhaltspunkte für die Änderung der geplanten Strategien und Taktiken, um wieder auf Kurs zu kommen. Der letzte Schritt ist eine jährliche Leistungsbeurteilung. Das Erreichen des Verkaufsziels sollte mit einem Bonussystem verbunden sein. Der Bonus kann sowohl monetär als auch nicht-monetär sein. Der MBO-Prozess, der in Abb. 6.12 zusammengefasst ist, wird anschließend wieder neu gestartet, was zur Festlegung neuer Ziele für das kommende Jahr führt.

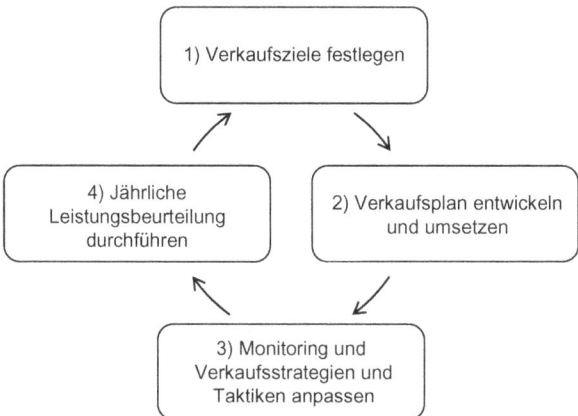

Abb. 6.12 Management by Objectives (MBO)-Zyklus für Vertriebsmitarbeiter. (Quelle: Angepasst von Hair et al. (2010, S. 446))

2. Bewertungsskalen

Für die Bewertungsskala gibt es verschiedene Formate. In allen Fällen muss der Vertriebsleiter einem Vertriebsmitarbeiter Werte auf einer eine Skala für verschiedene Eigenschaften, Fähigkeiten oder vertriebsbezogene Ergebnisse zuweisen. Eine bekannte Möglichkeit, dies zu tun, ist die Verwendung von Likert-Skalen (siehe Edmondson et al., 2012 für eine Diskussion über die Verwendung der „Likert-Skala"). Diese Skalen bieten Beschreibungen unter jedem Segment der Skala. Das Format eines typischen fünfstufigen Likert-Items könnte zum Beispiel lauten: (1) unbefriedigend, (2) unterdurchschnittlich, (3) durchschnittlich, (4) überdurchschnittlich und (5) hervorragend. Wenn der Vertriebsleiter den Mitarbeiter im Rahmen der Bedarfsanalyse bewerten muss, kann er auswählen, welcher Oberbegriff am besten passt.

3. Feldbegleitung

Dieses Instrument ist nach unserer Erfahrung einer der effektivsten Ansätze für die persönliche Beurteilung. Feldbegleitungen können nicht nur für das Training von Verkäufern im Außendienst eingesetzt werden, wie in Abschn. 6.2 beschrieben, sondern auch für die Bewertung qualitativer Maßnahmen (z. B. Verkaufsfähigkeiten, Wissen). In der Regel vereinbart der Mitarbeiter innerhalb eines Tages verschiedene Termine mit Kunden oder Interessenten. Der Vertriebsleiter oder Trainer begleitet ihn dabei. Zwischen den Aktivitäten bewerten und analysieren beide das Gespräch (z. B. die emotionalen Fähigkeiten, Gesprächstechniken, verbale und nonverbale Kommunikation). Ein Auszug aus einem Bewertungsbogen für die Durchführung von Feldbegleitungen ist in Abb. 6.13 dargestellt. Der große Vorteil ist, dass der Mitarbeiter ein unmittelbares Feedback zu seinen Stärken und Potenzialen erhält. Er kann die gegebenen Anregungen direkt in die Praxis umsetzen und beim nächsten Termin an der Verbesserung seiner Fähigkeiten arbeiten. Ein großer Nachteil ist, dass es für beide Seiten kostspielig und zeitaufwendig ist.

Bewertungsbogen für Feldbegleitungen (Auszug)					
Name: Datum:	Unbefriedigend	Unterdurch-schnittlich	Durchschnitt	Überdurch-schnittlich	Herausragend
Emotionale Fähigkeiten					
Blickkontakt halten	-	x			
Entwicklung der emotionalen Ebene (Chemie)				x	
Das Gespräch entspannen			x		
Konversationstechniken					
Bedarfsanalyse		x			
Argumentation des Nutzens				x	
Preisgespräch		x			

Abb. 6.13 Bewertungsbogen für Feldbegleitungen (Auszug)

6.4.4   Typische Fehler bei Leistungsbeurteilungen

Zu den häufigen Fehlern und Verzerrungen bei Beurteilungen (Einzelheiten siehe Kahneman, 2012), die Vertriebsleiter bei der subjektiven Beurteilung des Mitarbeiterverhaltens und der Erstellung von Leistungsbeurteilungen begehen, gehören:

- *Tendenz zur Mitte*: Einige Manager verwenden häufig Bewertungen in der Mitte der Skala, anstatt die Mitarbeiter auch an den Enden der Skala zu bewerten. Aus solchen Bewertungen erfährt man sehr wenig über die tatsächlichen Leistungsunterschiede.
- *Neigung zur Über- oder Unterbewertung*: Manche Vertriebsleiter bewerten an den Extremen. In diesem Fall sind sie entweder zu nachsichtig und bewerten jeden Mitarbeiter in allen Bewertungsdimensionen als gut oder hervorragend oder sie sind zu streng und tun das Gegenteil. Auch hier lässt sich anschließend kein grundlegender Unterschied zwischen den Mitarbeitern feststellen. Dies kann das gesamte Leistungsbeurteilungssystem ernsthaft untergraben.
- *Halo-Effekt*: Dies ist ein häufiges Phänomen bei der Verwendung von Leistungsbewertungsformularen, auch bei der Beurteilung und Auswahl neuer Vertriebsmitarbeiter, das in Abschn. 6.3.1 erörtert wurde. Der Halo-Effekt tritt auf, wenn ein positiver oder negativer Gesamteindruck von einer Person dazu führt, dass sie über alle Attribute hinweg gleich bewertet wird. Der Gesamteindruck dominiert und lässt wiederum wenig Raum für eine sinnvolle Differenzierung.

- *Rezenzeffekt*: Manche Vertriebsleiter neigen dazu, positive oder negative Vorfälle aus jüngerer Zeit bei der Leistungsbewertung, die sich insgesamt über einen längeren Zeitraum erstreckt, zu stark zu gewichten. Hat zum Beispiel ein Mitarbeiter gerade einen wichtigen Kunden gewonnen, oder kurz vor der Leistungsbeurteilung einen Schlüsselkunden verloren, so steht dieses Ereignis im Vordergrund zur Einschätzung des Managers zu diesem Mitarbeiter.
- *Similar-to-me-Verzerrung*: Der Vertriebsleiter neigt dazu, bei der Leistungsbeurteilung diejenigen Vertriebsmitarbeiter zu bevorzugen, die er als ähnlich zu sich selbst betrachtet. Voreingenommenheit kann zum Beispiel aus vergleichbaren Einstellungen und Meinungen zu Herkunft, Geschlecht, Religion, Alter und Intelligenz resultieren.

Viele Unternehmen bieten den Vertriebsleitern Schulungen und Leitlinien zur Durchführung des Beurteilungsprozesses und zum Ausfüllen der Formulare an. Um Fehler bei der Leistungsbewertung zu vermeiden, enthalten solche Formulare Anweisungen wie:

- Lesen Sie die Definitionen der einzelnen Attribute sorgfältig durch, bevor Sie eine Bewertung abgeben
- Hüten Sie sich vor der allgemeinen Tendenz zur Überbewertung, zur Unterbewertung oder zum Mittelmaß
- Seien Sie so objektiv wie möglich. Lassen Sie Ihre Bewertungen nicht von persönlichen Vorlieben oder Abneigungen beeinflussen
- Basieren Sie Ihre Bewertung auf der beobachteten Leistung, nicht auf potenziellen Fähigkeiten und Fertigkeiten
- Beurteilen Sie einen Verkäufer nie nach nur einem einzelnen Fall von guter oder schlechter Arbeit, sondern nach dem allgemeinen Erfolg oder Misserfolg während des gesamten Beurteilungszeitraums
- Begründen Sie Ihre Bewertungen. Das Anfertigen von Notizen zur Dokumentation aller Aktivitäten ist dabei sehr hilfreich

6.4.5 Gesprächstechniken

Ziele setzen
Management by Objectives (MBO) beinhaltet, wie oben erläutert, das Festlegen von Zielen durch den Vertriebsleiter und den Vertriebsmitarbeiter. Im besten Fall vereinbaren sie gemeinsam die spezifischen Ziele des Mitarbeiters für den kommenden Zeitraum. Die Struktur eines Zielvereinbarungsgesprächs ist in Abb. 6.14 dargestellt.

Motivierende Leistungsbeurteilung durchführen
Vertriebsleiter haben die Möglichkeit, ihre Vertriebsmitarbeiter regelmäßig im Außendienst, im Büro und bei Vertriebsmeetings zu treffen. Diese Gelegenheiten ermöglichen es dem Vorgesetzten, die Persönlichkeit, die Bedürfnisse und Probleme

---

Leitfaden: Ziele setzen

1) Der Vertriebsleiter kommuniziert die Ziele des Unternehmens
2) Der Vertriebsleiter kommuniziert die Ziele der Vertriebsabteilung
3) Je nach dem Potenzial des Vertriebsmitarbeiters kann der Vertriebsleiter zwei Richtungen wählen:
   - Wenn der Verkäufer über Verkaufspotenzial oder eine positive Einstellung zum Verkauf verfügt, bittet der Vertriebsleiter den Verkäufer, die Ziele abzuleiten, die er erreichen möchte
   - Wenn der Verkäufer ein geringeres Verkaufspotenzial oder eine negative Einstellung zum Verkauf hat, definiert der Manager die Ziele für den Verkäufer
4) Vertriebsleiter und Vertriebsmitarbeiter besprechen Maßnahmen und Aktivitäten zur Zielerreichung
5) Vertriebsleiter und Vertriebsmitarbeiter treffen eine gemeinsame Entscheidung
6) Der Vertriebsleiter kontrolliert regelmäßig die Zielerreichung

---

Abb. 6.14 Leitfaden: Ziele setzen

der einzelnen Teammitglieder zu verstehen. Der Vertriebsleiter kann dadurch auch die individuellen Ursachen für Motivation (z. B. Freude am Wettbewerb, Anreize durch Zielsetzung, persönliche Wertschätzung) und Demotivation (z. B. schlechte Beziehung zum Vorgesetzten, persönliche Probleme, mangelnde Förderung, fehlende Sicherheit, hohe Arbeitsbelastung) besser nachvollziehen. So kann er in angemessener Weise reagieren, die die persönlichen und beruflichen Aspekte des Mitarbeiters berücksichtigt. Die Struktur einer motivierenden Leistungsbeurteilung ist in Abb. 6.15 dargestellt.

Kritik üben – Negatives Feedback
Niemandem gefällt es, wenn man ihm sagt, dass ein Teil seiner Arbeit mangelhaft ist. Die Weitergabe dieses anspruchsvollen Feedbacks ist eine grundlegende Aufgabe des Vertriebsleiters. Dabei ist die Art und Weise, in der der Vorgesetzte Kritik übt, überaus wichtig: Anschreien und persönliche Angriffe verhindern, dass die Verkäufer die Führungsfähigkeiten des Vorgesetzten akzeptieren und ihm vertrauen. Anders gesagt: Konstruktive Kritik und Unterstützung werden viel eher dazu führen, dass die Autorität des Managers respektiert wird. Um aus der „unangenehmen Situation" einen „produktiven Moment" zu machen, sollten Vertriebsleiter einen festen Termin mit dem betreffenden Mitarbeiter vereinbaren und einen privaten, neutralen Ort für das Gespräch wählen. Einen Leitfaden für konstruktive Kritik finden Sie in Abb. 6.16.

Diese drei Anleitungen mögen auf den ersten Blick für manche Leser zu trivial oder zu statisch erscheinen, um ein natürliches, situatives Mitarbeitergespräch zu führen. Die Erfahrung in allen Branchen zeigt jedoch, dass erfolgreiche Strukturen und Abläufe leider nur selten angewandt werden. Dies ist allerdings absolut notwendig, um anspruchsvolle Ergebnisse zu erzielen.

Leitfaden: Durchführung einer motivierenden Leistungsbeurteilung

Phase I: „Wie läuft es derzeit?"
- Der Vertriebsleiter hört aktiv zu, lässt den Vertriebsmitarbeiter ausreden, nimmt ihn ernst und beobachtet neutral

Phase II: „Was steht Ihnen im Weg?"
- Der Vertriebsmitarbeiter listet alle Demotivatoren auf
- Der Vertriebsleiter nimmt alles ernst. Kein „Es ist nicht so schlimm" oder „Es könnte schlimmer sein"

Phase III: „Welche Lösungen können Sie sich vorstellen?"
- Der Vertriebsmitarbeiter bringt eigene Vorschläge ein
- Der Vertriebsleiter hört aktiv zu und liefert auch Lösungsansätze

Phase IV: „Worauf einigen wir uns jetzt?"
- Vertriebsleiter und Vertriebsmitarbeiter treffen eine gemeinsame Entscheidung über Lösungen

Abb. 6.15 Leitfaden: Durchführen einer motivierenden Leistungsbeurteilung

---

Leitfaden: Konstruktive Kritik üben

Phase I: „Was sind Ihre Stärken im Moment?"
- Der Vertriebsleiter hört aktiv zu, lässt den Vertriebsmitarbeiter ausreden und ergänzt seine Stärken.

Phase II: „Was funktioniert im Moment nicht gut?"
- Der Vertriebsmitarbeiter beantwortet die Frage
- Der Vertriebsleiter formuliert seinen Wunsch für die Zukunft und übt damit Kritik

Phase III: „Was werden Sie von jetzt an anders machen?"
- Der Vertriebsmitarbeiter bringt eigene Vorschläge ein, da dies motivierender ist als Anweisungen zu erhalten

Phase IV: „Worauf einigen wir uns jetzt?"
- Vertriebsleiter und Vertriebsmitarbeiter treffen eine gemeinsame Entscheidung über Lösungen

Abb. 6.16 Leitfaden: Kritik geben – negatives Feedback

Literatur

Attia, A. M., Honeycutt, E. D., Jr., & Leach, M. P. (2005). A three-stage model for assessing and improving sales force training and development. *Journal of Personal Selling and Sales Management, 25*(3), 253–268.

Bandura, A. (1986). *Social foundations of thought and action: A social cognitive theory.* Prentice-Hall.

Bradt, G., & Vonnegut, M. (2009). *Onboarding: How to get your new employees up to speed in half the time.* Wiley.

Chase, N. (1997). Raise your training ROI. *Quality, 36,* 28–41.

Dubinsky, A. J., Howell, R. D., Ingram, T. N., & Bellenger, D. N. (1986). Salesforce socialization. *Journal of Marketing, 50,* 201–203.

Edmondson, D. R., Edwards, Y. D., & Boyer, S. L. (2012). Likert scales: A marketing perspective. *International Journal of Business, Marketing, and Decision Science, 5*(2), 73–85.

Edwards, M. E., Cummings, W. T., & Schlacter, J. L. (1984). The Paris-Peoria solution: Innovations in appraising regional and international sales personnel. *Journal of Personal Selling and Sales Management, 4*(4), 26–38.

Ford, R. C., & Fottler, M. D. (1995). Empowerment: A matter of degree. *Academy of Management Executive, 9*(3), 21–29.

Francis, D., & Young, D. (2012). *Mehr Erfolg im Team. Ein Trainingsprogramm mit 46 Übungen zur Verbesserung der Leistungsfähigkeit in Arbeitsgruppen.* Windmühle.

Hair, J. F., Anderson, R. E., Mehta, R., & Babin, B. J. (2010). *Sales management. Building customer relationships and partnerships.* South Western Cengage Learning.

Homburg, C., Schäfer, C., & Schneider, J. (2002). *Sales excellence. Vertriebsmanagement mit System* (2. Aufl.). Springer Gabler.

Jobber, D., & Lancaster, G. (2012). *Selling and sales management* (9. Aufl.). Pearson Education.

Johnston, M. W., & Marshall, G. W. (2013). *Sales force management. Leadership, innovation, technology* (11. Aufl.). Routledge.

Kahneman, D. (2012). *Thinking, fast and slow.* Penguin Books.

Kirkpatrick, D. L. (1979). Techniques for evaluating training programs. *Training and Development Journal, 33*(6), 78–92.

Kram, K. E. (1985). *Mentoring at work: Developmental relationships in organizational life.* University Press of America.

Krishnan, B. C., Netemeyer, R. G., & Boles, J. S. (2002). Self-efficacy, competitiveness, and effort as antecedents of salesperson performance. *Journal of Personnel Selling and Sales Management, 22*(4), 285–295.

Malik, F. (2006). *Managing performing living: Effective management for a new era.* Campus.

Malik, F. (2010). *Management: The essence of the craft.* Campus.

Malik, F. (2011). *Tasks of effective management.* Campus.

Pettijohn, C., Pettijohn, L., & Taylor, A. J. (2007). Salesperson perceptions of ethical behaviors: Their influence on job satisfaction and turnover intentions. *Journal of Business Ethics, 78*(4), 547–557.

Schneider, B. (1987). The people make the place. *Personnel Psychology, 40*(3), 437–453.

Spitzer, D. (1995). 20 ways to motivate trainees. *Training, 32*(12), 54–57.

Tracy, B. (2010). *Goals! How to get everything you want: Faster than you ever thought possible* (2. Aufl.). Berrett-Koehler.

Wengler, S., Ehret, M., & Saab, S. (2006). Implementation of key account management: Who, why and how? An exploratory study on the current implementation of key account management programs. *Industrial Marketing Management, 35*(1), 103–112.

Wimmer, A., Wimmer, J., Buchacher, G., & Kamp, G. (2012). *Das Beratungsgespräch: Skills und Tools für die Fachberatung.* Linde.

Yukl, G. (2006). *Leadership in organizations* (6. Aufl.). Pearson Education.

Fazit: Management von Vertriebsaktivitäten

7

Sind Sie noch bei uns? Prima! Oder haben Sie sich nur entschieden, erstmal das letzte Kapitel zu lesen, um zu prüfen, ob dieses Buch eine wertvolle Zusammenfassung und einen plausiblen Ausblick enthält? Kluger Ansatz – denn das tut es!

Der Vertrieb ist eine wachsende, aber immer noch unterschätzte Management-Disziplin. Er wird in Zukunft noch stärker die treibende Kraft für fast jedes erfolgreiche Unternehmen sein. Und er ist in seinem Wirkungsbereich noch nicht vollumfänglich beschrieben worden. Was bisher vielfach untersucht wurde und was die populäre Seite der Medaille ist, ist die *Mikro-Perspektive*. Es gibt eine Fülle von Ratgebern, in denen Leser eine Menge verschiedener Ideen finden: „Wie Sie erfolgreich xy steigern." Diese Ansätze sind oft nützlich, aber hauptsächlich Insellösungen. Die Frage wird immer sein: Wie passen diese Anwendungen in die Geschäftsphilosophie des eigenen Unternehmens?

Professioneller Vertrieb – im Kontext *des schnelllebigen digitalen Zeitalters* mit Big Data und bemerkenswerter, teilweise gar beängstigender, Transparenz – erfordert (1) eine zeitgemäße Einstellung, (2) mehr Struktur und (3) mehr praktisches Wissen und bessere Fähigkeiten als herkömmlicher Verkauf. Andernfalls wird es äußerst schwer, sich weiter erfolgreich innerhalb des überbordenden Angebots zu differenzieren. Und ohne eine plausible Abgrenzung zum mannigfaltigen Wettbewerb sinken sowohl die Vermarktungschancen wie auch die Renditen.

Erstens bedeutet das eine entschlossene *Haltung*, eine überzeugte innere Einstellung, ein klares Bekenntnis zu einem proaktiven, kommunikativen Ansatz sowie ein echtes Interesse an anderen Menschen. Nicht weniger. Wenn das so vollumfänglich gesehen wird, lässt sich Vertrieb auch viel effektiver in bislang „verkaufsscheue" Geschäftsbereiche integrieren.

Zweitens ist es ein viel *strukturierterer Ansatz*. Ein klarer Verkaufsprozess, mit der nachvollziehbaren Beschreibung der einzelnen Schritte, wie man konkret von der Akquise über den Abschluss bis zur unverzichtbaren Nachbetreuung vorgeht, sollte ein Muss für jeden Verkäufer in jedem ambitionierten Unternehmen sein.

© Der/die Autor(en), exklusiv lizenziert an Springer Nature Switzerland AG 2023
S. Hase, C. Busch, *Die Quintessenz des Vertriebs*,
https://doi.org/10.1007/978-3-031-43138-8_7

Drittens sollte als Konsequenz dieser professionellen Standardisierung jede vertriebliche Kernaktivität viel regelmäßiger absolviert werden. Durch ständige Wiederholung und „learning by doing" führt dies zu einem deutlich höheren *Kompetenzniveau* und damit zu wesentlich besseren Verkaufsleistungen.

Ein letzter Perspektivwechsel: Was bisher in der Öffentlichkeit wie auch in der Literatur weitgehend fehlt, ist der *Makro-Ansatz* des Vertriebes. Wie schafft man es, ein vertriebsgetriebenes, oder zumindest: vertriebsorientiertes, Unternehmen zu gestalten und den Verkauf aus seiner Nischenfunktion als Teilbereiches des Marketings zu befreien?

Denn Vertrieb ist weit mehr als nur ein Unterbereich der Absatzwirtschaft. Vertrieb betrifft, in unserem *ganzheitlichen Verständnis*, jede Abteilung und jeden einzelnen Mitarbeiter. Bitte lösen Sie als Unternehmen, als Führungskraft oder als Vertriebsmitarbeiter den Vertrieb aus dieser dogmatischen Enge heraus. Die Aussage „der Vertrieb ist für die Steigerung des Marktanteils und des Umsatzes verantwortlich" ist eine zu einschränkende Sichtweise. Es klingt zwar zunächst plausibel und mag auch für die interne Positionierung nützlich sein, aber es ist ein veraltetes Verständnis.

Der neue Verkaufsgeist – Stichwort: Vertrieb 4.0 – soll nicht nur von einigen wenigen Vertrieblern getragen werden. An einem zeitgemäßen Vertrieb sind *alle beteiligt*, vom CEO bis hinunter im Organigramm zu den frisch eingestellten Auszubildenden. Genau wie in der IT. Diese ehemalige „Nerd-Abteilung" hat ihren Siegeszug aus der Nische heraus angetreten und beeinflusst nun fast alle Mitarbeiter, als Anwender, in nahezu allen Tagesaktivitäten. Nach der erfolgten digitalen Grundausbildung ist es nun entscheidend, dass jeder Mitarbeiter etwas über den Vertrieb und die ihm zugrunde liegenden Denkweisen weiß, und entsprechend im Sinne des Unternehmens handeln kann.

Der Makroaspekt des Vertriebs ist ein wichtiger Werttreiber, um einen konstanten Geschäftserfolg zu sichern. Ein zeitgemäßer organisatorischer Rahmen macht aus einem „One-Hit-Wonder" einen dauerhaften Millionenseller. Die *Aufgabe des Managements* ist es, diesen *vertriebsbezogenen Makrorahmen* zu schaffen. Damit wird es möglich, dass zentrale interne Schnittstellen effizienter werden und sich erforderliche Vertriebsabläufe zu Routinen weiterentwickeln. Und Routine bedeutet wiederum deutlich weniger Freestyle, weniger Versuch und Irrtum, eine steilere Lernkurve und somit höhere Margen.

Darüber hinaus wird dieser formelle Rahmen auch dazu beitragen, die dringend erforderlichen *Meilensteine und Grenzen* für die Vertriebsführung zu definieren. Dies betrifft insbesondere die Bereiche Rekrutierung, Einarbeitung, Weiterbildung und Leistungsbewertung.

Dieser holistische Ansatz bringt insgesamt viele Chancen und natürlich auch einige Veränderungen für eine große Zahl von Mitarbeitern mit sich. Das Management von Verkaufsaktivitäten ist daher auch zu einem gewissen Teil *Change-Management*. Wie Duhigg (2012) in seinem interessanten Ansatz erörtert, sollte es einige Anstrengungen wert sein, „die Macht der Gewohnheit" und „warum wir tun, was wir tun, und wie wir es ändern können" sowie die goldenen Regeln der Gewohnheitsänderung zu verstehen.

Und zu guter Letzt: Der praktische Umgang mit den Wechselwirkungen von *Vertrieb und Ethik* wird ein wachsendes Thema der Zukunft sein. Es geht darum, der Versuchung zu widerstehen, Ethik als Marketinginstrument zu missbrauchen. Stattdessen erzielt sie sowohl intern wie extern eine viel höhere Glaubwürdigkeit, und damit wiederum ein viel höheres Vermarktungspotential, wenn sie als echter Bezugsrahmen im Tagesgeschäft verwendet wird.

Wir hoffen, dass Sie die Lektüre dieses Buches genossen und für sich als bereichernd empfunden haben. Wir versichern Ihnen, dass Sie Ihr Geschäft erfolgreich ausbauen werden, wenn Sie die Kerngedanken in ihre Praxis umsetzen. Denn das ist genau das, was wir selbst kontinuierlich seit 2004 tun. Und die gute Nachricht ist: Es funktioniert. Ganz gleich, welche Position und welchen Hintergrund Sie haben – am Ende verkauft jeder irgendwann im Leben etwas. Genießen Sie die Reise und die Entwicklung.

Viel Glück für Ihre Karriere im Vertrieb!

Stefan und Corinna

Telefon: +49 (0) 40 235 13 08-0

E-Mail: quintessence@wirkungplus.de

Webseite: https://wirkung.plus/

Literatur

Duhigg, C. (2012). *The power of habit. Why we do what we do and how to change.* William Heinemann.

Literatur

Anderson, R. E., Dubinsky, A. J., & Mehta, R. (1999). Sales managers: Marketing's best example of the peter principle? *Business Horizons, 42*(1), 19–26.

Attia, A. M., Honeycutt, E. D., Jr., & Leach, M. P. (2005). A three-stage model for assessing and improving sales force training and development. *Journal of Personal Selling and Sales Management, 25*(3), 253–268.

Babin, B. J., Boles, J. S., & Robin, D. P. (2000). Representing the perceived ethical work climate among marketing employees. *Journal of the Academy of Marketing Science, 28*(3), 345–358.

Bandura, A. (1986). *Social foundations of thought and action: A social cognitive theory.* Prentice-Hall.

Biemans, W. G., Brenčič, M. M., & Malshe, A. (2010). Marketing-sales interface configurations in B2B firms. *Industrial Marketing Management, 39*(2), 183–194.

Bradt, G., & Vonnegut, M. (2009). *Onboarding: How to get your new employees up to speed in half the time.* Wiley.

Brown, M. E., Treviño, L. K., & Harrison, D. A. (2005). Ethical leadership: A social learning perspective for construct development and testing. *Organizational Behavior and Human Decision Processes, 97*(2), 117–134.

Cadogan, J. W., Lee, N., Tarkiainen, A., & Sundqvist, S. (2009). Sales manager and sales team determinants of salesperson ethical behavior. *European Journal of Marketing, 43*(7/8), 907–937.

Chase, N. (1997). Raise your training ROI. *Quality, 36,* 28–41.

Dabholkar, P. A., & Kellaris, J. J. (1992). Toward understanding marketing students' ethical judgment of controversial personal selling practices. *Journal of Business Research, 24*(4), 313–329.

De Gennaro, A. (2015). Post-closing issues deserve attention to avoid optical buyer's remorse. *Ophthalmology Times, 40*(7), 69–70.

DeCarlo, T. E., & Lam, S. K. (2016). Identifying effective hunters and farmers in the salesforce: A dispositional-situational framework. *Journal of the Academy of Marketing Science, 44*(4), 415–439.

DeCormier, R. A., & Jobber, D. (1993). The counselor selling method. Concepts and constructs. *Journal of Personal Selling and Sales Management, 23*(4), 39–59.

Deeter-Schmelz, D. R., Goebel, D. J., & Kennedy, K. N. (2008). What are the characteristics of an effective sales manager? An exploratory study comparing salesperson and sales manager perspectives. *Journal of Personnel Selling and Sales Management, 28*(1), 7–20.

Dewsnap, B., & Jobber, D. (2000). The sales-marketing interface in consumer packaged goods companies: A conceptual framework. *Journal of Personal Selling and Sales Management, 20*(2), 109–119.

Dickson, M. W., Smith, D. B., Grojean, M. W., & Ehrhart, M. (2001). An organizational climate regarding ethics: The outcome of leader values and the practices that reflect them. *The Leadership Quarterly, 12*(2), 197–217.

© Der/die Herausgeber bzw. der/die Autor(en), exklusiv lizenziert an Springer
Nature Switzerland AG 2023
S. Hase, C. Busch, *Die Quintessenz des Vertriebs,*
https://doi.org/10.1007/978-3-031-43138-8

Doran, G. T. (1981). There's a S.M.A.R.T. way to write management's goals and objectives. *Management Review, 70*(11), 35–36.

Dubinsky, A. J., Howell, R. D., Ingram, T. N., & Bellenger, D. N. (1986). Salesforce socialization. *Journal of Marketing, 50*, 201–203.

Duhigg, C. (2012). *The power of habit. Why we do what we do and how to change*. William Heinemann.

Edmondson, D. R., Edwards, Y. D., & Boyer, S. L. (2012). Likert scales: A marketing perspective. *International Journal of Business, Marketing, and Decision Science, 5*(2), 73–85.

Edwards, M. E., Cummings, W. T., & Schlacter, J. L. (1984). The Paris-Peoria solution: Innovations in appraising regional and international sales personnel. *Journal of Personal Selling and Sales Management, 4*(4), 26–38.

Ford, R. C., & Fottler, M. D. (1995). Empowerment: A matter of degree. *Academy of Management Executive, 9*(3), 21–29.

Francis, D., & Young, D. (2012). *Mehr Erfolg im Team. Ein Trainingsprogramm mit 46 Übungen zur Verbesserung der Leistungsfähigkeit in Arbeitsgruppen*. Windmühle.

Guenzi, P., & Troilo, G. (2007). The joint contribution of marketing and sales to the creation of superior customer value. *Journal of Business Research, 60*(2), 98–107.

Hair, J. F., Anderson, R. E., Mehta, R., & Babin, B. J. (2010). *Sales management. Building customer relationships and partnerships*. South Western Cengage Learning.

Homburg, C., Schäfer, C., & Schneider, J. (2002). *Sales Excellence. Vertriebsmanagement mit System* (2. Aufl.). Springer Gabler.

Jobber, D., & Lancaster, G. (2012). *Selling and sales management* (9. Aufl.). Pearson Education.

Johnston, M. W., & Marshall, G. W. (2013). *Sales force management. Leadership, innovation, technology* (11. Aufl.). Routledge.

Kahneman, D. (2012). *Thinking, fast and slow*. Penguin Books.

Kirkpatrick, D. L. (1979). Techniques for evaluating training programs. *Training and Development Journal, 33*(6), 78–92.

Kram, K. E. (1985). *Mentoring at work: Developmental relationships in organizational life*. University Press of America.

Kreutzer, R., Rumler, A., & Wille-Baumkauff, B. (2014). *B2B-Online-Marketing und Social Media. Ein Praxisleitfaden*. Springer Gabler.

Krishnan, B. C., Netemeyer, R. G., & Boles, J. S. (2002). Self-efficacy, competitiveness, and effort as antecedents of salesperson performance. *Journal of Personnel Selling and Sales Management, 22*(4), 285–295.

MacInnis, D. J., & Jaworski, B. J. (1989). Information processing from advertisements: Toward an integrative framework. *Journal of Marketing, 53*, 1–23.

Malik, F. (2006). *Managing performing living: Effective management for a new era*. Campus.

Malik, F. (2010). *Management: The essence of the craft*. Campus.

Malik, F. (2011). *Tasks of effective management*. Campus.

Marshall, G. W., Goebel, D. J., & Moncrief, W. C. (2003). Hiring for success at the buyer-seller interface. *Journal of Business Research, 56*(4), 247–255.

McBane, D. (1995). Empathy and the salesperson: A multidimenional perspective. *Psychology and Marketing, 12*(4), 349–371.

Moncrief, W. C., & Marshall, G. W. (2005). The evolution of the seven steps of selling. *Industrial Marketing Management, 34*(1), 13–22.

Mulki, J. P., Jaramillo, J. F., & Locander, W. B. (2009). Critical role of leadership on ethical climate and salesperson behaviors. *Journal of Business Ethics, 86*, 125–141.

Pettijohn, C., Pettijohn, L., & Taylor, A. J. (2007). Salesperson perceptions of ethical behaviors: Their influence on job satisfaction and turnover intentions. *Journal of Business Ethics, 78*(4), 547–557.

Pilling, B. K., & Eroglu, S. (1994). An empirical examination of the impact of salesperson empathy and professionalism and salability on retail buyers' evaluations. *Journal of Personal Selling and Sales Management, 14*(1), 55–58.

Rackham, N. (1988). *SPIN selling*. McGraw-Hill.

Rozell, E. J., Pettijohn, C. E., & Parker, R. S. (2006). Emotional intelligence and dispositional affectivity as predictors of performance in salespeople. *Journal of Marketing Theory and Practice, 14*(2), 113–124.

Schneider, B. (1987). The people make the place. *Personnel Psychology, 40*(3), 437–453.

Schweitzer, M. E., Ordóñez, L., & Douma, B. (2004). Goal setting as a motivator of unethical behavior. *Academy of Management Journal, 47*(3), 422–432.

Schwepker, C. H., & Good, D. J. (2004). Marketing control and sales force customer orientation. *Journal of Personal Selling and Sales Management, 24*(3), 167–179.

Schwepker, C. H., & Hartline, M. D. (2005). Managing the ethical climate of customer-contact service employees. *Journal of Service Research, 7*(4), 377–397.

Smith, T. M., Gopalakrishna, S., & Chatterjee, R. (2006). A three-stage model of integrated marketing communications. *Journal of Marketing Research, 43*(4), 564–579.

Spitzer, D. (1995). 20 ways to motivate trainees. *Training, 32*(12), 54–57.

Strout, E. (2002). To tell the truth. *Sales and Marketing Management, 154*(7), 40–47.

Tracy, B. (2010). *Goals! How to get everything you want: Faster than you ever thought possible* (2. Aufl.). Berrett-Koehler.

Tracy, B. (2015). *Sales management.* American Management Association.

Tschohl, J. (2008). *Achieving excellence through customer service* (5. Aufl.). Best Sellers Publishing.

GPSR Compliance

The European Union's (EU) General Product Safety Regulation (GPSR) is a set of rules that requires consumer products to be safe and our obligations to ensure this.

If you have any concerns about our products, you can contact us on ProductSafety@springernature.com

In case Publisher is established outside the EU, the EU authorized representative is:

Springer Nature Customer Service Center GmbH
Europaplatz 3
69115 Heidelberg, Germany

The manufacturer's authorised representative in the EU is Springer
Nature Customer Service Centre GmbH, Europaplatz 3, 69115 Heidelberg,
Germany. If you have any concerns regarding our products, please
contact ProductSafety@springernature.com

Printed and bound by CPI Group (UK) Ltd, Croydon, CR0 4YY
29/04/2026
02099529-0004